U0588073

大清一統志

第二十九册

新疆
烏里雅蘇台

上海古籍出版社

新疆

目録

西域新疆全圖

俄羅斯界
北流入俄羅斯
左哈薩克界
阿里瑪圖
哈柳圖河
喀爾喀界
哈布山
塔爾巴哈台
伊犁
吐魯番
哈密
甘肅界
甘肅界
白龍堆
戈壁
古陽關

右哈薩克界
伊底克山
戈壁
和什池
吹河
塔拉斯河
塔什罕
巴噶布魯勒山
塔拉斯
圖斯池
森格爾池
東布魯特
喀克沙勒山
沙圖
烏什
阿克蘇
布干
葱嶺
喀什噶爾
英吉沙爾
葉爾羌
和闐
齊盤山
庫克雅爾山
哈朗歸山
巴勒提
葉什勒池
西藏界

新疆統部表

	準噶爾部	回部
秦		
兩漢	東境匈奴右部地，西境烏孫國境。	城郭三十六國，都護所治。後漢爲城郭五十餘國，都護長史所治。
三國	烏孫國及鮮卑西部地。	于闐、龜茲諸國地。
晉		
南北朝	北魏蠕蠕、烏孫、悦般、高車諸國地。後周突厥、鐵勒地。	鄯善、于闐、龜茲、疏勒諸國地。
隋	突厥、鐵勒、西突厥地。	于闐、龜茲諸國地。
唐	北庭都護府及突厥、沙陀、回鶻、西突厥諸部地。	安西都護府，龜茲、于闐、疏勒、焉耆四鎮地。後没吐蕃。
五代	入於回鶻。	吐蕃衰，回鶻南徙據其地。
宋	回鶻諸部地。	高昌諸國。
元	阿爾穆爾諸地。世祖時屬巴什伯里宣慰司，後屬都哩特穆爾。	世祖置哈喇和卓宣慰司，後屬都哩特穆爾。
明	衛拉特	巴什伯里、葉爾羌、土魯番諸回部。

大清一統志卷五百十六

新疆統部

東至喀爾喀瀚海及甘肅界，西至右哈薩克及蔥嶺界，南至拉藏界，北至俄羅斯及左、右哈薩克界。東南至甘肅省界，西南至蔥嶺、拔達克山、痕都斯坦諸屬界，東北至俄羅斯界，西北至右哈薩克界。廣輪二萬餘里，北爲舊準噶爾部，南爲回部。統轄天山南北事務將軍駐劄伊犂。至京師一萬八百二十里。

建置沿革

古爲雍州外地。前漢武帝時，始通西域。自天山以南，爲城郭三十六國地，東接玉門、陽關，西至蔥嶺，南、北有大山，河流其中。設都護，治烏壘城，統轄諸國。自天山以北，東境爲匈奴右部地，西境爲烏孫國地。後漢時，山北仍爲烏孫國及匈奴地，山南分爲五十餘國。設都護及長史以統之。

三國及晉，北爲烏孫及鮮卑西部地，南仍爲于闐、龜茲諸國地。北魏時，北爲蠕蠕、烏孫、悅般、高車諸國地。後周爲突厥、鐵勒地，其南則鄯善盛大服屬諸國焉。

隋爲突厥、鐵勒、西突厥地，南仍爲于闐、龜兹諸國地。唐爲西突厥、沙陀、回鶻諸部，置北庭大都護府，以防制北路。其南諸國，置安西大都護府於龜兹，統龜兹、于闐、疏勒、焉耆四鎮，以控禦吐蕃。中葉後，四鎮爲吐蕃所有。唐末，回鶻徙居北庭。五代至宋，回鶻又兼取西州諸城，服屬於遼。

元初，回鶻首先歸順。憲宗置三行尚書省，西域居二，葱嶺以東屬巴什伯里行尚書省。世祖時，西北諸王多叛。天山南北設兩宣慰司，北則巴什伯里，舊作「别失八里」，今改正。南則哈喇和卓，後爲都哩特穆爾地。舊作「篤來帖木兒」，今改正。

明山北爲衛拉特。舊作「瓦剌」，今改正。元臣脱懽之後，四衛拉特世居之。山南爲巴什伯里、葉爾羌、舊作「葉爾欽」，今改正。土魯番諸國。

本朝龍興，元代後裔之分處東北者，並久隸版章，世爲臣僕。惟準噶爾厄魯特四部，盤踞西北，噶爾丹吞噬鄰屬，闌入北塞。聖祖仁皇帝三臨朔漠，翦滅其衆，北土奠平。其姪策妄阿拉布坦收其遺孽，遁保伊犂。傳子噶爾丹策淩，興師侵服山南之回部，執其酋長，收其租賦。傳子策妄多爾濟那木札爾，肆行殘暴。喇嘛達爾札執而篡之。策妄之再從姪孫達瓦齊又篡奪其位，凶殘益甚，衆部落不堪命。乾隆十八年冬，杜爾伯特、舊作「都爾伯特」，今改正。台吉車淩舊作「策淩」，今改正。等率數萬人來歸。十九年秋，輝特台吉阿睦爾撒納、和碩特台吉班珠爾等又率衆來歸，羣請興師問罪。二十年二月，高宗純皇帝特命兩將軍率師啓行，衆鄂拓克迎降。五月，至伊犂，達瓦齊潰走，回人阿奇木霍集斯伯克執以獻，準噶爾平。六月，阿睦爾撒納覬爲總台吉，不遂，煽其衆以叛，將軍策楞以兵勦之。阿逆奔哈薩克，準部諸台吉相繼作亂。二十二年，將軍兆惠、副將軍富德，分路進討，哈薩克歸順。阿逆奔俄羅斯，旋伏冥誅，俄羅斯驛致其屍以獻，伊犂復定。初，回酋波羅泥都、霍集占久爲準噶爾所執，及我兵平伊犂，釋其縛，遣波羅泥都歸葉爾羌城，統其舊屬，令霍集占居伊犂，撫領回衆。未幾，背恩從逆，竄歸舊穴，煽動回衆作亂。乾隆二十三年，我兵進討之，克庫車、沙雅爾、阿克蘇、烏什諸城。二十四年，收和闐、喀什噶爾、葉爾羌諸城，二酋遁入拔達克山境。拔達克山歸順，函首以獻，回部平。設總統伊犂等處將軍、參贊大臣、辦事大臣、領隊大臣、章京、糧員同知及滿、漢營官，以經理之。以準部之烏嚕木齊建爲迪化州，分屬甘肅省。其準、回二部之恭誠投順者，封爵，世襲有差。設分理回務諸扎薩克、伯克，以統理其衆，分境鈐轄，盡如內地焉。初，土爾扈特部與策妄不睦，竄歸俄羅斯。乾隆三十六年，其汗渥巴錫、台吉舍棱等向風慕化，率其衆三萬餘户，與和碩特部、沙畢納爾部，越萬有餘里來歸。高宗純皇帝覃恩賜爵，授以廩餼，給以牧地，居其部衆於伊犂、烏嚕木齊、喀喇沙爾、塔爾巴哈台諸境。於是元裔四衛拉特之衆盡入版圖，朝貢賦稅，各率厥職。其藩屬之投誠歸順者，有左、右哈薩克，東、西布魯特，霍罕，安集延，瑪爾噶朗，那木干，塔什罕，拔達克山，博洛爾，布哈爾，愛烏罕，痕都斯坦，巴勒提諸部，自西域底定，並歲時朝貢唯謹焉。諸部並見「新疆藩部」。高宗純皇帝聖製平定準噶爾告成太學碑文曰：

遼矣山戎、薰粥，旃裘毳幕之人，界以龍沙，畜其驒奚，雖無恒業，厥有分部。蓋自元黄剖判，萬物芸生，東夷、西夷，各依其地。

謬舉淳維，未爲理據，皇古莫紀。其見之書史者，自周宣太原之伐，秦政亘海之築，莫不畏其侵軼，猾夏是虞。自時厥後，一二奮發之君，慨然思挫其鋒而納之宥，然事不中機，材不副用，加以地遠無定處，故嘗勞衆費財，十損一得。搢紳之儒守和親，介胄之士言征伐。征伐則民力竭，和親則國威喪。於是有「守在四夷，羈縻不絶，地不可耕，民不可臣」之言興矣。然此以論漢、唐、宋、明之中夏，而非謂我皇清之中夏也。皇清荷天之龍〔一〕，興東海，撫華區。有元之裔，久屬版章，歲朝貢，從征狩，執役惟謹。準噶爾厄魯特者，本有元之臣僕，叛出據西海，終明世爲邊患。至噶爾丹而稍强，吞噬鄰蕃，闌入北塞。我皇祖三臨朔漠，用大破其師，元惡伏冥誅，脅從遠遯跡，毋俾遺種於我喀爾喀。厥姪策妄阿拉布坦，收其遺孽，僅保伊犁，故嘗索俘取地，無敢不共。逮夫部落滋聚，乃以計襲哈密，入西藏，準夷之勢於是而復張。兩朝命將問罪，雖屢獲捷，而庚戌之役，逆子噶爾丹策淩能用其父舊人，乘我師怠，掠畜於巴里坤，擣營於科卜多〔二〕。於是而準夷之勢大張，然地既險遠，主客異焉。此勞往而無利，彼亦如之。故額爾德尼招之敗，彼亦以彼貪利而深入也。皇考謂我武既揚，不可以既，允其請和，以息我衆。予小子敬奉先志，無越思焉。既而噶爾丹策淩死，子策妄多爾濟那木札爾暴殘，喇嘛達爾札篡奪之，達瓦齊又篡奪喇嘛達爾札，而酗酒虐下尤甚焉。癸酉冬，都爾伯特台吉策淩等率數萬人來歸。越明年秋，輝特台吉阿睦爾撒納、和碩特台吉班珠爾又率數萬人來歸。朕謂來者不可以不撫，而撫之莫若因其地其俗而善循之，且毋令滋方來之患於我喀爾喀也。於是議進兩路之師，問彼罪魁，安我新附。凡運餉籌馱、長行利戰之事悉備。議之始，孰經於庚戌之艱者，咸懼蹈轍。惟大學士、忠勇公傅恒見與朕同，而新附諸台吉則求之甚力。朕謂犂庭掃穴，即不敢必，然喀爾喀之地必不可以久居若而人，毋寧用其鋒而觀厥成，即不如志，亦非所悔也。故凡禡旗命將之典，槩未舉行，亦云偏師嘗試爲之耳。塞上用兵必以秋，而阿睦爾撒納、禡木特請以春月，欲乘彼馬未肥，則不能遯，朕謂其言良，當遂從之。北路以二月丙辰，西路以二月己巳，各啓行。哈密瀚海向無雨，今春乃大雨，咸以爲時雨之師。入賊境，凡所過之鄂拓克，攜羊酒糗糒迎恐後。五月乙亥，至伊犁，亦如之。達瓦齊於格登山麓結營以待，兵近萬。我兩將軍議，以兵取，則傷彼必衆，彼衆皆我衆，多傷，非所以體上慈也。丁亥，遣阿玉錫等二十五人夜斫營，覘賊向，賊兵大潰，相蹂躪死者不可勝數，來降者七千餘，我二十五人無一人受傷者，達瓦齊以百餘騎竄。六月庚戌，回人阿奇木霍集斯伯克執達瓦齊來獻軍門，準噶爾平。是役也，定議不過二人，籌事不過一年，兵行不過五月，無亡矢遺鏃之費，大勳以集，遐壤以定，豈人力哉！天也。然天垂祐而授之事機，設不奉行之，以致坐失者多矣。可與樂成，不可與謀始，亦謂蚩蚩之衆云爾，豈其卿大夫之謂？既克集事，則又曰苟知其易，將勸爲之。夫明於事後者，必將昧於幾先，朕用是寒心。且準噶爾一小部落耳，一二有能爲之長，而其樹也固焉；一二暴失德之長〔三〕，而其亡也忽焉。朕用是知懼。武成而勒碑文廟，例也，禮臣以爲請，故據實事書之。其辭曰：

茫茫伊犁，大幹之西。匪今伊昔，化外羈縻。條支之東，大宛以南。隨畜獵獸，蟻聚狼貪。乃世其惡，乃恃其遠。或激我攻，而乘我緩。其計在斯，其長可窮。止戈靖邊，化日薰風。不侵不距，不來其那。款關求市，亦不禁訶。始慕希珍，終居奇貨。吏喜無事，遷就斯悞。漸不可長，我豈懼其。豈如宋明，和市之爲。既知其然，飭我邊吏。弗縱弗嚴，示之節制。不仁之守，再世斯斬。篡奪相仍，飄忽荏苒。夙沙革面，煎鞏披忱。集泮飛鴞，食黮懷音。錫之爵位，榮以華裾。膝前面請，願效前驅。兵分兩路，雪甲霜鋒。先導中堅，如鼉錯攻。益以後勁，蒙古舊屬。八旗子弟，其心允篤。二月卜吉，牙旗飄颻。我騎斯騰，無待折膠。泉湧於磧，蕪茁於路。我衆歡躍，謂有天助。匪啻我衆，新附亦云。黄髮未睹，水草富春。烏魯木齊，波羅塔拉。台吉、宰桑，紛紛款納。牽其肥羊，及馬湩酒。獻其屠者，合掌雙手。予有前諭，所禁侵陵。以茶交易，大愉衆情。衆情既愉，來者日繼。蠢達瓦齊，擁兵自衛。依山據淖，惟旦夕延。有近萬人，其心十千。勇不目逃，掄二十五。曰阿玉錫，率往賊所。銜枚夜襲，直入其郛。揮矛拍馬，大聲疾呼。彼人既離，我志斯合。突將無前，縱横鞬韐。案角鹿堙，隴種東籠。自相狼藉，孰敢攖鋒。狐竄鼠逃，將往異域。回部遮之，兇渠斯得。露布既至，告廟受俘。凡此蒇功，荷天之衢。在古周宣，二年乙亥。准夷是平，常武詩載。越我皇祖，征噶爾丹。命將禡旗，亦乙亥年。既符歲德，允協師貞〔四〕。兵不血刃，漠無王庭。昔時準夷，弗恭弗諶。今隨師行，爲師候尉。昔時準夷，日戰夜征。今也偃卧，知樂人生。曰匪準夷，曰我臣僕。自今伊始，安爾遊牧。爾牧爾耕，爾長孫子。曰無向非，豈有今是。兩朝志竟，億載基成。側席不遑，保泰持盈。

高宗純皇帝聖製平定回部告成太學碑文曰：

建非常之功者，以舉非常之事；舉非常之事者，以藉非常之人。然亦有不藉非常之人，而舉非常之事，終建非常之功者。則賴昊蒼篤貺〔五〕，神運斡旋。事若禍而移福，機似逆而轉順。順天者昌，逆天者亡，故犂準夷之庭，掃回部之穴。五年之間，兩勳並集。始遲疑猶未敢信，終劼劬以底有成。荷天之龍在兹〔六〕，畏天之鑒益在兹，爰敘其事如左：

達瓦齊之就俘也，伊犂已大定矣。無何，而阿睦爾撒納叛。彼其志本欲藉我力以成己事，時也人心未定，佐饔者嘗一蜮肆狂，萬狙應響，蜂屯蟻雜，不可爬梳。畏難者羣謂不出所料，準夷終不可取，並有欲棄巴里坤爲退守謀。然予計其衆志不齊，將有歸正倒戈者。於是督策將帥之臣，整師亟進。既而伊犂諸台吉、宰桑，果悔過勤王，思討逆賊以自贖，此天恩助順者一也。二酋大、小和卓木者，以回部望族，久爲準噶爾所拘於阿巴噶斯鄂拓者也。我師既定伊犂，乃釋其囚，以兵送大和卓木波羅泥都歸葉爾羌，俾統其舊屬。而令小和卓木霍集占居於伊犂，撫其在伊犂衆回。乃小和卓木助阿逆攻勤王之台吉、宰桑等，阿逆賴以苟延。及我師再入，阿逆遂逃入哈薩克，而霍集占亦即收其餘衆，竄歸舊穴。此天恩助順者二也。準夷之事，前紀略見梗概，兹不複紀。紀興師討回之由，則以我將軍兆惠在伊犂時，曾遣副都統阿敏道往回議事。小和卓木乃以計誘阿敏道而拘之。及我師抵庫車問罪，彼攜阿敏道以來援，至中途害之及從行者百人，彼猶逞其狂悖，抗我師顏。且敢冒死入庫車城，乃雅爾哈善略無紀律，致彼出入自由。然我滿洲索倫衆兵士，無不念國家之恩，效疆埸之力，故能以少勝衆，逆渠懼而免脱。此天恩助順者三也。知僨轅之無濟，掄幹材之可任。時將軍兆惠，以搜勦準夷餘黨，至布魯特部落，已款服其衆。因命旋師定回部，於是克庫車，存沙雅爾，定阿克蘇，略烏什，收和闐。師之所至，降者望風。直至葉爾羌城下，而我軍人馬周行萬有餘里，亦猶强弩之末矣。二酋以其逸待之，力統數萬人，與我三千餘人戰。我師之過河者纔四百餘，猶能斬將搴旗，退而築堡黑水，固守以待。此天恩助順者四也。萬里之外，抱水救火，其曷能濟？乃予以去年六月即降旨派兵撥馬，欲以更易久在行間者耳。故兵馬率早在途，一攢進而各爭前恐後，人人有敵愾之憤。此天恩助順者五也。副將軍富德，及參贊舒赫德輩，率師進援，以速行戈壁中，馬力復疲，值狂回據險坐俟，頗有難進之勢。夫援軍不能進，則固守以待者危矣。而參贊阿里衮驅後隊之馬適至，夜擣賊營，我師內外夾攻，彼不知我軍凡有幾萬，握炭流湯之徒自相蹂躪，顧命不暇，於是解黑水之圍，鹿駭麏驚，遁而保窟，我之兩軍，合隊全旅以迴阿克蘇。此天恩助順者六也。既而彼料我必再入，泰山之壓難當，乃於我師未進之先，攜其部落，載其重器，跳而遠去。而葉爾羌、喀什噶爾二城之舊伯克等遂獻城以降。

參贊明瑞一邀之於霍斯庫魯克，副將軍富德再陷之於阿爾楚爾。於是離心者面内〔七〕，前途者反旆。二酋惟挈其妻孥及舊僕近三百人，入拔達克山境。此天恩助順者七也。人跡不通之地，語言不同之國，既已雀敺，寧不狼顧，其授我與否，固未可定也。然一聞將軍之檄，莫不援旗請奮，整旅前遮，遂得兇渠函首，露布遥傳。此天恩助順者八也。夷考西師之役，非予夙願之圖，何則？實以國家幅員不爲不廣，屬國不爲不多，惟廑守成之志，無希開創之名。兼以承平日久，人習於逸，既無非常之人，安能舉非常之事，而建非常之功哉？然而輻轉輻湊，每以艱而獲易，視若失而反得，故自締始以逮定功。雖予自問，亦將有所不解其故，而不敢期其必然者。故曰非人力也，天也。夫天如是顯佑國家者，以祖宗之敬天愛民，蒙眷顧者深也。則我後世子孫，其何以心上蒼之心，志列祖之志，勉繼繩於有永，保丕基於無窮乎？繫以銘曰：

二酋偝德，始亂爲賊。是興王師，報怨以直。伊犂既平，蕞爾奚屑。徐議耕鬬，徐議戍設。以噢以咻，伊予本懷。豈其弗戢，圖彼藐回。彼回不量，怒臂當車。戕我王臣，助彼狂狙。始攻庫車，僨轅敗事。用人弗當，至今爲愧。悖逆罪重，我武宜揚。易將整師，直壓彼疆。阿蘇、烏什，玉隴、和闐。傳檄以定，肉袒羊牽。二酋孽深，知不可活。狼狽相顧，固守其穴。桓桓我師，周行萬里。馬不進焉，强弩末矣。以四百人，戰萬餘虜。退猶能守，黑水築堡。間信達都，爲之傷悼。所幸後軍，早行在道。督敕速援，人同怒心。曾不兩月，賊境逼臨。賊境逼臨，彼復徼隙。馬繼以進，賊營夜斫。出其不意，賊乃大驚。謂自天降，孰敢鋒攖。大鞣大膊，如虎搏兔。案角隴種，誰敢迴顧。黑水圍解，合軍暫旋。整旅三路，期並進焉。賊偵軍威，信不可支。挈其妻孥，遁投所依。所依亦回，豈不自謀？豈伊庇猿，而受林憂。利厥輜重，無遺盡掠。遣其都丸，遂來獻馘。詎惟獻馘，並以稱臣。捧齎表章，將詣都門。奏凱班師，前歌後舞。尸逐染鍔，温禺釁鼓。露布至都，正逮初陽。慈寧稱慶，亞歲迎祥。郊廟告成，諸典並舉。皇皇太學，豐碑再樹。豐碑再樹，敢予喜功。用不得已，天眷屢蒙。始之以武，終之以文。戡亂惟義，撫衆惟仁。布惠施恩，寰寓共喜。古不羈縻，今爲臣子。疆闢二萬，兵出五年。據實書事，永矢乾乾。

職官

伊犂

總統伊犂等處將軍一員。乾隆二十七年設，統轄天山南、北各新疆地方駐防官兵調遣事務。印房司官一員，幫辦司官一員，一由京派往，一由本處保送。筆帖式二員。糧餉處司官一員，幫辦司官二員，一由京派往，一由本處保送，餘由京廢員内賞給職銜派往。筆帖式一員。駝馬處司官一員，幫辦司官一員，一由京廢員賞給職銜派往，一由本處保送。筆帖式一員。以上正筆帖式四員，由本處挑補。額設委筆帖式八員，由滿兵帖寫内挑補。卡倫侍衛十五員，由京挑派三年更換。軍臺委筆帖式六員。

參贊大臣一員。乾隆二十七年設二員，二十九年裁一員，嗣後補放無定制。

撫民同知一員，乾隆三十一年設。舊爲理事同知，四十五年改今職。理事同知一員，乾隆四十五年增設。巡檢四員。惠遠城一員，惠寧城一員，乾隆三十二年設。綏定城一員，拱宸城一員，乾隆四十五年設。按：惠寧城一員，乾隆三十六年由綏定城移駐。綏定城一員兼管塔勒奇城，拱宸城一員兼管東察罕烏蘇，俱歸撫民同知管轄。以上各官，俱三年更換。

管理惠遠城倉庫糧員一員，乾隆四十年設，由陝、甘兩省同知、通判内揀派。管理惠寧城、固勒扎、綏定城、塔勒奇城各倉糧員四員。惠寧城、固勒扎，乾隆三十四年設。綏定城、塔勒奇城，四十八年設。由京記名廢員選派，俱三年更換。

領隊大臣五員，初無定員。乾隆二十九年，分統錫伯、索倫、察哈爾、厄魯特四營各一員，俱駐惠遠城。三十四年，增設惠寧城一員。署理營務筆帖式十二員。滿洲、蒙古營四員，惠寧城滿洲、蒙古營二員，錫伯營二員，索倫營二員，察哈爾營一員，厄魯特營一員。

分理惠遠城滿洲、蒙古兵協領八員，各兵編爲八旗，每旗協領一員，佐領、防禦、驍騎校各五員。佐領四十員，乾隆二十九年設三十八員，三十一年增設二員。防禦、驍騎校同。防禦四十員，驍騎校四十員。分理惠寧城滿洲、蒙古兵協領四員，乾隆三十五年設三員，尋裁一員，各管理四旗。三十六年增設二員。佐領十六員，乾隆三十五年設十三員，尋以裁去協領一員，增設一員，三十六年復增二員。防禦十六員，驍騎校十六員。

分理錫伯營兵總管一員，副總管一員，佐領八員，乾隆三十年設六員，三十二年增二員。驍騎校同。驍騎校八員。

分理索倫達虎爾營兵總管一員〔八〕，副總管一員，佐領八員，乾隆二十九年設六員，三十二年增二員。驍騎校同。驍騎校八員。

分理察哈爾營兵總管二員，八旗分左、右翼，每翼一員。副總管二員，佐領十六員，乾隆二十八年，兩翼設十二員，三十二年增四員。驍騎校同。驍騎校十六員。

分理厄魯特營兵總管二員，乾隆二十五年設一員，三十年增一員。副總管二員，乾隆二十五年設一員，三十年增一員，三十七年增設一員。佐領二十員，乾隆二十五年設六員，三十年增六員，三十二年增二員，三十五年增二員，三十七年增四員。驍騎校同。驍騎校二十員。

沙畢納爾營副總管職銜佐領一員，沙畢納爾，乾隆三十六年，隨土爾扈特投誠，安插伊犂，歸入厄魯特下五旗管束。三十七年，設佐領四員。嘉慶二十年，於四佐領内增設副總管職銜一員。佐領三員，驍騎校四員。各營有給六品頂帶、在侍衛上行走之領催，有給七品頂帶之領催，委前鋒校。又有空藍翎，有委領催，皆非營制正額，不備載。

管理屯務緑營中營總兵一員，乾隆四十四年設。遊擊一員，乾隆四十五年設。守備一員，乾隆四十四年設。千總二員，乾隆四十四年設一員，四十五年增一員。把總四員，乾隆四十四年設二員，四十五年增二員。經制外委六員，乾隆四十四年設三員，四十五年增三員，額外外委同。額外外委六員。以上俱駐綏定城。

鎮標左營遊擊一員，守備一員，俱乾隆四十四年設。千總二員，四十四年設一員，四十五年增一員。把總四員，四十四年設二員，四十五年增二員。經制外委六員，四十四年設三員，四十五年增三員。額外外委同。額外外委六員。以上俱駐廣仁城。

鎮標右營都司一員，乾隆四十四年設。守備一員，四十五年設。千總二員，四十四年設一員，四十五年增一員。把總四員，四十四年設二員，四十五年增二員。經制外委六員，四十四年設三員，四十五年增三員，額外外委同。額外外委六員。以上俱駐瞻德城。

鎮屬霍爾果斯營參將一員，守備一員，俱乾隆四十四年設。千總二員，四十四年設一員，四十五年增一員。把總四員，四十四年設二員，四十五年增二員。經制外委六員，四十四年設三員，四十五年增三員。額外外委同。額外外委六員。以上俱駐拱宸城。

鎮屬巴彥岱營都司一員，千總一員，俱乾隆四十五年設。把總二員，四十四年設一員，四十五年增一員。經制外委三員，四十四年設一員，四十五年增二員。額外外委三員。四十四年設二員，四十五年增一員。以上俱駐熙春城。

鎮屬塔勒奇營守備一員，千總一員，把總一員，俱乾隆四十四年設。經制外委二員，四十四年設一員，四十五年增一員。額外外委同。額外外委二員。以上俱駐塔勒奇城。

惠遠城北關汛守備一員，乾隆五十五年設。把總二員，乾隆五十五年設一員，嘉慶十年增一員。經制外委二員，乾隆五十五年設一員，嘉慶十年增一員。額外外委同。額外外委二員。

總理回務一等台吉三品阿奇木伯克一員，四品伊沙噶伯克一員，五品噶匝納齊伯克二員，五品商伯克二員，六品哈子伯克一員，六品都官伯克一員，六品密喇布伯克七員，六品巴濟吉爾伯克一員，嘉慶九年設。七品巴濟吉爾伯克一員，嘉慶九年設。七品什和勒伯克一員，七品帕察沙布伯克一員，七品明伯克一員，七品玉資伯克六十員，管理挖鐵七品玉資伯克一員。

管理臺站卡倫文、武各員。即於駐防官員內派撥，或由陝、甘省調往，兼理銅鉛廠等務，無常員。

庫爾喀喇烏蘇晶河附

領隊大臣一員，管理土爾扈特遊牧及庫爾喀喇烏蘇、晶河二處屯田，受烏嚕木齊都統節制。乾隆三十七年設。筆帖式一員，委筆帖式二員。舊係三員，乾隆四十八年裁一員，改設部員筆帖式一員。

管理糧餉官一員。此缺舊係縣丞，乾隆四十六年改爲同知，四十八年改設糧員。

管理駐防緑營遊擊一員，守備一員，千總二員，把總二員，經制外委二員，額外外委二員。俱於乾隆四十七年並五十一等年，由固原、甘州、西寧、河州、瑪納斯各營移駐。

晶河管理糧餉官一員此缺舊係典史，乾隆四十八年改設。

晶河管理緑營都司一員，千總一員，把總二員，經制外委三員，額外外委三員。俱於乾隆四十七年並五十一等年，由固原、甘州、河州、西寧、瑪納斯各營移駐。

塔爾巴哈台〔九〕

參贊大臣一員。

協辦領隊大臣一員。專管東路卡倫。

專理游牧領隊大臣一員，兼管東路卡倫，俱乾隆三十年設。章京三員，印房、糧餉、駝馬等處各一員。筆帖式二員，委筆帖式十員，印房二員，摺房一員，營務處一員，糧餉、駝馬處一員，領隊檔房一員，游牧檔房一員，軍臺三員。卡倫侍衛十二員。内管軍臺一員，管營務處一員，餘十員俱在卡倫當差。

管糧理事撫民同知一員。

滿營協領一員，佐領四員，防禦三員，驍騎校七員。

錫伯營佐領一員，驍騎校一員。

索倫營驍騎校一員。

察哈爾營佐領一員，驍騎校一員。

厄魯特營佐領一員，驍騎校一員。

緑營總理屯務官一員，或副將，或參將不一。協理屯務兼管城守營官一員，或遊擊，或都司、守備不一。分理屯務官二員，或都司、守備不一。千總九員，經制外委八員。

烏嚕木齊

都統一員，駐劄鞏寧城，管轄滿洲緑營，受伊犂將軍節制。乾隆三十八年由參贊大臣改設。章京三員，印房、糧餉、駝馬處各一員。筆帖式三員，印房、糧餉、駝馬處各一員。委筆帖式六員。印房三員，糧餉處一員，駝馬處一員，營務處一員。

領隊大臣一員。駐劄鞏寧城，受都統節制。

協領六員，佐領二十四員，内委戴花翎前鋒翼長一員，戴花翎前鋒章京二員。防禦二十四員，内委戴花翎前鋒章京二員。驍騎校二十四員。以上滿營諸員，於乾隆三十七年由涼州莊浪移駐。

喀喇巴爾噶遜管理糧餉官一員。乾隆五十六年添設。

迪化直隷州理事通判一員。乾隆三十七年，裁内地涼州理事通判改設。

緑營提督一員。駐劄迪化城。舊制，提督駐劄巴里坤，總兵駐劄烏嚕木齊。乾隆二十九年改設。

中營參將一員，守備一員，千總二員，内撥阜康防汛一員。把總四員，經制外委五員，額外外委八員。

左營遊擊一員，守備一員，千總二員，把總四員，經制外委六員，額外外委七員。

右營都司一員，守備一員，千總二員，把總四員，經制外委六員，額外外委七員。以上三營俱於乾隆二十七、八、九年，並三十三年，由安西提標甘、涼、河州、延綏、寧夏、興漢、西寧、固原各營移駐。

迪化城守營都司一員，守備一員，千總二員，把總四員，經制外委六員，額外外委八員。乾隆二十八年，並三十二、三、九等年，由涼州、寧夏、甘州、安西、河州、肅州、沙州、固原、西寧、延綏、興漢各營移駐。

鞏寧城守營都司一員，千總一員，把總一員，經制外委二員，額外外委四員。乾隆二十四年，由提標中、左、右三營裁移。

濟木薩營參將一員，守備一員，千總二員，把總四員，經制外委八員，額外外委八員。乾隆三十六、七年，並四十二等年，由甘州、涼州、西寧、肅州、固原、寧夏等各營移駐。

瑪納斯營副將一員，都司二員，守備二員，千總四員，把總七員，經制外委十員，額外外委十二員。乾隆四十二、三等年，由甘州、涼州、西寧、肅州、寧夏各營移駐。

喀喇巴爾噶遜營守備一員，把總二員，經制外委二員，額外外委二員。乾隆三十七年，由陝、甘各提標移駐。

迪化州頭屯所千總一員，昌吉縣蘆草溝所千總一員，綏來縣塔西河所千總一員。舊制，各所於烏嚕木齊屯防差營千總内派管，乾隆四十二年改爲實缺。

古城

領隊大臣一員，受烏嚕木齊都統節制。筆帖式一員，委筆帖式二員。

協領二員，内兼前鋒翼長一員。佐領八員，内委戴花翎前鋒章京二員。防禦八員，驍騎校八員。内委戴藍翎二員。

緑營遊擊一員，千總一員，把總二員，外委四員，額外外委四員。乾隆三十六年，由興漢、河州、沙州各營移駐。

巴里坤

領隊大臣一員，駐劄會寧城，受烏嚕木齊都統節制。筆帖式一員，委筆帖式二員。

協領二員，内兼前鋒翼長一員。佐領八員，内委戴花翎前鋒章京一員。防禦八員，驍騎校八員。乾隆三十七年，西安將軍奏准，由西安、寧夏兩處滿營，各裁撥一千移駐巴里坤。嗣因該處兵糧轉運維艱，三十九年，烏嚕木齊都統、陝甘總督奏准，將西安滿兵移駐巴里坤，其寧夏營滿兵移駐古城。

緑營總兵一員，遊擊三員，中營、左營、右營各一員。都司一員，城守營。守備四員，中營、左營、右營各一員，木壘營一員。千總六員，中營一員，左、右營各二員，城守營一員。把總十六員，中、左、右營各四員，城守營二員，木壘營二員。外委二十二員，中、左、右營各六員，城守營二員，木壘營二員。額外外委二十二員。同上。中營、左營、右營，乾隆二十七年由安西移駐。城守營，四十二年由踏實堡、沙州二營移駐。木壘營，三十二年並三十六年，由塔爾灣、安西等營移駐。

吐魯番

領隊大臣一員，管理滿營及屯田回務，受烏嚕木齊都統節制。乾隆四十五年裁闢展辦事大臣設。筆帖式一員，委筆帖式二員。

同知一員，兼理事通判。乾隆四十四年裁闢展同知設。巡檢二員。乾隆三十六年設一員，駐闢展。四十四年增一員。

管理滿營協領二員，佐領四員，防禦四員，驍騎校四員。滿營係由烏嚕木齊換防。

管理綠營都司二員，内一員管理屯務。守備二員，内一員管理屯務。千總八員，内屯務四員。把總七員，内屯務三員。經制外委十五員。内屯務七員。

哈密

辦事大臣一員。統理諸務，其聽差各員，於駐防綠營員弁内隨時酌委，無定額。

協辦大臣一員，章京一員，辦理印房事務。筆帖式一員，委筆帖式六員。

理事糧廳一員，或同知，或通判，俱由甘省派往駐班，年滿更換。巡檢一員，管理綠營副將一員，巴里坤總兵所轄。都司二員，内有分駐塔勒納沁管屯都司一員。千總二員，把總六員，經制外委六員，額外外委七員。

總理回衆郡王一員，所屬護衛典儀二十七員。協辦旗務伯克二員，管旗章京一員，梅楞章京二員，參領二員，佐領十三員，驍騎校十三員。

喀喇沙爾〔一〇〕

辦事大臣一員，乾隆二十四年設。章京三員，印房、糧餉、夷回務各一員。筆帖式三員，委筆帖式十一員。印房五員，臺卡六員。

管理緑營遊擊一員，守備一員，管理屯工。千總一員，管理屯工。把總四員，内二員，管理屯工。經制外委八員。内一員，管理牧廠。二員管理屯工。俱由陝、甘換防。

管理庫隴勒回民三品阿奇木伯克一員，四品伊沙噶伯克一員，五品商伯克一員，六品哈子伯克一員，七品密喇布伯克一員，七品挖銅伯克一員，七品玉資伯克四員，金頂回子五名。

管理玉古爾回民三品阿奇木伯克一員，四品伊沙噶伯克一員，五品商伯克一員，六品哈子伯克一員，七品訥克布伯克一員，七品密喇布伯克一員，七品明伯克一員，七品挖銅伯克一員，七品玉資伯克一員，金頂回子七名。

庫車

辦事大臣一員，兼轄沙雅爾，乾隆二十四年設。章京二員，印房一員，糧餉一員。筆帖式二員，委筆帖式八員。內管軍臺五員。

管理綠營都司一員，守備一員，千總一員，把總二員，經制外委三員。

管理回民三品阿奇木伯克一員，四品伊沙噶伯克一員，五品噶匝爾齊伯克一員，五品商伯克一員，六品哈子伯克一員，七品訥克布伯克一員，七品阿爾巴布伯克一員，七品密喇布伯克二員，七品明伯克三員，七品都官伯克三員，七品管銅伯克一員，七品帕察沙布伯克一員，七品茂特色布伯克一員。

分理沙雅爾城三品阿奇木伯克一員，四品伊沙噶伯克一員，五品噶匝納齊伯克一員，五品商伯克一員，六品哈子伯克一員，七品密喇布伯克一員，七品明伯克二員，七品都官伯克二員，七品管銅伯克一員。

阿克蘇

辦事大臣一員，乾隆四十四年裁烏什領隊大臣，移駐阿克蘇。嘉慶二年改設辦事大臣。章京二員，印房一員，糧餉錢局一員。筆帖式二員，委筆帖式五員。

管理滿營佐領一員，防禦一員，驍騎校一員。

管理綠營遊擊三員，阿克蘇一員，賽喇木拜城一員，銅廠一員。千總二員，把總五員，阿克蘇二員，賽喇木拜城一員，銅廠一員。嘉慶四年，由烏什隨錢局分撥一員。經制外委六員。阿克蘇二員，賽喇木拜城一員，銅廠一員。嘉慶二年增設一員。四年，由烏什隨錢局分撥一員。

管理回民三品阿奇木伯克一員，四品伊沙噶伯克一員，五品噶匝納齊伯克一員，五品商伯克一員，六品哈子伯克一員，六品巴濟吉爾伯克一員，六品多蘭伯克一員，六品管臺伯克一員，六品管理木蘇爾達巴罕伯克一員，七品訥克布伯克一員，七品阿爾巴布伯克一員，七品密喇布伯克六員，七品明伯克十六員，七品都官伯克三員，七品採銅伯克三員，七品帕察沙布伯克一員，七品茂特色布伯克一員，七品什和勒伯克一員，七品克圖瓦爾伯克一員，金頂回子三十一名。

分理賽喇木城三品阿奇木伯克一員，四品伊沙噶伯克一員，五品噶匝納齊伯克一員，六品哈子伯克一員，七品密喇布伯克一員，七品明伯克一員，金頂回子五名。

分理拜城四品阿奇木伯克一員，五品伊沙噶伯克一員，六品噶匝納齊伯克一員，七品密喇布伯克一員，七品哈子伯克一員，七品明伯克一員，金頂回子五名。

分理柯爾坪六品阿奇木伯克一員，七品哈子伯克一員。

烏什

辦事大臣一員，乾隆三十年，移喀什噶爾參贊大臣一員、協辦大臣一員駐劄烏什。五十二年，仍移參贊大臣、協辦大臣駐喀什噶爾。烏什設今職。章京二員，印房、糧餉局各一員。筆帖式二員，舊設一員，乾隆三十一年增一員。委筆帖式四員。

管理卡倫侍衛六員。

管理滿營佐領一員，防禦一員，驍騎校一員。

管理緑營參將一員，都司一員，守備二員，城守營、屯田各一員。千總三員，城守營一員，屯田二員。把總四員，城守營三員，屯田一員。經制外委八員，額外外委二員。

管理回民五品阿奇木伯克一員，六品哈子伯克一員，七品巴濟吉爾伯克二員，七品密喇布伯克三員，七品明伯克三員，金頂回子四名。

喀什噶爾英吉沙爾附

參贊大臣一員。乾隆二十四年設，總理各回城事務。三十年移駐烏什，改設辦事大臣，五十二年復舊制。

協辦大臣一員，乾隆二十四年設，三十年移駐烏什，五十二年復移此。章京四員，印房、回務處、經牧處、糧餉局各一員。筆帖式四員，委筆帖式九員。印房筆帖式二員，委筆帖式四員，回務處筆帖式一員，委筆帖式二員。乾隆二十六、七年，設糧餉局筆帖式一員，委筆帖式一員，經牧處委筆帖式一員。五十二年，參贊大臣由烏什移駐，奏派一員。

卡倫侍衛十八員。乾隆二十六年奏設十五員，五十二年由烏什撥添三員。

管理滿營協領一員，佐領一員，防禦一員，驍騎校三員，以上由烏嚕木齊換防。佐領一員，作爲營長。前鋒校二員，作爲委驍騎校。委筆帖式一員，作爲委驍騎校。以上由伊犂惠遠城換防。防禦一員，作爲參領。前鋒校一員。作爲委驍騎校。以上由伊犂惠寧城換防。

管理錫伯營佐領一員，作爲副營長。驍騎校一員。

管理索倫營佐領一員，作爲副營長。驍騎校一員。

管理緑營副將一員，乾隆二十四年，設總兵一員。三十二年，改設今職。遊擊一員，千總三員，把總三員，經制外委六員，聽差都司、守備二員。

管理回民三品阿奇木伯克一員，四品伊沙噶伯克一員，四品噶匝納齊伯克一員，四品商伯克二員，五品哈子伯克一員，五品訥克布伯克一員，五品茂特色布伯克一員，五品克圖瓦爾伯克一員，六品巴濟吉爾伯克一員，六品阿爾布伯克一員，六品明伯克一員，六品都官伯克一員，六品帕察沙布伯克一員，六品什和勒伯克一員，六品巴克瑪塔爾伯克一員，七品明伯克二員，金頂溫巴什五十名，通事二十名，阿哈拉克齊九名。

分理牌租阿巴特四品阿奇木伯克一員，七品明伯克一員。

分理塔什巴里克五品阿奇木伯克一員，七品明伯克一員。

分理阿斯騰阿喇圖什五品阿奇木伯克一員，六品哈子伯克一員，七品明伯克五員。

分理玉斯屯阿喇圖什六品阿奇木伯克一員，六品哈子伯克一員，七品明伯克一員。

分理伯什克勒木五品阿奇木伯克一員，六品哈子伯克一員，六品密喇布伯克一員，六品明伯克一員。

分理提斯衮五品密喇布伯克一員，七品明伯克一員。

分理阿爾瑚六品阿奇木伯克一員，六品哈子伯克一員。
分理烏帕爾六品阿奇木伯克一員，七品明伯克一員。
分理汗阿里克六品密喇布伯克一員，六品哈子伯克一員，七品明伯克一員。
分理霍爾干六品密喇布伯克一員，六品明伯克一員。
分理赫色勒布依六品密喇布伯克一員，七品明伯克二員。
分理塞爾們六品密喇布伯克一員，七品明伯克一員。
分理托古薩克六品密喇布伯克一員，七品明伯克一員。
分理木什素魯克七品密喇布伯克一員，七品明伯克一員。
分理岳普爾和七品明伯克一員。
分理阿爾瓦特六品密喇布伯克一員，七品明伯克一員。
英吉沙爾領隊大臣一員，兼管卡倫，受喀什噶爾參贊大臣節制。乾隆三十一年由總兵官改設。筆帖式一員，辦理印房事務。委筆帖式二員。
管理滿營防禦一員。
管理緑營遊擊一員，千總一員，把總一員，經制外委二員。俱由陝西河州鎮屬换防。
管理回民四品阿奇木伯克一員，六品哈子伯克一員，六品密喇布伯克一員，七品管臺伯克一員，七品明伯克四員。

分理賽里克七品密喇布伯克一員。

葉爾羌

辦事大臣一員。

協辦大臣一員，兼理領隊事務。乾隆二十六年設領隊大臣二員，後裁。章京三員，印房二員，糧餉局一員。初以隨營官辦事，無常員。乾隆二十六年設定如額。筆帖式同。筆帖式三員，辦理印房事務。委筆帖式十五員。印房、糧餉局各四員，軍臺七員。

卡倫侍衛十二員。乾隆二十六年定十五員，後裁三員。

管理滿營佐領二員，驍騎校二員。舊於軍營武職内委駐，無常員。乾隆三十六年設定如額，由巴里坤、吐魯番、古城等處派撥。

管理緑營副將一員，舊設總兵一員，乾隆三十三年改設。遊擊一員，都司二員，千總三員，把總六員，經制外委九員。舊於隨營官内派駐，無常員，乾隆二十八年設。

管理回民三品阿奇木伯克一員，四品伊沙噶伯克一員，四品噶匝納齊伯克一員，四品商伯克二員，五品訥克布伯克一員，五品密喇布伯克一員，五品帕察沙布伯克一員，五品克圖瓦爾伯克一員，五品柯勒克雅喇克伯克一員，五品斯帕哈資伯克一員，五品拉雅哈資伯克一員，五品喀喇都管伯克一員，六品阿爾巴布伯克一員，六品明伯克一員，六品都官伯克一員，六品帕察沙布伯克一員，六品茂特色布伯克一員，六品什和勒伯克一員，六品巴克瑪塔爾伯克一員，六品匝布梯墨克塔布伯克一員，六品色依得爾伯克一員，六品哲博伯克一員，六品喀爾管伯克一員。

分理托果斯鉛五品阿奇木伯克一員，六品哈子伯克一員。

分理齊盤五品阿奇木伯克一員，六品密喇布伯克一員，六品明伯克一員。

分理哈爾哈里克五品阿奇木伯克一員，六品哈子伯克一員，六品密喇布伯克一員，六品明伯克一員。

分理和什喇普五品阿奇木伯克一員。

分理牌斯鉛五品密喇布伯克一員。

分理桑珠五品阿奇木伯克一員。

分理玉喇阿里克六品伯克一員。

分理色勒庫爾五品阿奇木伯克一員，六品伊沙噶伯克一員，六品商伯克一員，六品哈子伯克一員，七品阿爾巴布伯克一員，七品什和勒伯克一員，七品巴匝爾伯克一員，七品塔噶喇木伯克一員。

分理巴爾楚克六品阿奇木伯克一員，七品明伯克一員。

分理塔爾塔克六品伯克一員。

分理坡斯坎木六品哈子伯克一員。
分理喇普齊六品密喇布伯克一員。
分理鄂通楚魯克六品密喇布伯克一員。
分理鄂普爾六品明伯克一員，六品鄂爾沁伯克一員。
分理察特西林七品明伯克一員。

和闐

辦事大臣一員。聽葉爾羌大臣節制。
協辦大臣一員，章京一員，筆帖式一員，委筆帖式五員。印房二員。其三員管理軍臺，每員管理兩臺。
管理綠營都司一員，千總一員，把總一員，經制外委二員。
管理回民三品阿奇木伯克一員，四品伊沙噶伯克一員，五品噶匝納齊伯克一員，五品商伯克一員，六品哈子伯克一員，七品訥克布伯克一員，七品明伯克一員，七品都官伯克一員，七品哈喇都管伯克一員，七品帕察沙布伯克一員，七品什和勒伯克一員，七品克圖瓦爾伯克一員，金頂回子三十名。
分理哈拉哈什城四品阿奇木伯克一員，五品商伯克一員，六品哈子伯克一員，七品都官伯克一員，七品帕察沙布伯克一員。

分理玉隴哈什村四品阿奇木伯克一員，六品哈子伯克一員。

分理齊爾拉村四品阿奇木伯克一員，六品哈子伯克一員，七品密喇布伯克一員，七品明伯克一員。

分理克勒底雅城四品阿奇木伯克一員，五品採鉛伯克一員，六品哈子伯克一員。

分理塔克村四品阿奇木伯克一員，六品哈子伯克一員。

分理圖薩拉莊七品密喇布伯克一員，七品明伯克一員。

分理伯爾藏莊七品密喇布伯克一員，七品明伯克一員。

分理素巴爾莊七品明伯克一員。

分理巴拉木斯雅莊七品密喇布伯克一員，七品明伯克一員。

分理瑪庫雅莊七品密喇布伯克一員，七品明伯克一員。

分理皁窪勒莊七品密喇布伯克一員，七品明伯克一員。

分理庫雅莊七品明伯克一員。

分理三普拉莊七品密喇布伯克一員，七品明伯克一員。

分理洛普莊七品密喇布伯克一員，七品明伯克一員。

分理哈爾魯克莊七品密喇布伯克一員，七品明伯克一員。

附準噶爾部舊官制

台吉。準噶爾全境分四衛拉特，各有首領，名曰大台吉。而綽羅斯尤爲之長，其台吉亦稱汗王。餘小台吉皆汗王之宗屬爲之。大台吉官屬，自圖什墨爾以下。小台吉官屬，自宰桑以下。其二十一昂吉境內，別設台吉居住，以統領游牧，謂之六游牧台吉焉。

圖什墨爾。係準噶爾參決政事之臣，樞管機務之要職。凡六游牧，二十一昂吉，大小政務，經宰桑辦理，以告圖什墨爾，詳悉定議，上告台吉，然後施行。其員缺有四。

扎爾扈齊。佐圖什墨爾理事，兼辦一切刑名賊盜案件。員缺有六。

德墨齊。內佐台吉以理家務，外抽收牧廠税務，差派征收山南回部徭賦，接待布魯特使人。其員缺有二。

宰桑。管理一鄂拓克事務，或一人，或三四人，事無大小，胥受成焉。

德木齊。管理鄂拓克內自一百户以上至二百户事務。

收楞額。佐德木齊管理事務。

阿爾班呢阿哈。佐收楞額辦理事務。

阿爾巴齊宰桑。承辦二十四鄂拓克、二十一昂吉差貢事務。其員缺有四。

阿爾巴齊。係隨宰桑各處催差者，約有百員。

庫圖齊納爾。承辦大台吉一切蒙古包及搭支帳房之類。

扎哈沁。防守邊界，坐辦卡倫，巡查訪察一切事務。

烏魯特。管理鐵匠鑄造器械。

阿爾塔沁。司繪塑佛像。

包齊那爾。管理軍營槍礮等項事務。

包沁。專司礮者。

附回部舊官制

阿奇木伯克。統理城村大小事務，爲諸伯克之冠。

伊沙噶伯克。協同阿奇木辦理庶務。

噶匝納齊伯克。管理地畝糧賦。

商伯克。職司徵輸糧局。

哈子伯克。總理一切刑名事務。

密喇布伯克。職司水利疏濬、灌溉之務。

訥克布伯克。管理匠役營造諸公務。

帕察沙布伯克。巡緝姦宄，捕訪賊盜，及提牢諸務。

茂特色布伯克。管理經典，整飭教務，不與民事。

木特窪里伯克。職司售授田園、房産，掌其質劑，治其争訟，收其税入。
匝布梯墨克塔布伯克。專司教習經館事務。
克勒克雅喇克伯克。商賈貿易，徵收其税入者。
斯帕哈資伯克。辦理頭目詞訟。
拉雅哈資伯克。辦理細民詞訟。
巴濟吉爾伯克。職理税務。
阿爾巴布伯克。管理派差催課事務，猶内地之里正、鄉長也。
巴克瑪塔爾伯克。專司果園事。
都官伯克。經理各處文移記檔，一切分攢官項事務。
哈喇都管伯克。安設臺站，修整兵械。
多博伯克。徵輸二千户糧賦。
明伯克。分領回衆頭目，職如千總。
玉資伯克。徵輸百户糧賦。
鄂爾沁伯克。徵輸數十人糧賦。
哲博伯克。專司修造甲械。
都爾里伯克。巡察街道園林、果木諸務。

什和勒伯克。職司驛館米芻雜務。

都爾噶伯克。阿奇木首領官。

巴匝爾伯克。管理市集細務。

哈什伯克。承辦採玉事務。

克圖瓦爾伯克。辦理工程事務。

鄂克他克奇伯克。掌宴會牲牽、果品之屬。

封爵

杜爾伯特屬四衛拉特以綽羅斯爲首，惟杜爾伯特部歸誠最先，故以錫封之次爲首。次及綽羅斯、和碩特、輝特、土爾扈特焉。

車淩〔一一〕，初封和碩親王，加雙俸，晉封特古斯庫魯克達賴汗。卒，子索諾木袞布襲。卒，子瑪克蘇爾札布襲。卒，子齊旺拉布坦襲。卒，子拉瑪札布襲。

車淩烏巴什，初封多羅郡王，晉封和碩親王。卒，以姪達瓦丕勒子固魯札布襲。卒，子貢噶諾爾布襲。

伯什阿噶什，封和碩親王。卒，無嗣，停襲。
納默庫，初封多羅郡王，晉封和碩親王，以叛除爵。
車淩蒙克，初封多羅貝勒，晉封多羅郡王。卒，子巴雅勒當襲。卒，弟博斯和勒襲。卒，子納旺索諾木襲。卒，子曼達拉襲。
色布騰，封多羅貝勒，加郡王品級。卒，子巴桑襲多羅貝勒。卒，子貢楚克札布襲。
巴圖博羅特，封多羅貝勒，以叛除爵。
剛多爾濟，封多羅貝勒。卒，以從子達瓦丕勒襲。卒，子齊墨特多爾濟襲。
喇嘛札布，封多羅貝勒，以叛除爵。
羅壘雲端，封固山貝子。卒，無嗣，停襲。
額爾得尼，封固山貝子。卒，無嗣，停襲。
班珠爾，封固山貝子。卒，以從子奇塔襲。卒，子羅卜藏薩木坦襲。卒，子拉穆札布襲。卒，弟伊達木札布襲。
布圖克森，封固山貝子。卒，無嗣，停襲。
蒙克特穆爾，封固山貝子，以叛除爵。
瑪什巴圖，初封輔國公，晉封固山貝子。卒，子布延濟爾噶勒襲。卒，子和託羅襲。卒，子諤勒哲依布圖庫襲。卒，子索諾木丕勒襲。卒，弟拉特那巴咱爾襲。

烏巴什，封固山貝子。卒，停襲。

根敦，封固山貝子。卒，子扣肯襲。卒，以根敦弟雙和爾降，襲鎮國公。卒，子諤勒哲依鄂羅什瑚襲。卒，子諾爾布襲。

巴圖蒙克，封輔國公。卒，子烏呼斯襲。卒，子博第格呼勒襲。卒，子多爾濟札布襲。

達木巴都噶爾，封固山貝子。

剛，封輔國公。卒，子札納巴克襲。卒，子齊默特巴勒襲。

布顔特古斯，封輔國公。卒，子舍楞襲，以叛除爵。

蒙克博羅特，封輔國公，以叛除爵。

達什敦多克，汗車淩族叔父，授一等台吉。卒，子寶貝襲，以病罷，子布格襲。

茶錫喇，汗車淩族弟，授一等台吉。卒，子車登襲。卒，子諤勒哲鄂羅什瑚襲。卒，弟烏巴什襲。卒，子巴勒章襲。

額布根，汗車淩族子，授一等台吉。卒，弟齊巴克襲。卒，子索諾木丕勒襲。卒，子鄂特伯克札布襲。

巴爾，汗車淩族子，授一等台吉。卒，子布達什哩襲。卒，子濟卜瑚朗襲。

綽羅斯屬

噶勒藏多爾濟，封綽羅斯汗。叛，爲札那噶爾布所殺。又有札那噶爾布，封多羅貝勒，以叛誅。布庫察，封輔國公。尼瑪，封輔國公。皆以叛誅。碩爾錐音哈薩克錫喇，封輔國公，以罪除。薩拉爾，封一等公，晉號超勇。以罪除，後復封超勇伯。卒，子玉魯斯襲，以罪除。

達瓦齊，宥罪，加封和碩親王。卒，長子羅卜札降襲多羅郡王，以罪除。次子富塔喜降，襲多羅貝勒，以罪除。羅卜札子富爾納降，襲固山貝子。卒，子賡音蘇襲。

諾爾布林沁，封多羅郡王。

禡木特，封三等公，晉號信勇。爲阿睦爾撒納所執，不屈死。孫札木禪襲。卒，子捫圖什襲。卒，子託克多巴圖襲。

和碩特屬

沙克都爾曼濟，封和碩特汗，以罪誅。又有班珠爾，初封多羅郡王，晉封和碩親王，以叛誅。圖們，封多羅貝勒，以罪誅。諾爾布敦多布，封多羅貝勒。卒，子博爾和津襲，以罪除。

恭格，封多羅貝勒。卒，子德勒克烏巴什襲。卒，從弟騰特克襲。無嗣，停襲。

納噶察，初封輔國公，晉封固山貝子。卒，弟達克巴降襲輔國公。卒，弟巴勒濟襲。卒，子敏珠爾多爾濟襲。卒，子丹津札布襲，以罪革。子蘊端襲。

雅蘭丕勒，封固山貝子，尋爲喇嘛。子布延楚克襲。卒，弟鄂齊爾襲。卒，子巴特瑪策淩襲。卒，子普爾普襲。卒，子車登多爾濟襲。

色布騰，封輔國公。乾隆二十二年，徙牧察哈爾。卒，子達什喇布坦襲。卒，子桑嚕布多爾濟襲。

諾爾布，封輔國公。卒，子達瓦藏布襲。

諾爾布敦多克，封輔國公。

達瓦，封輔國公。卒，弟巴雅拉呼襲。

諾海，恭格族叔，授一等台吉。卒，子三濟襲。卒，子烏爾圖那遜襲。

巴雅爾拉瑚，恭格族叔父，授一等台吉。卒，子齊業齊襲，以病罷，子桑濟策楞襲。卒，子濟爾噶勒襲。

特默齊，納噶察從弟，授一等台吉。卒，子達什沙木丕勒襲。

布彥克什克，授一等台吉。

輝特屬

巴雅爾，封輝特汗，以叛誅。又有阿睦爾撒納，封和碩親王，加雙俸，倍護衛，子封世子。以叛除，竄俄羅斯死。齊木庫爾，初封多羅貝勒，晉封郡王。卒，子策卜登多羅濟襲，以罪除。普爾普，封多羅貝勒。德濟特克什克，皆封固山貝子。巴桑，封輔國公，以罪除。

札木參，封多羅貝勒。

和通額默根，封輔國公。卒，子瑪瑪襲。

根敦札布，封輔國公。

古木札布，封輔國公。

布魯爾，封輔國公。

達瑪璘，授一等台吉。卒，從子布爾布達爾濟襲。卒，子薩噶襲。

羅卜藏，授一等台吉。卒，子袞布襲。卒，子布達札布襲。卒，子尼瑪札布襲。

土爾扈特屬

阿喇布珠爾，康熙四十三年來歸，封固山貝子。卒，子丹忠襲，尋晉封多羅貝勒。卒，子羅卜藏達爾札襲。卒，子旺札勒車凌襲。卒，子端多布車凌襲。卒，子巴雅爾瑪奇尼襲。

渥巴錫，乾隆三十六年來歸，封卓里克圖汗。卒，子策璘納木札勒襲。卒，子霍紹齊襲。卒，弟丹津旺濟勒襲。卒，兄那木濟勒多爾濟襲。卒，子策登多爾濟襲。

策伯克多爾濟，封和碩親王。卒，弟奇哩布襲。卒，子車凌烏巴什襲。卒，子額英克濟爾噶勒襲。

舍棱〔一二〕，封多羅郡王。病罷，子策伯克札布襲。

巴木巴爾，封多羅郡王。卒，子車淩德勒克襲，病罷。子巴特瑪烏巴錫襲。卒，子那木札爾車登襲。

默們圖，封多羅貝勒。卒，子額爾德尼襲。卒，弟庫奎襲。卒，子巴圖濟爾噶勒襲。卒，弟巴圖珂什克襲。卒，弟巴圖那遜襲。

旺丹，封固山貝子。卒，無嗣，停襲。

奇布騰〔一三〕，封固山貝子。卒，子瑪爾噶錫里襲。卒，子察罕布彥襲。

額墨根烏巴什，封固山貝子。卒，子恭坦襲。卒，子巴勒丹拉什襲。

沙喇扣肯，封固山貝子。

拜濟瑚，封輔國公。

阿克薩哈勒，授一等台吉。卒，子阿咱拉襲，尋晉封輔國公。

恭格車淩，授公品級，一等台吉。

伯爾哈什哈，汗渥巴錫從弟，授一等台吉。卒，子薩思海襲。卒，弟札勒襲。

哈密屬

額貝都拉，授一等達爾汗。卒，子郭帕伯克襲。卒，子額敏襲，晉封鎮國公，尋晉固山貝子。

卒，子玉素卜降〔一四〕，襲鎮國公，後晉封多羅貝勒，加郡王品級。卒，子伊薩克襲。卒，子額爾德錫爾襲。卒，子伯什爾襲。

吐魯番屬

額敏和卓，初封輔國公，累晉多羅郡王。卒，子素賚璊襲。以罪削，弟伊斯堪達爾襲。卒，子玉努斯襲。卒，叔丕爾敦襲。卒，子邁瑪薩依特襲。

茂薩〔一五〕，額敏和卓次子，封輔國公。

鄂羅木咱卜，額敏和卓三子。初授一等台吉，尋加公品級。卒，子密哩克咱特仍襲一等台吉。卒，子和什納札特襲。

丕爾敦，額敏和卓六子，授二等台吉。卒，子阿米特巴合依襲。

哈什木，授一等台吉。卒，子阿布勒降襲二等台吉。卒，子阿克巴什襲。

庫車鄂對，初授公品級，尋封固山貝子，加貝勒品級。卒，子鄂斯璊襲。以鄂對獲咎事發，革貝勒品級，世襲散秩大臣，晉封固山貝子。卒，子邁哈默特鄂三襲。

烏什諸屬

烏什霍集斯，初授公品級，晉封多羅貝勒，加郡王品級。卒，子哈第爾襲。

色提卜阿勒氏，初授公品級，尋封輔國公，加貝子品級。卒，子邁默特阿卜都拉襲。卒，子邁瑪特阿散襲。卒，弟邁瑪特愛瑪特襲。

噶岱默特，授公品級。卒，子阿卜都喇璊襲。卒，子邁瑪第敏襲。卒，子邁瑪特伊巴拉依木襲。

阿什默特，封輔國公。又有莽噶里克，封輔國公，以叛誅。漠咱帕爾，霍集斯子，封輔國公，以罪除。

薩里，授三等輕車都尉。卒，子海色木襲。卒，子愛里木襲。

葉爾羌額色伊，封輔國公。卒，子喀沙和卓襲。晉封鎮國公，以罪削。從弟巴巴克和卓降襲輔國公。

圖爾都，額色伊從子，初授一等台吉，尋晉封輔國公。卒，子託克託襲。卒，無嗣，停襲。

禡木特，額色伊從子，授一等台吉。卒，子巴巴降襲二等台吉。卒，子沙音和卓襲。卒，子阿穆爾和卓襲。卒，子伯布咱嚕特和卓襲。

帕爾薩，額色伊弟，授三等台吉。卒，子巴巴克和卓襲，後晉襲輔國公，仍兼襲三等台吉。

阿卜都爾璊，授二等台吉。卒，子阿卜都呢咱爾降襲三等台吉。卒，子素賚璊襲。

和闐和什克，封輔國公。卒，子伊巴喇伊木襲。卒，子阿布都莫敏襲。

名宦

漢

張騫。漢中人。建元中，爲郎，應募使西域。至大宛、大月氏、大夏、康居諸國，並南山歸，具爲天子言其地形所有，拜大中大夫。以從擊匈奴功，封博望侯。後旋失侯。因説天子通烏孫昆莫，遣公主爲其夫人，結昆弟，以斷匈奴右臂，拜中郎將。復使西域，至烏孫。分遣副使之旁大國，騫與烏孫使者數十人還，拜爲大行。歲餘卒。其副使往諸國者，頗與其人俱來，西北國始通於漢。騫鑿空，諸後使往者皆稱博望侯，以爲質於外國，外國由是信之。其後益遣使出師擊破姑師，虜樓蘭王，列亭障至玉門。而漢使窮河源，河源出于闐，其山多玉石，采來，天子案古圖書，名河所出山曰昆侖，皆自騫發之云。

傅介子。北地人。以從軍爲官。初，龜兹、樓蘭王皆常殺漢使者，盜取財物。介子以駿馬監使大宛，詔令責樓蘭、龜兹，皆服罪。從大宛還，匈奴使者在龜兹，介子率其吏士誅斬之，拜中郎，遷平樂監。大將軍霍光白遣介子往刺樓蘭王，介子至樓蘭，將王入帳中，屏語，因刺殺之，告諭其國：「以王負漢罪，天子遣我來誅王，當更立前太子質在漢者。漢兵方至，毋敢動，動滅國矣。」遂持王首還。論功封義陽侯。

常惠。太原人。宣帝時，使烏孫。烏孫公主及昆彌因惠言，請發五萬騎，從漢擊匈奴。天子使惠護烏孫兵，大克獲。還，封長羅侯。復遣惠持金璧，賜烏孫貴人有功者。惠奏請龜兹國嘗殺校尉賴丹，未伏誅，請便道擊之。因發西國、東國兵各二萬人，烏孫兵七千人，合攻龜兹。龜兹謝罪，縛其貴人姑翼詣惠，惠斬之而還。

鄭吉。會稽人。爲人强執，習外國事。自張騫通西域，李廣利征伐之後，初置校尉屯田。宣帝時，吉以侍郎屯渠犂積穀，因發諸國兵攻破車師。遷衛司馬，使護鄯善以西南道。神爵中，匈奴日逐王來降，吉發兵迎之。將詣京師，威震西域，遂并護車師以西北道，故號都護。都護之置，自吉始焉，封安遠侯。吉於是中西域而立莫府，治烏壘城，鎮撫諸國。漢之號令班西域者，始於張騫，成於鄭吉。

陳湯。山陽瑕丘人。遷西域副校尉，與騎都尉甘延壽俱出。湯沈勇有大慮，多策謀，喜奇功。先是，匈奴郅支單于西破呼偈、堅昆、丁令，兼三國而都之，數困辱漢使者，殺漢衛司馬谷吉，西挾康居，擊破烏孫，日益驕倨。湯矯制，發城郭諸國兵，戊己校尉屯田吏士，勒陳往攻之，傅其城，擊去康居兵，斬郅支單于首，得漢使節二，及谷吉等所齎帛書以歸。中書令石顯、丞相匡衡抑其功，宗正劉向上書訟之，遂封延壽義成侯，賜湯爵關内侯。

段會宗。天水上邽人。竟寧中，爲西域都護。西域敬其威信。三歲，更盡還。後數年，西域諸國上書，願得會宗。陽朔中，復爲都護，更盡還，以病免。歲餘，烏孫諸翎侯大亂，會宗以左曹中郎將往使，定其國而還。元延中，復遣會宗發戊己校尉諸國兵，即誅烏孫太子番丘。會宗選精兵三十弩，逕至昆彌所在，召番丘責以罪，手劍擊殺之。小昆彌烏犂靡勒兵數十騎，圍會宗，會宗與語，號泣罷去。還，賜爵關内侯。其後卑爰疐擁衆欲害昆彌，漢復遣會宗往安輯之。逾年，病卒，烏孫中城郭諸國，爲發喪立祠焉。

後漢

耿恭。扶風茂陵人。少慷慨，多大略，有將帥才。永平中，爲戊己校尉，屯後王部金蒲城。移檄烏孫諸國，宣示漢威德，皆遣使獻名馬，願遣子入侍。恭乃發使迎其侍子。匈奴左鹿蠡王攻金蒲城，恭乘城搏戰，以毒藥傅矢射之，匈奴解去。恭以疏勒城旁有潤水可固，引兵據之。匈奴復來攻，擁絶潤水，恭於城中穿井十五丈，不得水，仰歎曰：「聞昔貳師將軍拔佩刀刺山，飛泉湧出。今漢德神明，豈有窮哉！」乃整衣服，向井再拜，有頃，水泉奔出，衆皆稱萬歲。乃令吏士揚水以示寇，遂引去。其後車師畔，與匈奴共攻圍恭。數月，食盡窮困，乃煑鎧弩，食其筋革，與士卒推誠同死生，故皆無二心，而稍稍死亡，單于更益兵圍之。時肅宗即位，遣將擊車師，攻交河城，車師降。恭故吏范羌從山北迎恭，因相隨俱歸，且戰且行，三月至玉門，以忠節拜騎都尉。

班超。扶風平陵人。有志，不修細節。永平十六年，竇固擊匈奴，以超爲假司馬，將兵別擊伊吾，多斬獲。固遣超使西域，至鄯善，鄯善王廣奉超禮甚備。後以有匈奴使者，忽更疏懈。超覺之，悉會其吏士三十六人，夜奔匈奴使者營。會大風，超令十人持鼓伏舍後，約見火擊鼓大呼，餘悉持兵夾門而伏。超乃順風縱火，前後鼓噪，擊斬其使及從士三十餘級，餘衆悉燒死。乃以使首示王廣，曉告撫慰之，遂納子爲質。授軍司馬。收撫西域。降于寘王廣德，遣吏縛疏勒王兜題。其後焉耆攻没都護陳睦，龜茲、姑墨數攻掠疏勒，超士吏單少。肅宗即位，徵超，超發還，于寘王以下抱超馬足不得行，乃更還疏勒，捕斬反者，擊破尉頭兵，疏勒復定。建初三年，攻姑墨、石城，破之。五年，擊破疏勒反者番辰。因發疏勒、于寘兵，擊莎車。明年，莎車降，自此威震西域。永元二年，月氏來服。明年，龜茲、姑墨、温宿皆降。乃以超爲都護，居龜茲它乾城。六年，大發衆討焉耆、尉犂、危須，收其王廣汎等於陳睦故城，斬之，傳首京師。西域五十餘國，悉皆納質内屬。封定遠侯。超在西域三十一年，上疏乞還，至洛陽卒。

班勇。超子，有父風。永初元年，西域叛，以勇爲軍司馬，迎都護還，因罷都護。元初六年，敦煌太守曹宗請復取西域，勇上議不可許，宜復敦煌郡營兵，置副校尉居於敦煌，復置長史屯樓蘭。延光二年，以勇爲西域長史，屯柳中。明年，勇至樓蘭，鄯善歸附，開示恩信，龜茲王率姑墨、温宿自縛來降，因發其兵擊走匈奴，收復車師前部。四年，擊破車師後部，更爲立王。於是車師六國皆平。復擊走匈奴數萬餘衆，城郭皆安。後與敦煌太守張朗討焉耆王元孟，張朗徼功先進，勇以後期徵還，免官。

唐

裴行儉。絳州聞喜人。累擢安西都護，西域諸國多慕義歸附。儀鳳二年，十姓可汗阿史那都支及李遮匐誘蕃落以動安西。詔行儉册送波斯王，且爲安撫大食使，權以制事。徑莫賀延磧，道迷饑乏，行儉止營致祭，行數百步，水草豐美，後來者莫識其處，衆以爲神。至西州，揚言大熱，未可以進，徐召四鎮約畋。倍道至都支帳，相去十餘里，因召都支詣營謁，遂擒之，並執諸部酋長，送碎葉城。簡精騎襲遮匐，遮匐降，悉俘至京師。將吏爲之刻石碎葉城以紀功。

阿史那社尒。突厥人，處羅可汗次子。以智勇聞。貞觀初，内附。十四年，以交河道行軍總管平高昌。二十一年，以崑丘道行軍大總管，與郭孝恪等五將軍，發鐵勒十三部、突厥騎十萬討龜兹。師次西突厥，擊處密、處真部〔一六〕，敗之。入自焉耆西，龜兹震恐，大破之，拔都城，追擒其王，降者七十餘城，刻石紀功而還。因説于闐王入朝。孝恪在軍，牀帷器用，多飾金玉，以貽社尒，不受。帝聞而嘉之。卒，陪葬昭陵，治冢象葱山。

王方翼。并州祁人。裴行儉討遮匐，奏爲副，兼檢校安西都護。方翼築碎葉城，面三門，紆還多趣，以詭出入，五旬畢。西域胡縱觀，莫測其方略，悉獻珍寶。永淳初，十姓阿史那車簿啜叛，圍弓月城。方翼引兵戰伊麗河，敗之。俄而三姓兵大至，方翼次熱海，進戰，矢著臂，引佩刀斷去，遣騎分襲。皆驚潰，引兵遁去，西域震服。以功遷夏州都督。

蘇烈。字定方，以字行，冀州武邑人。驍悍有氣決。從李靖討平突厥頡利，擢伊麗道行軍大總管。討賀魯，出金山北，擊處木昆部，破之。俟斤嬾獨禄以衆萬帳降，賀魯率兵十萬拒戰。定方兵少，令步卒據高，攢矟外向，自引勁騎陣北原。賊三突步陣，不能入，因其亂擊之，斬首數萬級，五弩失畢舉衆降。乘大雪追北，縛賀魯以還。由是修亭障，列蹊隧，唐之州縣極於西海。封邢國公。高宗時，思結闕俟斤都曼先鎮諸胡，及疏勒、朱俱波、喝槃陀諸國叛，以定方爲安撫大使，討平之。葱嶺以西遂定。

薛仁貴。絳州龍門人。副鄭仁泰爲鐵勒道行軍總管。時九姓衆十餘萬，令驍騎數十來挑戰，仁貴發三矢，輒殺三人，賊氣懾，皆降。仁貴慮爲後患，悉坑之。轉討磧北餘衆，擒僞葉護兄弟三人以歸。軍中歌曰：「將軍三箭定天山，壯士長歌入漢關。」

王孝傑。京兆新豐人。以軍功進爲右鷹揚衛將軍。孝傑居西戎地久，盡悉其虚實。初貞觀時，設龜兹、于闐、疏勒、碎葉爲西域四鎮，後没於吐蕃。長壽元年，孝傑爲武威總管，討吐蕃，盡復故土。復置安西都護府於龜兹，遷左衛大將軍。

班第。蒙古鑲黄旗人。乾隆十九年，準噶爾内亂，以兵部尚書赴北路軍營，籌辦軍務，授定北將軍。二十年，以定邊左副將軍阿睦爾撒納副之。偕西路定北將軍永常，定邊右副將軍薩喇勒，先後進勦。五月，大衆入伊犂，準噶爾屬衆盡降。上獎第首功，封一等誠勇公。六月，獲其台吉達瓦齊，獻俘京師。與鄂容安駐守伊犂。伊犂既定，阿睦爾撒納蓄異志，覬據之。第及鄂容安、薩喇勒，以其叛迹已著，密疏劾之。時先有旨，令阿睦爾撒納入覲，第等乃趣其行。七月，令喀爾喀親王額林沁多爾濟監同起程。行至烏隆古，忽以印授額林沁多爾濟，徑由額爾齊斯遁，遂叛。阿巴噶斯哈丹等掠臺站，伊犂道梗。逆黨糾喇嘛、回人作亂。第與鄂容安陷賊中，由固勒札，赴空格斯，轉戰至烏蘭庫圖勒。賊蠭集，力不支，遂自盡。賜祭葬如例，謚義烈，入祀昭忠祠。又特建雙烈祠，並祀鄂容安。聖製雙烈詩，圖形紫光閣，聖製贊。

鄂容安。滿洲鑲藍旗人。乾隆十九年，準噶爾内亂，命赴軍營辦事，授西路參贊大臣。二十年，與定邊右副將軍薩喇勒，由西路進勦，沿途招降各部人衆。五月，大軍定伊犂，達瓦齊遁。鄂容安偕喀爾喀郡王品級青滚雜卜等，收其游牧。獲達瓦齊之叔及其孥，並喇嘛六千餘。六月，達瓦齊就擒，鄂容安同班第駐守伊犂。時阿睦爾撒納爲定邊右副將軍，蓄異志，謀據伊犂。鄂容安同班第等密疏劾之。諭趣阿睦爾撒納赴覲熱河，命鄂容安與薩喇勒以兵至塔爾巴哈台，相機擒治。會阿睦爾撒納行至烏隆古叛，逆黨應之，臺站斷。鄂容安同班第被陷，力戰自盡。賜祭葬如例，謚剛烈。入祀昭忠祠，並祀雙烈祠，聖製詩旌之，圖形紫光閣，聖製贊。

明瑞。滿洲鑲黄旗人，襲一等承恩公爵。乾隆二十一年，以副都統銜，赴西路軍營，在領隊大臣上行走。時阿睦爾撒納叛，竄哈薩克。明瑞隨定西將軍達勒黨阿追之，再與哈薩克戰，多斬獲。二十四年，加賞「毅勇」字號，授爲承恩毅勇公。五月，隨將軍兆惠勦逆回霍集占於葉爾羌。敘功，賞雲騎尉世職。八月，逆酋大、小和卓木遁，率鋭卒往遮，力戰敗賊。二十六年，伊犂回部功成，圖形紫光閣，聖製贊。二十七年，授伊犁將軍。三十年，烏什小伯克賴黑木圖拉等據城爲變，明瑞親統兵進。八月，克復之。後以征緬甸，授一等誠嘉毅勇公。陣亡，謚果烈。

舒赫德。滿洲正白旗人。乾隆二十三年，以頭等侍衛銜，駐防阿克蘇。十月，將軍兆惠追勦逆回霍集占，深入被圍。命定邊右副將軍富德往援，授舒赫德參贊大臣。十二月，簡阿克蘇鋭卒，并諸路兵先至者，馳援兆惠軍。二十四年，與富德合軍，至呼爾璊，賊騎五千餘迎戰，擊敗之，轉戰五日四夜，戮賊千餘。會阿里袞督解馬亦至，乘夜呼突斫陣。兆惠聞鎗礮聲，知援至，夾擊，逆酋波羅泥都中鎗遁。二十六年，圖形紫光閣，聖製贊。三十六年，土爾扈特等全部歸順，命往經理撫輯，悉心籌畫，動合機宜。卒，謚文襄，入祀賢良祠。

伊勒圖。滿洲正白旗人。乾隆三十五年，授伊犁將軍。六月，土爾扈特汗渥巴錫、台吉策伯克多爾濟並舍棱等，率部衆三萬餘户歸順，命伊勒圖加意撫綏，俾得所。四十年，疏言伊犁屯田兵三千，現改駐攜眷兵，應就近增建城堡，議從所請。在外宣力多年，辦理蒙古厄魯特等部落事務，衆部落皆心服。且久任伊犁將軍，辦事妥協。卒，謚襄武，入祀賢良祠。

阿桂。滿洲正白旗人。乾隆二十四年，往霍斯庫魯克，同副將軍富德勦辦逆回霍集占。八月，追賊至阿勒楚爾，又追至伊西洱庫爾諾爾，回衆乞降，霍集占遁走拔達克山。是年，回部悉平。命管理伊犁屯田事務。奏籌辦耕牧、城守各事宜，又奏請定山川、土穀諸祀典。二十五年，以西陲底定，圖形紫光閣，聖製贊。二十六年，奏伊犁牧羣蕃息，請停止内地購辦。又奏招徠葉爾羌、喀什噶爾、阿克蘇、烏什等處回人，添駐伊犁耕種。三十二年，授伊犁將軍。卒，謚文成。

奎林。滿洲鑲黄旗人。乾隆四十五年，授烏嚕木齊都統。四十六年，奏庫爾喀喇烏蘇、精河歲需兵八百給屯差，今改派眷兵六百四十六，尚缺兵百五十四，請撥濟木薩瑪納斯兵，攜眷移駐。下軍機議行。又奏請將烏什、葉爾羌駐防兵，照喀什噶爾、英吉沙爾例，三年一换。議行。是年，授烏里雅蘇臺將軍。五十年，授伊犁將軍。卒，謚武毅。

保寧〔一七〕。蒙古正白旗人。乾隆五十二年，授伊犁將軍。五十四年，奏請增設委前鋒參領。嘉慶三年，請撥伊犁積貯銀一萬生息，養所屬鰥寡孤獨，上從之。保寧久任伊犁，鎮静安詳，藩部悦服。卒，謚文端。

校勘記

〔一〕皇清荷天之龍　「龍」，乾隆志卷四一四西域新疆統部建置沿革（下同卷簡稱乾隆志）作「寵」。

〔二〕擣營於科卜多　「科」，乾隆志作「和」。

〔三〕一二暴失德之長　「暴」下，乾隆志有「虐」字。

〔四〕允協師貞　「貞」，乾隆志作「征」。

〔五〕則賴昊蒼篤貺　「昊蒼」，乾隆志作「上蒼」。

〔六〕荷天之龍在兹　「龍」，乾隆志作「休」。

〔七〕於是離心者面内　「内」，乾隆志作「革」。

〔八〕分理索倫達虎爾營兵總管一員　「達虎爾」，乾隆志作「達呼爾」。

〔九〕塔爾巴哈台　乾隆志作「塔爾巴噶台」。

〔一〇〕喀喇沙爾　乾隆志作「哈喇沙爾」。

〔一一〕車淩　乾隆志作「策淩」。

〔一二〕舍棱　乾隆志作「舍楞」。

〔一三〕奇布騰　乾隆志作「奇布坦」。

〔一四〕子玉素卜降　「玉素卜」，乾隆志作「玉素富」。

〔一五〕茂薩　乾隆志作「木薩」。

〔一六〕擊處密處真部　「處真」，新唐書卷一一〇阿史那社尒傳同，新唐書卷二太宗紀、舊唐書卷三太宗紀、舊唐書卷一九八龜茲傳、資治通鑑卷一九九唐紀皆作「處月」。

〔一七〕保寧　「寧」，原作「凝」，據乾隆朝實録卷一四八七等卷及嘉慶朝實録卷二五等卷改。按，本志避清宣宗諱改字。

伊犂圖

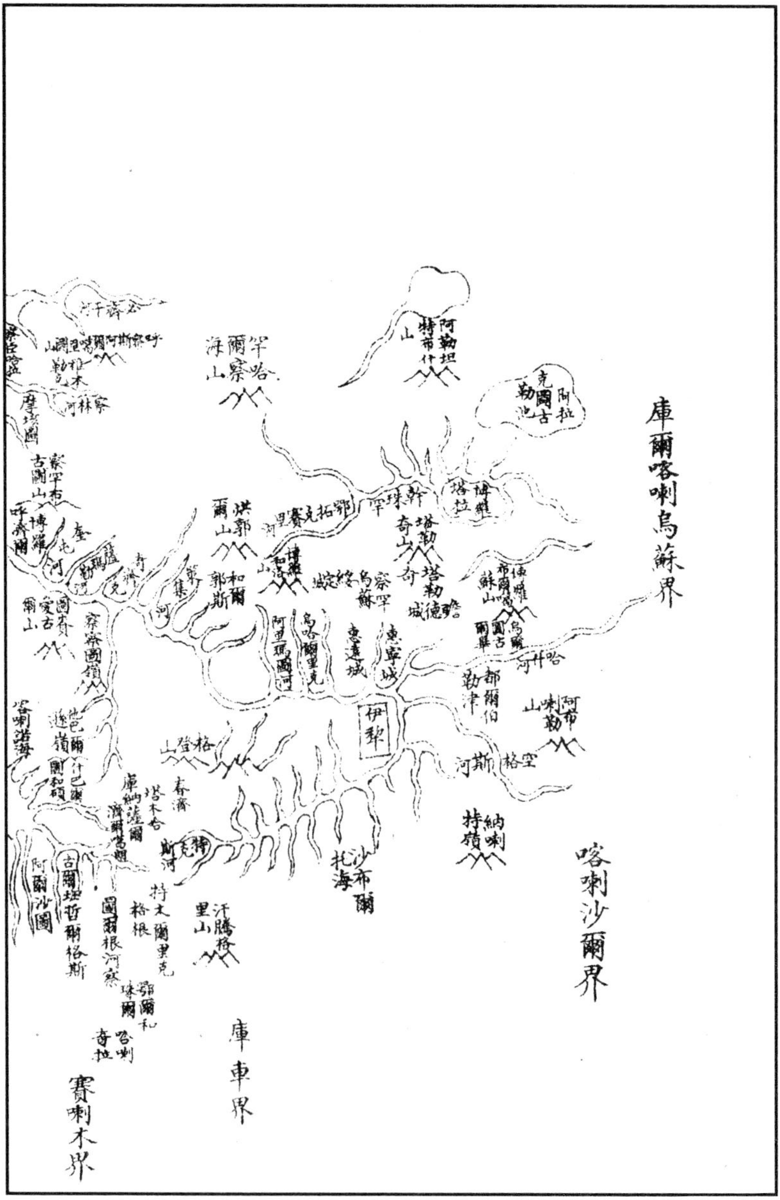
庫爾喀喇烏蘇界
喀喇沙爾界
庫車界
賽喇木界
伊犁
阿勒坦特布什山
罕哈爾察海山
洪郭爾山
博羅塔拉
塔勒奇山
納喇特嶺
沙布爾托海
格登山
空格斯河
哈什河
惠遠城
惠寧城
綏定城

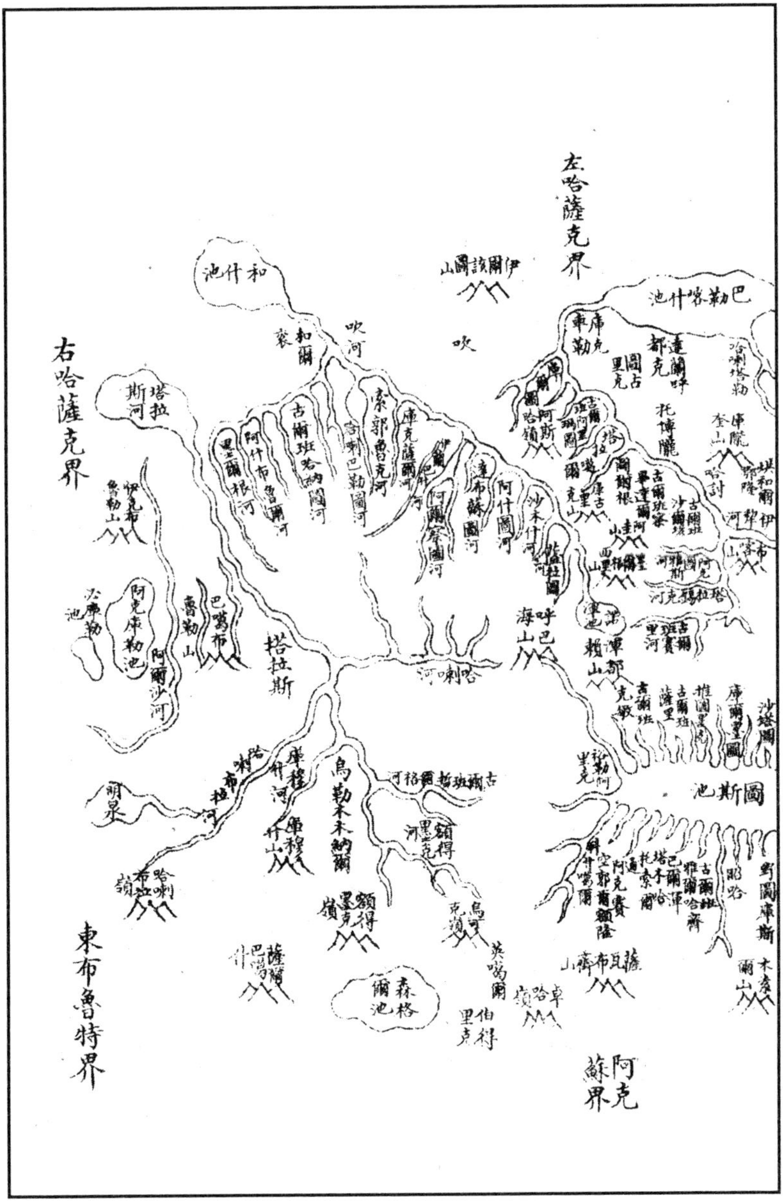
左哈薩克界
右哈薩克界
東布魯特界
阿克蘇界
和什池
伊爾該圖山
巴勒喀什池
吹河
吹
塔拉斯河
塔拉斯
哈喇河
圖斯池
森格爾池
古爾班哲爾格河

伊犂表

	伊犂	空格斯	哈什	登努勒台
秦				
兩漢	烏孫國地。	烏孫國地。	烏孫國地。	烏孫國東境、焉耆西北境地。
三國	烏孫國地。		烏孫國地。	
晉	烏孫國地。		烏孫國地。	
南北朝	北魏悅般國地。周突厥地。	北魏高車國地。周突厥地。	北魏高車國地。周突厥地。	北魏爲高車國地。周爲突厥地。
隋	西突厥	西突厥地。	西突厥地。	西突厥地。
唐	突騎施索葛莫賀部唐置嗢鹿都督府。	突厥南庭，後爲嗢鹿州地。	嗢鹿州地。	榆溪州地。
五代				
宋	回鶻地。			
元	阿爾穆爾			
明	衛拉特	衛拉特	衛拉特	衛拉特

續表

自和爾郭斯哈討至巴勒喀什池南岸	自庫爾圖至古爾班薩里
烏孫國地。	烏孫國地。
烏孫國地。	烏孫國地。
北魏悅般國地。周突厥地。	北魏悅般國地。周突厥地。
西突厥地。	西突厥地。
西突厥沙鉢羅咥利失部地。	突騎施阿利施部。唐置絜山都督府。
阿爾穆爾	阿爾穆爾

續表

自庫納薩爾至什巴爾圖和碩	自薩勒奇圖至和爾袞
烏孫國地。	烏孫國地。
烏孫國地。	烏孫國地。
北魏悅般國地。周突厥地。	北魏悅般國地。周突厥地。
西突厥地。	西突厥地。
突騎施烏質勒部地。大曆後爲葛邏祿地。	異姓突厥地。
阿爾穆爾	

自英噶爾至伯得里克	額得墨克	塔拉斯薩爾巴噶什	
烏孫國地。	烏孫國地。	烏孫國地。	烏孫國地。
烏孫國地。	烏孫國地。	烏孫國地。	烏孫國地。
北魏悅般國地。周突厥地。	北魏悅般國地。周突厥地。	北魏悅般國地。周突厥地。	北魏悅般國地。
西突厥地。	西突厥地。	西突厥地，統葉護可汗建庭於此。	石國地。
抪捍。	地名千泉，突厥可汗避暑處。		筊赤建國

續表

大清一統志卷五百十七

伊犂

在迪化州西一千七百七十里。東至額通古里嶺接喀喇沙爾界，西至塔拉斯河接藩屬右哈薩克界，南至沙圖阿瑞軍臺接阿克蘇界，北至巴勒喀什池接左哈薩克界。東南踰天山接庫車界，東北至呼蘇圖布拉克軍臺接庫爾喀喇烏蘇界，西南至英噶爾接東布魯特界，西北至吹河接右哈薩克界。至京師一萬八百二十里。

建置沿革

漢爲烏孫國地，後漢至晉並同。北魏爲悅般高車國地。周爲突厥地。隋爲西突厥及石國地。唐爲西突厥地，有數部。突騎施索葛莫賀部入唐爲嗢鹿州都督府，突騎施阿利施部入唐爲絜山都督府，皆隸北庭都護府。又西境爲筱赤建國，及石國東境地。宋爲回鶻地，後屬西遼。元爲阿爾穆爾舊作「阿力麻里」，今改正。諸王海都行營處，後屬都哩特穆爾。舊作「篤來帖木兒」，今改正。明爲衛拉特地。舊作「瓦剌」，今改正。

本朝爲準噶爾庭。乾隆二十年，官軍進討準噶爾，諸鄂托克爭先降。五月，我兵抵伊犂，厥酋達瓦齊率萬餘人渡河遁，追及之，回人霍集斯伯克擒之以獻，伊犂平。八月，阿睦爾撒納畔，將軍策楞以兵追至塔勒奇嶺，阿睦爾撒納奔哈薩克。十一月，準部台吉呢瑪哈薩克沙喇與巴雅爾莽噶里克等搆亂，將軍兆惠東援，屢殲賊衆。二十二年，以富德副兆惠軍，分南北路進討。時阿睦爾撒納自哈薩克歸，富德追之，哈薩克降。阿睦爾撒納奔俄羅斯，餘黨以次擒滅，伊犂復定。

二十九年，於伊犂河北建惠遠城。三十年，建惠寧城。先是，二十七年，於伊犂河北二十里築寧遠城，城東北岡上恭勒高宗純皇帝聖製平定準噶爾勒銘伊犂碑文，後勒銘伊犂碑文，各一篇，四體字書刻石於其上。高宗純皇帝聖製平定準噶爾勒銘伊犂之碑曰：惟天盡所覆，俾我皇清，罔不在宥。惟清奉昊天，撫薄海兆庶，悉主悉臣(叶)。太祖、太宗、世祖，肇基宅中，皇耆其武。聖祖、世宗，覲光揚烈，克臻郅隆。逮予藐躬，思日孜孜，期四海同風。咨汝準噶爾(叶)，亦蒙古同類，何自外攜。數世梗化，篡奪相仍，碩仇其下。厥達瓦齊，甚毒於酲，衆心疷疷。如苗斯蟊，如虺斯螫，衆口嗷嗷。視爾嗷止，予焦勞止，期救不崇朝止。視爾疷止，予噫嘻止，亟出汝塗泥止。迺命新附，爾爲先鋒，熟悉其路。迺命勁旅，攜數月糧，毋或掠擄。師行時雨，王旅嘽嘽，亦無潦阻。左旋右抽，王旅渾渾，既暇以休。烏嚕木齊，及五集賽，度之折折。台吉宰桑，迎降恐後，奚事斧吭。波羅塔拉，闥爾奇嶺，險如關闔。倒戈反攻，達瓦齊走，旦夕塗窮。回部遮獲，彼鼠斯喙，地入無隙。露布飛至，受俘午門，爰貸其罪。自今伊始，四部我臣，伊犂我宇(叶)。曰綽羅斯，及都爾伯特、和碩特、輝特，封四可汗，衆建王公，游牧各安。宰桑公臣，屬我旗籍，誰汝苦辛。爾恭爾長，爾孳爾幼，徐以教養。爾駝爾牛，爾羊爾馬，畜牧優游。分疆各守，毋相侵陵，以干大咎。齊禦外域，曰布魯特，越哈薩克。醉飲飽食，敬興黃教，福自天錫。伊犂平(叶)矣，勒貞珉矣，於萬斯年矣。

高宗純皇帝聖製平定準噶爾後勒銘伊犂之碑曰：天之所培者，人雖傾之，不可殛也；天之所覆者，人雖栽之，不可殖也。嗟汝準噶爾，何狙詐相延，以世而爲賊也？彊食弱，衆陵寡，血人於牙，而蔑知悛易也。云興黄教，敬佛菩薩，其心乃如夜叉、羅刹之以人爲食也？故罪深惡極，自作之孽，難逭活也。先是分封四部，衆建宰桑，四圖什墨，廿一昂吉，蓋欲繼絶舉廢，以休以息也。而何煽亂不已，焦爛爲期，終於淪亡胥盡？伊犂延袤萬里，寂如無人之域也。是非我佳兵不戢，以殺爲德也，有弗得已耳。西師之什，實紀其詳悉也。以其反覆無常，遲益久而害益深，則其叛亂之速，未嘗非因禍而致福也。是蓋天佑我皇清，究非人力也。伊犂既歸，版章久安，善後之圖要焉。已定者，詎宜復失也？然屯種萬里之外，又未可謂計之得也。其潛移默運，惟上蒼鑒之。予惟奉時相機，今日之下，亦不敢料以逆也。是平定準噶爾後勒銘伊犂之碑所由作也。

晷度

北極高四十三度五十六分，距京師偏西三十四度二十分。夏至晝長六十一刻一分，夜長三十四刻十四分。冬至晝長三十四刻十四分，夜長六十一刻一分。午正日景，夏至長三尺七寸三分，冬至長二丈四尺零四分，春分、秋分長九尺六寸四分。西域圖志。按：西域圖志謂九州以外分野之説不足信，爰舉極度晷景高卑贏縮之數志之，兹謹遵纂入，分著各篇。

形勢

西雷翥海，南疏勒，北瀚海。唐書突厥傳。居天山之陰，形勢甲於諸部。氣候和暖，人民殷庶，物產饒裕，西陲一大都會。西域圖志。

風俗

烏孫不田作種樹，隨畜逐水草，與匈奴同俗。漢書西域傳。其俗皆逐水草，無城郭。惟所屬回人，因其舊俗，築城以居。西域圖志。

城池

惠遠城。在伊犁河北。乾隆二十八年築。周九里。門四，東曰景仁，西曰悦澤，南曰宣闓，北曰來安。五十八年，增築東面，展二百四十丈。

熙春城。在惠遠城東八十里，地名哈喇布拉克。西北距綏定城一百里。乾隆四十五年築。周一里。門三，東曰覲恩，西曰凝爽，南曰歸極。

寧遠城。在伊犁河北，惠遠城東南九十里，地名固勒札。西北距熙春城十里。乾隆三十七年築〔一〕。周四里。門四，東曰景旭，西曰環瀛，南曰嘉會，北曰歸極。

綏定城。在惠遠城西北三十里，地名烏哈爾里克。東南距惠寧城九十里。乾隆二十七年築。周四里。門三〔二〕，東曰仁熙，西曰義集，南曰利渠。

塔勒奇城。在惠遠城西北三十里，東距綏定城十里，北距廣仁城五十里，西北距拱宸城八十里。乾隆二十六年築。周一里五分六釐，無城名，亦無門名。

瞻德城。在惠遠城西北七十里，地名察罕烏蘇。東少北距廣仁城二十里，東南距塔勒奇城三十里。乾隆四十五年築。周三里。門三，東曰升瀛，西曰履平，南曰延景。

廣仁城。在惠遠城西北九十里，地名烏克爾博羅素克。東南距綏定城六十里。乾隆四十年築。周三里。門三，東曰朗輝，西曰迎灝，南曰溥惠。

拱宸城。在惠遠城西北一百二十里，地名和爾郭斯。東少北距瞻德城七十里。乾隆四十五年築。周三里。門三，東曰寅暉，西曰遵樂，南曰綏定。

惠寧城。在伊犂河北，惠遠城東北七十里，地名巴彥岱。東南距熙春城十里。乾隆三十一年築。周六里。門四，東曰昌彙，西曰兆豐，南曰遵軌，北曰承樞。嘉慶十年，拆去頹垣，稍移向西，四面共新築九百九十丈，添建門二，西南曰協阜，西北曰綏城。

屬境

都爾伯勒津。在伊犂東一百二十里。

哈什。在空格斯北，爲伊犂東最近要地，與空格斯相脣齒，形勢殊勝。乾隆二十年，阿睦爾撒納叛，將軍班第、尚書鄂容安戰歿於此。二十四年，西域平，遂入版圖。

登努勒台。在伊犂東，哈什河北。

空格斯。在伊犂東南四百四十里。唐爲西突厥南庭，地勢寬平，宜耕牧，爲伊犂東南最要地。舊爲準噶爾烏魯特霍爾博斯鄂拓克游牧之所。

納喇特。在哈什南，伊犂東南。險隘處有卡倫。

庫爾圖。在伊犂河南，舊爲準噶爾布庫斯鄂拓克游牧處。

古爾班阿里瑪圖。在庫爾圖東，舊爲準噶爾庫本諾雅特部鄂齊爾烏巴什之昂吉。

塔拉噶爾。在伊犂河南，阿里瑪圖東，又東爲圖爾根。爲準噶爾多果魯特鄂拓克游牧處。又東爲古爾班察畢達爾，爲古爾班沙濟垓，爲塔拉錫克，爲沙圖。沙圖西爲庫爾墨圖，爲古爾班呼蘇台，爲古爾班薩里。自庫爾圖東南至沙圖，沙圖西南至古爾班薩里，皆在伊犂河西南岸，唐爲突騎施絜山都督府地。

沙布爾托海。在伊犂西南一百四十里，山谷聯延，並設卡倫。

庫納薩爾。在伊犂西南二百里。又西爲烏蘭哈勒噶，爲濟爾噶朗，爲圖爾根阿察，爲古爾班哲爾格斯。其南境爲天山之木素爾鄂拉，接回部界。

春濟。在伊犂西南三百里。又西南爲塔木哈，爲特木爾里克，爲格根，爲呼圖克拜，爲鄂爾和珠爾，爲哈爾奇拉。山谷聯延，並設卡倫。

和爾郭斯。在伊犂西一百三十里，有屯田。自此西北行爲奇齊克，爲奎屯。南行爲惠番，又西北爲博羅呼濟爾，爲烘和爾鄂籠。皆在伊犂河北境，並設卡倫。

阿爾沙圖。在圖斯池東南岸。其北爲特布克，在池東岸。其西爲野圖庫斯，爲昭哈，爲古爾班雅爾哈齊，爲巴爾渾，爲塔木哈，爲托索爾，爲通，爲阿克賽，爲空郭爾額隆。皆在池南岸。自阿爾沙圖至此，東西四百里之間，水草豐饒，地宜游牧。舊爲和碩特部沙克都爾曼濟之昂吉。空郭爾額隆西北，爲科什噶爾，爲裕勒阿里克。皆在池西岸。池東岸有什巴爾圖和碩，其西爲喀喇諾海，又西爲沙塔圖，又西爲庫爾墨圖，又西爲推圖墨克，又西爲扎喀巴哈圖，又西爲和鄂爾察罕烏蘇，又西爲古爾班薩里，又西爲古爾班克敏。皆在池北岸。水草之利，遜於南岸。

英噶爾。在圖斯池西南二百餘里。又西爲伯得里克、額得墨克。其南踰山爲布魯特界。

塔拉斯。在伊犂西，舊爲杜爾伯特部游牧處。其西爲烏勒木木納爾，又西南爲薩爾巴噶什。南踰山通藩屬布魯特界。

薩勒齊圖。在伊犂西北，吹河南岸。其西爲沙木什，爲格格圖布拉納，爲阿什圖，爲達布蘇圖，爲阿爾察克圖，爲伊蘭巴什，爲庫努克薩爾，爲索郭魯克，爲哈喇巴勒圖，爲古爾班哈納圖，爲阿什布里，爲和爾衮。皆在吹河之南。東西五百里，南北三百里。舊爲準噶爾部納默庫濟爾噶爾、巴圖爾烏巴什、和通墨額根之昂吉。

吹。在伊犂西北。自圖斯池西北二百里至薩勒齊圖，又西北行五百餘里，統名曰吹。其地水草豐饒，宜游牧。其東北爲伊爾該圖鄂拉，又北踰山接左哈薩克界。

哈討。在伊犂西北。自此東北爲磨垓圖，爲哲克得。哲克得西北，爲雅木勒克，爲察臣哈拉。至巴勒喀什池南、察臣哈拉西，爲哈喇塔勒，爲達蘭呼都克，爲托博隴，皆在巴勒喀什池南。托博隴舊係準噶爾額爾克騰鄂拓克游牧處。托博隴西北爲庫克車勒，庫克車勒南爲圖古里克，皆在巴勒喀什池南。有平野，宜駐牧。

阿里瑪圖。在伊犂北一百里。

烏爾圖古爾畢。在伊犂東北一百四十里。

博羅布爾噶蘇。在伊犂東北二百里。舊爲輝特台吉唐古忒游牧之地，乾隆二十年内附。爲伊犂東境門户，東北踰山接晶河界。

幹珠罕。在伊犂東北。自塔勒奇卡倫東北行九十里至其地。自此西行爲碩波圖，又西北行爲庫克托木，東行爲莎達巴罕，北行爲沁達蘭。列山如屏，並設卡倫。

博羅塔拉。在伊犂東北三百里。塔勒奇山拱其南，博羅和洛山、罕哈爾察海山環其西，阿勒坦特布什山屏其北。博羅塔拉河自西北來東南流，鄂托克賽里河自西南來東北流，至博羅塔拉而合，又分流繞其南北，又合而東流，入布勒哈齊池。山水迴繞，泉甘土肥，形勢最勝。爲唐雙河都督府舊境。乾隆二十年，將軍班第討準噶爾至此，其宰桑率屬内附，伊犂平。後阿睦爾撒納竊據以叛，將軍策楞等進討，阿睦爾撒納北走哈薩克，博羅塔拉遂入版圖。

户口

駐防滿洲兵六千五百七十四名，錫伯兵一千十八名，索倫、達呼爾兵一千十八名，察哈爾兵一千八百三十七名，緑旗兵三千九十八名。厄魯特上三旗一千二百四十二名，下五旗二千四百八十名。回户六千四百六户，二萬三百五十六名口。民户七十一户，二百九名口。遣犯爲民五百三十三名口。

田賦

屯田五萬五百八十八畝，屯兵一千八百名，差操兵一千二百名。民田六千五百二十一畝，額徵糧三百五十一石二斗八升。額徵回户糧十萬石，額徵賦一百六兩五錢。

臺站

巴圖孟克臺。惠遠城南十五里，在伊犁河南。

海努克臺。巴圖孟克臺東南九十里。

索郭爾臺。海努克臺東南九十里。

博爾臺。索郭爾臺西南八十里。

和納海臺。博爾臺西南一百里。

特克斯臺。和納海臺西南一百里。

沙圖阿璊臺。特克斯臺西南八十里。自沙圖阿璊臺南行五里爲天橋，伊犁、阿克蘇交界之所。又南九十五里，爲噶克察哈爾海臺，至冰嶺之陰矣。以上伊犁南境。

沙喇布拉克臺。惠遠城北七十里。未建惠遠城之先，將軍、參贊大臣皆駐劄綏定城，故於綏定城東北烏哈爾里克地方設立底臺。嗣移至沙喇布拉克安設，仍爲底臺。

塔勒奇阿璊臺。沙喇布拉克臺北少西六十里。

博爾齊爾臺。塔勒奇阿璊臺北少東四十里。

鄂爾追圖博木臺。博爾齊爾臺東北八十里。

呼蘇圖布拉克臺。鄂爾追圖博木臺東八十里。又東一百二十里至托霍木圖臺，爲庫爾喀喇烏蘇所屬。以上伊犂北境。

卡倫

伊犂河口。惠遠城營務處轄。

塔勒奇。

幹珠罕。

固勒扎渡口。以上惠寧城領隊轄。

固爾班托海。

安達拉。

春濟。

大橋。以上錫伯營領隊轄。

和爾郭斯。

齊齊罕。

奎屯。

博羅呼濟爾。

烘和羅鄂籠。

惠番。以上索倫營領隊轄。

烏蘭布喇。

達爾達木圖。

札克鄂博。

哈布塔海。

烏柯克。

沁達蘭。

莎達巴罕。

沖庫克。

庫庫托木。以上察哈爾營領隊轄。

特克斯色沁。

多木達都哈布哈克。

伊克哈布哈克。

察察。以上厄魯特營領隊轄。其移設及添撤各卡倫不備載。

山川

阿布喇勒山。在惠遠城東二百餘里。由天山正幹之額布圖嶺分支，迤西北行，在哈什河、空格斯河環帶間，爲伊犂城之東屏。乾隆二十八年，秩於祀典，有歲祭阿布喇勒山文。按：伊犂城東境諸山，如博克達山、哲爾格斯山、哈屯博克達山、額林哈畢爾噶山，皆與迪化州接界。哈喇古顔山與庫爾哈喇烏蘇路接界。其東南境，如納林奇喇山、海都山、達蘭嶺、拜拉克山、汗騰格里山，與回部喀喇沙爾庫車接界。已分載各卷中，兹不複出。總敘於此，以備互考。按：蒙古語，山曰鄂拉，嶺曰達巴，水曰烏蘇，河曰郭勒，池曰淖爾，泉曰布拉克。回準部語，山曰塔克，準部語池曰庫勒，即庫爾。回語大河曰達里雅，瀦成之河曰鄂斯騰，今並改正。

庫穆什山。在伊犂西南，額德墨克嶺西二百里，庫穆什河發源東麓。

格登山。在伊犂西南。乾隆二十年，將軍班第等平伊犂，擊達瓦齊於此，有高宗純皇帝聖製平定準噶爾勒銘格登山碑文，有告祭歲祭格登山文。高宗純皇帝聖製平定準噶爾勒銘格登山之碑曰：格登之崔嵬，賊固其壘(叶)。我師堂堂，其固自摧。

格登之巇嶭，賊營其穴。我師洸洸，其營若綴。師行如流，度伊犂川。粤有前導，爲我具船。渡河八日，遂抵格登。面淖背巖，藉一昏冥。曰擣厥虚，曰殲厥旅。豈不易易，將韜我武。將韜我武，詎曰養寇。曰有後謀，大功近就。彼衆我臣，已有成辭。火炎崑岡，懼乖皇慈。三巴圖魯，二十二卒。夜斫賊營，萬衆股栗。人各一心，孰爲汝守。汝頑不靈，尚竄以走。汝竄以走，誰其納之。縛獻軍門，追悔其遲。於恒有言，曰殺寧育(叶)。受俘赦之，光我擴度。漢置都護，唐拜將軍。費賂勞衆，弗服弗臣。既臣斯恩，既服斯義。勒銘格登，永詔億世。

圖賚愛古爾山。在伊犂西，察察圖嶺北四十里，伊犂河南岸。

墨爾根西里山。在伊犂西，山東北去伊犂河三百里。山脈自他巴爾遜嶺，西北瀕圖斯池北岸，折西北行至此。

阿圭山。在伊犂西，墨爾根西里山北四十里。

布喀山。在伊犂西北，伊犂河南岸，圖賚愛古爾山西北。唐書伊列河以西，咄陸可汗建庭鏃曷山西，即其地也。

庫隴奎山。在伊犂西北，察罕布古圖山西南一百里。舊音庫隴癸。乾隆二十三年，將軍兆惠擊敗賊衆於此，高宗純皇帝
聖製有庫隴癸之戰詩。

察罕布古圖山。在伊犂西北。山脈自博羅和洛山分支，西北三百里至此。

阿勒坦額墨爾山。在伊犂西北。乾隆二十八年，秩於祀典，有歲祭阿勒坦額墨爾山文。新疆識略：山在惠遠城西北四百餘里。

渾都賴山。在伊犂西北，峙吹河北岸。又哈什河南岸亦有渾都賴山，非此山也。

呼巴海山。在伊犂西北，圖斯池西北，吹河環抱之間。

庫古里克山。在伊犂西北，渾都賴山東北一百里。

伊爾該圖山。在伊犂西北，阿圭山西北五百五十里。山脈自墨爾根西里山西行，近傍伊犂河西、南二面，連山相次，屈折至此。

巴噶布魯勒山。在伊犂西北，塔拉斯河下流之西。

伊克布魯勒山。在伊犂西北，阿爾沙河之西，與巴噶布魯勒山東西相距二百餘里。自是西北行，沙磧彌望，時露峯頂，不知紀極。

塔勒奇山。在伊犂北，谷長七十里。乾隆二十八年，秩於祀典，有歲祭塔勒奇山文。新疆識略：塔勒奇山，在惠遠城北九十里。乾隆二十年，北路大軍由波羅塔拉越此山之陰進勦，嶺險峻如關。谷中林木茂密，俗呼爲果子溝。嶺下出泉，匯爲大河，徑流谷中，往來者分繞水之東西。自松樹頭至山口，凡橋四十二座。

博羅和洛山。在伊犂北，塔拉奇山南谷口之西北一百里。

烘郭爾山。在伊犂北，博羅和洛山西。山脈自庫爾喀喇烏蘇之額布圖嶺分支西行至此，崇岡峻拔。乾隆二十八年，秩於祀典，有歲祭烘郭爾山文。按：博羅和洛、烘郭爾兩山，爲博羅塔勒之西屏。博羅塔勒爲突厥賀魯牙，則突厥傳之金牙山疑與是山相近。

罕哈爾察海山。在伊犂北，博羅和洛山北二百里。

阿勒坦特布什山。在伊犂北，罕哈爾察海山東二百里。舊爲準噶爾巴哈沁部游牧處，係賽音伯勒克之昂吉，宰桑烏魯木亦游牧其地。乾隆二十年，官兵進討，烏魯木遂内附。

呼察斯阿爾噶里圖山。在伊犂北，罕哈爾察海山西北三百餘里，濱巴勒喀什池。

博羅布爾噶蘇山。在伊犂東北，庫爾喀喇烏蘇之哈喇古顏山西一百里。山有東、西二谷，入東谷口西行三十里，爲覺羅托海。又西南一百一十里爲額博爾濟嶺，又西九十里爲塞特爾台哈喇海，其地皆在山谷中。又西九十里，出西谷口，全山之形勢始盡。

色伯蘇台山。在伊犂東北。山脈自鄂爾和楚克山分支，東南行百餘里至此。

納喇特嶺。在伊犂東，與庫爾喀喇烏蘇之額布圖嶺相接。

他巴爾遜嶺。在伊犂西南，東北距伊犂河三百里，東距特克斯河源二百里，西距圖斯池一百里。其脈從汗騰格里山西行百里至此。

察察圖嶺。在伊犂西南，南去他巴爾遜嶺八十里。

烏可克嶺。在伊犂西南。

額得墨克嶺。在伊犂西南，烏可克嶺西一百里，與圖斯池南境之山逶迤相屬。嶺北泉流競發，即塔拉斯河源。

哈喇布拉嶺。在伊犂西南，庫穆什山西二百里。哈喇布拉河發源其地。

莎嶺。在伊犂西北，伊犂河東北岸，巴勒喀什池南，庫隴奎山西南，在伊犂河環抱之間。

阿斯哈嶺。在伊犂西北，東南去阿圭山五十里。

薩勒巴圖烏蘭布喇嶺。在伊犂北，博羅和洛山北一百里。

庫克托木嶺。在伊犂北，罕哈爾察海山之東北。

伊犂河。古曰伊列河，亦曰伊麗河，又曰帝帝河，即今伊犂河也。東源爲空格斯河，西南源爲特克斯河，東北源爲哈什河，合而西流，名伊犂河。源流共長一千四百里，準部巨川也。南北支流不一。北則固爾札河、古爾班察罕水、阿里瑪圖河、策集河，南則呼那海博拉河、古爾班哈爾奇拉河，左右交注，合而西流四百餘里，折西北流又四百餘里，南會支河，北行二百里，入巴勒喀什池。乾隆二十五年，西域平，遣官告祭，秩於祀典，有告祭歲祭伊犂河文。新疆識略：伊犂河經阿布喇勒山南，哈什河北來入之。河水西流，南分二渠。又西經寧遠城南，又西經熙春城、惠寧城，南北分爲大渠。又西經惠遠城南，又西，烏哈爾里克河北來入之。又西經塔勒奇城南，塔勒奇水北來入之。又西，小西溝、大西溝、察罕烏蘇水北來入之。又西經拱宸城南，和爾郭斯水北來入之。又西，察林河南來注之，庫隴癸水北來注之。又西北，車里克河南來注之。又西北，入於巴勒喀什淖爾。

哈什河。在伊犂東，空格斯河北。源出哈喇古顔山南麓，西南流二百四十里，至都爾伯勒津，西會空格斯河。乾隆二十八年，秩於祀典，有歲祭哈什河文。

空格斯河。在伊犂東南。源出空格斯東額通古里嶺西麓，西北流三百餘里，至都爾伯勒津，西南會特克斯河。又西流三十里，東北會哈什河，西爲伊犂河。乾隆二十八年，秩於祀典，有歲祭空格斯河文。新疆識略崆吉斯河源在惠遠城東七百餘里山中，即空格斯河也。

特克斯河。在伊犂南。源出汗騰格里山北麓，東流三百餘里，北會空格斯水。又西流四十餘里，至都爾伯勒津，會哈什水，爲伊犂河。河自發源處東行，南北山泉支流咸會。其在南山者，曰沙拉揚子泉、古爾班哈巴哈泉、哈爾袞泉、古爾班木素爾泉、察罕水阿古野斯泉、古爾班莫力台泉、特里克泉、庫克烏蘇泉、和爾代泉、古爾班濟爾噶朗泉。其在北山者，曰阿爾班泉、哈爾噶朗圖泉、色勒圖泉。羣源瀺灂，次第流注。新疆識略：河源在惠遠城西南五百餘里山中，東北流八百餘里，由諾穆琿松山東會崆吉斯河。

額得墨克河。在伊犂西，塔拉斯河源東北，烏可克嶺西。有二源合西北流三百餘里，西入塔拉斯河。

古爾班哲爾格河。在伊犂西，額得墨克河北。源出哲爾格山西麓，有三源，西流三百里，合爲一水，入塔拉斯河。

庫穆什河。在伊犂西。源出庫穆什山，東北流二百里，入塔拉斯河。

阿爾沙河。在伊犂西，塔拉斯河西二百餘里。源出南山中，始東流百餘里，折北流百餘里，經巴噶布魯勒山之西，又西北流百餘里，入沙磧。其南有明泉，出哈喇布拉嶺北，西流四十里，匯爲小澤，周十餘里。由是南踰山嶺入布魯特境。

哈喇布拉河。在伊犂西，庫穆什河西北。源出哈喇布拉嶺，東北流四百里，入塔拉斯河。

阿斯哈河。在伊犂西北。源出阿斯哈嶺，東流百五十里，入伊犂河。

塔拉錫克河。在伊犂西北，阿斯哈河南六十里。源出墨爾根西里山，東流百六十里，入伊犂河。

古爾班賽里河。在伊犂西北，塔拉錫克河西南六十里。其東爲古爾班胡蘇圖河，又東爲古爾穆圖河，又東爲烏蘭水，又東爲沙達圖泉，爲鄂台河，爲那林河，諸水皆發源南山，匯而成河。又東流折而北，又西會塔拉錫克河，入伊犂河。

阿里瑪圖河。在伊犂西北。濱河有果木，南流入伊犂河。乾隆二十八年，秩於祀典，有歲祭阿里瑪圖河文。新疆識略：西阿里瑪圖水〔三〕，在惠遠城西北一百二十餘里。

策集河。在伊犂西北。東北距博羅和洛山五十里，南流入伊犂河。乾隆二十八年，秩於祀典，有歲祭策集河文。新疆識略：河在惠遠城西北二百餘里。

薩瑪勒河。在伊犂西北，東北距博羅和洛山二百里。東爲額蘇克河，西爲奎屯河，南流伊犂河，北岸土田均資灌溉。乾隆二十八年，秩於祀典，有歲祭薩瑪勒河文。

奎屯河。在伊犂西北，南流入伊犂河。乾隆二十八年，秩於祀典，有歲祭奎屯河文。

圖爾根河。在伊犂西北。源出阿斯哈嶺北麓，東北流一百三十里，入伊犂河。

塔拉噶爾河。在伊犂西北，圖爾根河西北二十里，伊犂河下流南。東北流八十里，入伊犂河。西二十里有古爾班阿里瑪圖泉，凡三道，源出阿圭山北麓，東北流，不通伊犂河。

額什圖河。在伊犂西北，塔拉噶爾河西十五里。東北流八十里，入伊犂河下流。

庫爾圖河。在伊犂西北，額什圖河西北二十里。東北流百餘里，入伊犂河下流。

吹河。在伊犂西北。源出圖斯池西北山，流經渾都賴山。又西北分支東行，爲諾渾池。又西北經流千里。伊犂西北境之巨川也。其自南來會之水無數，咸發源呼巴海山。迤西諸嶺各流一二百里匯入吹河，西北入於和什池。

薩拉圖河。在伊犂西北，源出呼巴海山。北流六十里，入吹河。

沙木什河。在伊犂西北，薩拉圖河西三十里。北流八十里，入吹河。

烏蘭烏蘇河。在伊犂西北，沙木什河西二十里。北流一百十里，入吹河。

格格圖河。在伊犂西北，烏蘭河西二十里。有二源北流四十里而合，又北流百二十里，入吹河。

阿什圖河。在伊犂西北，格格圖河西二十里。北流一百四十里，入吹河。

達布蘇圖河。在伊犂西北，阿什圖河西二十里。北流百里，入阿什圖河。

阿爾察圖河。在伊犂西北，達布蘇圖河西四十里。有東北兩源，各北流七十里而合。又東北流五十里，入吹河。

伊蘭巴什河。在伊犂西北，阿爾察圖河西南。北流，不入吹河。

庫克薩爾河。在伊犂西北，伊蘭巴什河西三十里。東流一百五十里，入吹河。

索郭魯克河。在伊犂西北，庫克薩爾河西二十里。北東流一百五十里，入吹河。

察罕烏蘇河。在伊犂西北，索郭魯克河西二十里。北東流一百四十里，入吹河。

哈喇巴勒圖河。在伊犂西北，察罕烏蘇河西二十里。北流四十里，停爲一池，周三十里。又北流五十里，入吹河。

古爾班哈納圖河。在伊犂西北，河流三道。東道、中道北流七十里而合，又北流六十里。其西道北流一百五十里，共匯入墨爾根河。

阿什布魯爾河。在伊犂西北，哈納圖河西二十五里。北流七十里，入墨爾根河。

墨爾根河。在伊犂西北，阿什布魯爾河西二十五里。北流五十里，東會阿什布魯爾河、哈納圖河。又北東流八十里，入吹河。

塔拉斯河。在伊犂西北，吹河西南三百餘里。源出天山北額得墨克嶺。初分四水，北行三十餘里，合流北注，東西匯入之河，凡十餘道。支河交會之處，經流二百餘里，爲塔拉斯河上流，又名烏魯穆瑪拉爾河。支河交會後，西行三百里之間，又名察拉哈雅河。由是折西行二百里，爲小海，周迴三百里，總名塔拉斯河。

哈喇河。在伊犂西北，古爾班哲爾格河北一百里。源出呼巴海山西麓，北會四小水，行三百餘里，西入塔拉斯河。

庫克烏蘇河。在伊犂西北。源出庫隴奎山北麓，北流三百餘里，入於巴勒喀什池。

哈喇塔勒河。在伊犂西北。察罕布古圖山東北，西北流三十里，入察林河。

察林河。在伊犂西北。源出罕哈爾察海山西麓，西北流百里，南會哈喇塔勒河。又西北流八十里，入庫克烏蘇河，匯入巴勒喀什池。

哲克得河。在伊犂西北，察林河北三十里。西流百餘里，入於巴勒喀什池。

必齊干河。在伊犂西北，哲克得河北五十里。北流入巴克伯勒齊爾河。

巴克伯勒齊爾河。在伊犂西北，必齊干河東北。西北流百五十里，入於巴勒喀什池。

塔勒奇河。在伊犂北。源出塔勒奇山南谷口外天山下，西南流一百二十里，入伊犂河。

鄂拓克賽里河。在伊犂北。源出博羅和洛山，西北行一百里。又西北一河，源出罕哈爾察海山，東南流，二河滙而東流三十里，爲博羅塔拉河。

博羅塔拉河。在伊犂東北。西承鄂拓克賽里河，及西北一河，各流三十里至此，復分南北二河，各東行七十里，遶博羅塔拉地南北，又合而東流四十里。南會庫爾喀喇烏蘇之庫色木蘇克河，入於布勒哈齊池。西域圖志：唐蘇定方追賀魯，至雙河後，西二百里即抵金耳山。賀魯跳伊犂水而逸。是雙河在伊犂水東二百里外也。今伊犂迤東之河，最近伊犂郭勒者爲鄂拓克賽里郭勒，稍東南爲庫色木蘇克郭勒。兩河交流，同入於布勒哈齊淖爾，應即唐書所謂雙河，亦因其兩河交流而名之耳。

察罕水。在伊犂西北，塔勒奇河西，凡三河，亦名古爾班察罕水。乾隆二十八年，秩於祀典，有歲祭察罕烏蘇文。新疆識略：水在惠遠城西北一百餘里。

森格爾池。在伊犂西南，額得墨克嶺南麓。周迴五十餘里，不通他水。

圖斯池。在伊犂西三百餘里。東西四百里，南北二百里，周廣六百餘里，四圍之水咸滙於此。其自北入者，爲喀喇諾海泉、沙塔圖泉、庫爾墨圖泉、推圖墨克泉、扎喀巴哈圖泉、和鄂爾察罕水、古爾班薩里泉、古爾班克敏泉。其自東入者，爲什巴爾圖河碩泉、特布克泉、濟爾哈朗泉。别有圖爾根察泉、古爾班扎爾奇斯泉，西北入濟爾哈朗泉，滙入池。其自南入者，爲阿爾沙圖泉、哈拉河、野圖庫斯泉、伊克烏蘭泉、昭哈泉、古爾班雅爾哈齊泉、巴爾渾泉、塔木哈泉、托索爾泉、通泉、阿克賽泉、空郭爾額隆泉、烏拉巴什泉、鄂拉河。其自西北入者，爲和碩和爾泉、運阿里克泉、察察爾哈奈和賴泉。衆流環集，約以百數，包納廣大，四時不盈不減，伊犂西境巨浸也。所納諸水，以東偏之濟爾哈朗爲最大，餘皆行三四十里，或六七十里，茲不復重列，彙敘於此，以見梗概。唐書王方翼傳：七月，次葉河，無舟而冰合。突厥傳：蘇定方追賀魯，至碎葉水，盡奪其衆。考唐碎葉水在伊麗河西。今伊犂河西之水，最大者無如圖斯池，其爲碎葉遺跡無疑。王方翼先敗烟麪兵於伊犂河〔四〕，追北至葉河。是即碎葉水之別名即爲圖斯池無疑也。

和什池。在伊犂西北。吹河以南諸水咸會於此，周迴三百里。

阿克庫勒池。在伊犂西北，沙磧中小澤也。周迴五十里。

必庫勒池。在伊犂西北，東南去阿克庫勒池二百里，圓廣亦如之。又西行入哈薩克界。

巴勒喀什池。在伊犂北。周迴八百餘里。伊犂全河經流千里，屈折注此，百川並會，蓋準噶爾部西北最大澤也。左右支河，水淺可度處有五，曰額蘇斯德，曰喀拉塔拉，曰輝邁拉圖，曰温托爾格，曰塔爾輝塔，總名多渾。「多渾」者，蒙古語渡口之謂。新疆識略：淖爾東西七百餘里，南北百餘里。中有三山，曰瑪尼圖噶都爾干，曰阿拉克罕，曰察罕托海噶都爾干。

阿拉克圖古勒池。在伊犂東北，庫爾喀喇烏蘇之布勒哈齊池西北五十里。周迴四百餘里。乾隆三十一年，秩於祀典，有歲祭阿拉克圖古勒淖爾文。

察罕賽喇木池。在惠遠城東北二百里，庫爾喀喇烏蘇之庫色木蘇克河西北，鄂拓克賽里河東南。源出塔勒奇山西，周迴可百里，即長春西游記之天池海也。乾隆二十八年，秩於祀典。新疆識略：四周皆大山，周三百餘里。

古蹟

古烏孫國。漢書：烏孫國大昆彌治赤谷城，去長安八千九百里。東至都護治所千七百二十一里，西至康居蕃内地五千里。地莽平，多雨寒，山多松樠。不田作種樹，隨畜逐水草，與匈奴同俗。國多馬，民剛惡，最爲强國。東與匈奴，西北與康居，西與大宛，南與城郭諸國相接。又温宿國，北至烏孫赤谷六百一十里。按：温宿爲今阿克蘇。由阿克蘇北至圖斯池西北之呼巴海山六百餘里，則呼巴海山當即烏孫之赤谷。赤谷城，新唐書地理志作赤山城。魏書烏孫國居赤谷城，在龜兹西北。其國數爲蠕蠕所侵，西徙葱嶺山中，無城郭。

古悦般國。魏書西域傳：悦般國，在烏孫西北，去代一萬九百三十里。其先，匈奴北單于之部落，爲漢竇憲所逐，北單于度金微山，西走康居，其羸弱不能去者，住龜兹北。地方數千里，南界有火山，山旁石皆燋鎔，流地數十里乃凝堅，人取爲藥，即石硫黄也。與蠕蠕結好，後相讎仇，數相征討。真君九年，遣使朝獻。按：悦般在龜兹北。今伊犁在庫車北，則突厥未滅蠕蠕之前，伊犁爲古悦般國也。

突厥牙帳。西域圖志：唐書載突厥射匱可汗建庭龜兹北之三彌山。龜兹即今庫車，三彌山即今庫車北境之汗騰格里山，華言天山，南去庫車三百餘里。魏書：龜兹國北去突厥牙帳六百餘里。是突厥牙帳在三彌山北。今汗騰格里山北二百里即伊犁境，南去庫車六百餘里，與魏書之言合，則伊犁爲射匱可汗庭無疑。自賀魯破滅，地爲突騎施所有，以碎葉川爲大牙，伊麗水爲小牙。碎葉川即今圖斯庫勒，伊麗水即今伊犁河。是伊犁又爲突騎施烏質勒小牙也。烏質勒子爲嗢鹿都督，則其地入唐爲嗢鹿都督府可知。新唐書地理志：嗢鹿川都督府，以突騎施索葛莫賀部置。

絜山都督府。西域圖志：五咄陸部中，突騎施索葛莫賀部爲嗢鹿州都督府，突騎施阿利施部爲絜山都督府。嗢鹿州都督府在今伊犁，絜山都督府必爲嗢鹿毗連。今自哈討至古爾班薩里，凡屬伊犁河下流，左右環抱，水草豐饒之境，其爲絜山都督府地可知。按：伊犁河自東南趨西北，哈討在伊犁河東北岸，其東北皆山。古爾班薩里在伊犁河西南岸，其南及西皆山。

雙河都督府。按：當在伊犁東北博羅塔拉地，詳見前。

弓月城。唐書地理志：北庭大都護府西七百里有清海軍。自清海軍城渡葉葉河七十里有葉河守捉，又渡黑水七十里有黑水守捉，又七十里有東林守捉，又七十里有西林守捉，又經黄草泊大漠小磧渡石漆河，踰車嶺，至弓月城。過思渾川、蟄失密城，渡伊麗河，一名帝帝河，至碎葉界。 按：北庭都護，今爲阜康縣東之濟木薩。由濟木薩西至阜康縣治二百三十里，阜康縣西南至迪化州二百里，迪化州西北至綏來縣三百四十里，濟木薩西至綏來縣七百七十里。綏來縣北一百三十里有額彬格遜池，當即唐所謂清海。綏來東至濟木薩，與唐清海軍東至北庭道里亦相符。今之綏來，洵爲唐之清海軍地矣。自渡葉葉河，至西林守捉，凡二百八十里。今自綏來縣西至庫爾喀喇烏蘇三百六十里，則唐之西林守捉已在今庫爾喀喇烏蘇東境。自西林已西，唐志無里數可考，然曰大漠小磧，當即今托克多西至晶河一帶沙磧，則黄草泊當即今之布勒哈齊池矣。石漆河，當即庫色木蘇克河。庫色木蘇克河出塔勒奇山，西過山東，迤北行八十里，又折而東五十里，入布勒哈齊池。石漆河，即庫色木蘇克河。則所踰之車嶺當即塔勒奇迤東之山，而弓月城當在博羅塔拉地也。博羅塔拉在塔勒奇山北，形勢最勝。雙河以水言，弓月以城言，地當相近。然則弓月城在伊犂東北境也。

碎葉城。 按：弓月城在伊麗水東，碎葉城在伊麗水西。元和郡縣志：北庭都護府西至碎葉二千二百二十里。唐書地理志：渡伊麗河西行千里，至碎葉城。水皆北流入磧，及入夷播海。計今自濟木薩至伊犂二千二百里，自伊犂西至圖斯池三百餘里。圖斯池東西長四五百里，碎葉城又在池西。計伊麗河至碎葉城約有千里，則自北庭至碎葉實有三千餘里。元和志又云：北庭都護府西北去突騎施三千餘里。突厥傳：突騎施烏質勒屯碎葉西北，稍攻得碎葉，即徙其牙居之。後突騎施別種車鼻施啜蘇禄子吐火仙居碎葉城。磧西節度使蓋嘉運，率石王、史王共擊蘇禄子，破之碎葉城。是碎葉城爲突騎施所居之地。北庭去突騎施三千餘里，不得去碎葉城但二千二百二十里，蓋「三千」譌作「二千」也。西域圖志：唐碎葉水，今之圖斯庫勒。碎葉城當在庫勒南水草豐饒之地。地理志：碎葉川口八十里至裴羅將軍城，又西二十里至碎葉城。北有碎葉水，兩城東西相距不遠，咸在水南。唐跋禄迦，即漢姑墨，在今賽喇木拜諸城之西，當圖斯庫勒東南境。西北至圖斯庫勒之南，山徑紆回，約五百里，亦與唐書西域傳跋禄迦西北五百里至素葉水城之説合。 按：夷播海，即和什池。

千泉。唐書西域傳：素葉城西四百里至千泉，地贏二百里，南雪山，三垂平陸，多泉池，因名之。突厥可汗歲避暑其中，羣鹿飾鈴鐶，可狎也。　按：今額得墨克在圖斯池西四百里，南臨額得墨克及烏可克諸嶺，即塔拉斯河上流發源處，與唐書素葉城西四百里至千泉之説合。

怛邏斯城。唐書突厥傳：蘇禄子吐火仙骨啜爲可汗，居碎葉城，引黑姓可汗尒微特勒保怛邏斯城。磧西節度使蓋嘉運擊吐火仙，禽之。疏勒鎮守使夫蒙靈詧挾鋭兵掩怛邏斯城，斬黑姓可汗與其弟撥斯，入曳建城。回鶻傳：至德後，葛邏禄寖盛，與回紇争强，徙十姓可汗故地，盡有碎葉、怛邏斯諸城。西域傳：千泉西贏百里至呾邏私城。　按：呾邏私，即怛邏斯。「怛」字譌作「呾」也。唐時千泉在素葉城西四百里，怛邏斯城當在素葉城西五百里。今烏勒木木納爾在塔拉斯河上游西百里，東距圖斯池五百里，又西北百里爲特木爾哈巴哈納。按其方隅，與怛邏斯東至素葉城里數相合。然則怛邏斯即今塔拉斯，音以相近而變之也。

白水城。唐書西域傳：呾邏私城西南贏二百里至白水城，原隰膏腴，南五十里有笯赤建國。又二百里至石國。　按：今薩爾巴噶什在烏勒木木納爾西南二百里，南踰山嶺入布魯特界。白水故城當在薩爾巴噶什地。

阿里馬城。長春西游記：重九日，至回紇昌八剌城。翌日，並陰山而西，約十程，又渡沙場，車陷馬滯，一晝夜方出。又五日，宿陰山北，詰朝南行長坂七八十里，抵暮乃宿。晨起，西南行約二十里，忽有大池，方圓幾二百里，雪峯環之，倒景池中，名之曰天池。沿池正南下，左右峯巒峭拔，松樺陰森，高踰百尺。衆流入峽，奔騰洶湧，曲折回環，可六七十里。二太子扈從西征，始鑿石理道，刊木爲四十八橋，橋可並車。薄暮宿峽中，翌日方出。入東西大川，水草豐秀，天氣似春，稍有桑棗。次及一程，九月二十七日，至阿里馬城，宿於西果園。土人呼果爲阿里馬，蓋多果實，以是名其城。又西行四日，至答剌速没輦，水勢深闊，抵西北流，從東來，截斷陰山，河南復是雪山。十月二日，乘舟以濟。　按：昌八剌城，據耶律希亮傳，在馬納思河之東，則在今綏來縣地。沙場，即今自托克多西至晶河城一帶沙磧。天池，即今賽喇木池。池南之峽，即今塔勒奇山峽，長七十里。四十八橋，今有四十二橋。阿里馬城，當在今西阿里瑪圖河側近，河東南去惠遠城一百二十餘里，河西即拱宸城。答剌速没輦，音近塔拉斯。然塔拉斯河東去阿里瑪圖河尚遠，非四日能至，則答剌速没輦當即今伊犂河。阿里馬，元史舊作阿力麻里。西北地附録：自上都西北行六千里至回鶻五城，唐號北庭，置都護府。又西北行四五千里，至阿力麻里。至元五年，海都叛，舉兵南來，世祖逆敗之於北庭，又追至阿力麻里，則又遠遁二千餘里。按：「阿力麻里」今改作「阿爾穆爾」。計自濟木薩至阿里瑪圖河，不過二千三四百里，而元史言四五千里者，用兵曲折，與常道不同也。

列女

馬甲金格妻瓜勒佳氏。惠遠城駐防，夫亡守節。又步甲塔蘭泰妻王佳氏，巴常阿妻敖佳氏，候補筆帖式富增阿妻伊爾根覺羅氏，馬甲根保繼妻吴扎拉氏，色克圖妻李佳氏，德常妻楊佳氏，東果爾繼妻伊爾根覺羅氏，沙金泰妻富佳氏，前鋒班達爾什妻阿巴哈那爾氏，馬甲賽圖妻聶格爾氏，養育兵四十一妻富察氏，馬甲三常妻章佳氏，六十八妻沙佳氏，朱爾松額妻烏玉特氏，驍騎校八十九繼妻舒舒覺羅氏，馬甲烏淩阿妻宋佳氏，索蘭泰妻業格勒氏，原任防禦泰永妻李佳氏，馬甲明安泰妻岱佳氏，薩爾意阿妻凝佳氏〔五〕，原任協領赫僧額繼妻吴佳氏，馬甲六十八妻楊佳氏，德仙寶妻吴佳氏，唐宗阿妻曹佳氏，富色納妻伊拉里氏，舒明阿妻瓜勒佳氏，盛德妻喬佳氏，明安泰妻楊佳氏，步甲明保妻韓佳氏，馬甲春得妻古魯特氏，壯丁官保妻黄鄂羅特氏，馬甲萬布妻杭阿太氏，富明阿妻章佳氏，七十六妻章佳氏，更音布妻李佳氏，永魁妻瓜勒佳氏，步甲圖薩泰妻宋佳氏，馬甲永德妻李佳氏，德寧妻姚佳氏，礮手富森布妻白佳氏，馬甲保平妻于佳氏，畢拉岱妻康佳氏，委前鋒小旗布章阿妻王佳氏，防禦代明阿妻舒穆爾佳氏，馬甲長善保妻瓜勒佳氏，額爾登布妻瓜勒佳氏，雅達納妻劉氏，托錦妻李佳氏，海桑阿妾王氏，札什妻陳佳氏，前鋒校丁柱妻董佳氏，赫綳額妻何佳氏，閒散蘇札布妻烏佳氏，馬甲雙魁妻于佳氏，步甲綽克托妻圖克敦氏，富格妻托霍爾吉氏，前鋒都隆額妻杭噶泰氏，馬甲蘇當阿妻富佳氏，前鋒佛爾圖妻聶佳氏，馬甲七十八妻珠佳氏，保泰妻白佳氏，閒散克什克特依妻楊佳氏，德秦泰妻伊爾根覺羅氏，烏林泰妻瓜勒佳氏，閒散舍靈阿妻李佳氏，馬甲達春保妻伊爾根覺羅氏，挖金泰妻唐佳氏，步甲角連妻舒穆魯氏，閒散納斯圖妻丁佳氏，前鋒額勒京額妻楊佳氏，協領常德妾張氏，馬甲吉靈阿妻瓜勒佳氏，花吉泰妻那佳氏，德楞額妻瓜勒佳氏，桑安泰妻額奢爾氏，黄狗妻顔佳氏，烏成保妻張佳氏，那木札布妻張佳氏，哈吉噶爾妻鄂特沁氏，凝珠泰妻拜依特氏，明福妻布拉吉特氏，前鋒達福妻那拉氏，馬甲和林太妻依爾根覺羅氏，金柱妻陳佳氏，前鋒馬家保妻司特氏，明德妻索綽里氏，馬甲烏雲保妻瓜勒佳氏，順太妻瓜勒佳氏，雅爾布妻王佳氏，佐領胡圖克妾段氏，前鋒伍蘭布妻張佳氏，領催霍凝阿妻伊佳氏，馬甲達色妻樊佳氏，前鋒小旗烏林德妻博爾吉圖氏，馬甲金果爾妻何佳氏，佟保妻瓜勒佳氏，前鋒校舒林太妻烏佳氏，前鋒永舒保妻佟佳氏，康保妻孟佳氏，馬甲七十八妻李佳氏，泰凝妻瓜勒佳氏，豐申布妻李佳氏，伊都里妻瓜勒佳氏，百壽妻馬佳氏，吉爾噶妻陳佳氏，薩蘭泰妻于佳氏，四十三妻范佳氏，前鋒蘇章阿妻白佳氏，惠太妻瓜勒佳氏，齊楞太妻額木特里氏，三神保妻張佳氏，塔清阿妻聶佳氏，馬甲佛爾太繼妻齊布蘇氏，呢占妻張佳氏，富凝妻什保沁氏，富德妻章佳氏，前鋒花尚阿妻潘佳氏，馬甲崇德妻瓜勒佳氏，烏林圖妻烏爾古齊氏，麒麟布妻瓜勒佳氏，閒散清善妻鈕鈷禄氏，步甲德克精額妻馬佳氏，馬甲馬太妻烏爾古齊氏，永安妻伊拉里氏，步甲七十四妻李佳氏，馬甲明寶柱妻王佳氏，賽尚阿妻瓜勒佳氏，前鋒元寶妻定佳氏，馬甲果善妻東佳氏，前鋒校富云布妻葉赫哷氏，閒散七星保妻莽努特氏，馬甲福和亮妻李佳氏，步甲呢音珠太妻瓜勒佳氏，馬甲陞格妻舒舒覺羅氏，諾勒布妻温都氏，格僧額妻堂佳氏，奇景太妻馬佳氏，常安妻葉格氏，巴彦格爾妻唐佳氏，海隆阿妻何佳氏，閒散六十三妻穆佳氏，馬甲七克騰妻石佳氏，阿常阿妻唐佳氏，前鋒小旗烏勒登額妻烏佳氏，閒散蘇勒芳阿妻瓜勒佳氏，馬甲崇山保妻愛新舒舒氏，錫新泰妻李佳氏，均嘉慶年間旌。

馬甲富長阿妻李佳氏。惠寧城駐防，夫亡守節。又馬甲前保妻烏素氏，陳保妻鄂卓羅氏，西金太妻馬佳氏，富佟保繼妻瓜勒佳氏，舒長妻富查氏，佛爾青俄妻金佳氏，博奇善妻金佳氏，吉爾張阿妻肖佳氏，美格妻格爾忒氏，圖門太妻孟佳氏，扎布尚阿妻達爾噶特氏，素明阿妻吳扎拉氏，多林妻吳由特氏，薩凝阿妻柯爾可里氏，伯景阿繼妻瓜勒佳氏，福星保妻伯于特氏，萬家保妻瓜勒佳氏，養育兵愛仁阿妻齊布素氏，齊林妻桃佳氏，壯丁富朱里妻納木都魯氏，富平妻瓜勒佳氏，保永妻德都里氏，正家保妻西克德里氏，壯丁善清阿妻德都里氏，前鋒永興妻趙弩特氏，馬甲舒倫布妻托霍爾齊氏，吳爾當阿妻何舍哩氏，成官保妻何舍哩氏，領催貲巴繼妻沈佳氏，馬甲赫綳俄妻齊欒特氏，德曾妻伊特木氏，阿爾綳阿繼妻納木都魯氏，朔隆烏妻殷佳氏，壯丁連福妻卓卜扈特氏，馬甲烏林德妻富察氏，黑格妻吳佳氏，萬靈保妻吳木特氏，赫德妻吳由特氏，烏爾清阿妻伊爾根覺羅氏，興太妻吉木忒氏，舒善妻瓜勒佳氏，登格妻陶佳氏，七十九妻陳佳氏，愛隆阿妻瓜勒佳氏，德順妻奇塔拉氏，舒明妻吉勒塔里氏，巴雅爾圖妻趙佳氏，忠福妻額卓氏，前鋒英善妻巴里特氏，馬甲祿善繼妻博爾吉特氏，大喜妻拜雅爾氏，富明阿妻喀齊特氏，伊桑妻薩麻里氏，鄂勒金布妻卜斯霍里氏，阿郎阿妻伊勒里氏，毓常阿妻伊爾根覺羅氏，委前鋒善德妻葉赫里氏，馬甲福倫妻宋魯特氏，委前鋒葉布肯額妻瓜勒佳氏，馬甲百齡妻舒穆魯氏，豐申額妻拜牙里圖氏，阿爾桑阿妻趙佳氏，塔清阿繼妻納拉氏，養育兵錫格妻塔達爾氏，馬甲碩登阿妻王佳氏，福星妻卓特氏，領催舒明阿妻烏色氏，馬甲花善保妻李佳氏，穆騰額妻瓜勒佳氏，費彥吉善妻楊呢雅氏，柯星額妻瓜勒佳氏，庚音布妻瓜勒佳氏，領催黑星保妻同吉氏，馬甲來哥妻李佳氏，納參太妻伊拉里氏，委前鋒封生俄妻薩克達氏，均嘉慶年間旌。

披甲鄂爾碩倫妻果爾吉氏。錫伯營駐防，夫亡守節。又披甲達木寶妻烏札拉氏，老格妻瓜勒佳氏，長保妻吳佳氏，舒舒鼐妻胡斯哈哩氏，七十妻瓜勒佳氏，閒散札木素妻富佳氏，披甲祿德妻和葉爾氏，噶巴勒圖妻汗佳氏，巴雅爾妻賽佳氏，托云太妻赫葉爾氏，均嘉慶年間旌。

高滿良妻黃氏。商民，夫亡守節。又郭德妻康氏，均嘉慶年間旌。

土産

禾。粟。大、小麥。青稞。唐書回鶻傳。

白麥。黄麻。葱。韭。胡荽。五代史四裔傳。

馬。漢書西域傳：烏孫國多馬，富人至四五千匹。

犛牛。槖駝。貂鼠。羚羊。獺。野雞。五代史四裔傳：回鶻出犛牛、緑野馬、獨峰駝、白貂鼠、羚羊角。西域圖志：伊犂土貢哈薩克馬、黑獺皮、野雞、鹿角。

金。鐵。錫。硫黄。唐書回鶻傳：回鶻有金、鐵、錫。北史西域傳：悦般國有火山，山旁石燋鎔，人取以爲藥，即石硫黄也。

玉。硇砂。馬端臨文獻通考：回紇出玉、硇砂。

校勘記

〔一〕乾隆三十七年築　「三十七年」，乾隆志卷四一五伊犂城池(下同卷簡稱乾隆志)作「二十七年」，未知孰是。

〔二〕門三　乾隆志作「門四」，下文有「北曰寧漢」四字。

〔三〕西阿里瑪圖水　「阿」，原作「河」，據新疆識略卷四伊犁山川改。

〔四〕王方翼先敗烟麪兵於伊犁河　「烟麪」，乾隆志及舊唐書卷一八五上王方翼傳作「咽麪」。

〔五〕薩爾意阿妻凝佳氏　「凝佳氏」，通作「寧佳氏」，本志避清宣宗諱改字。下文同，不具列。

庫爾喀喇烏蘇圖

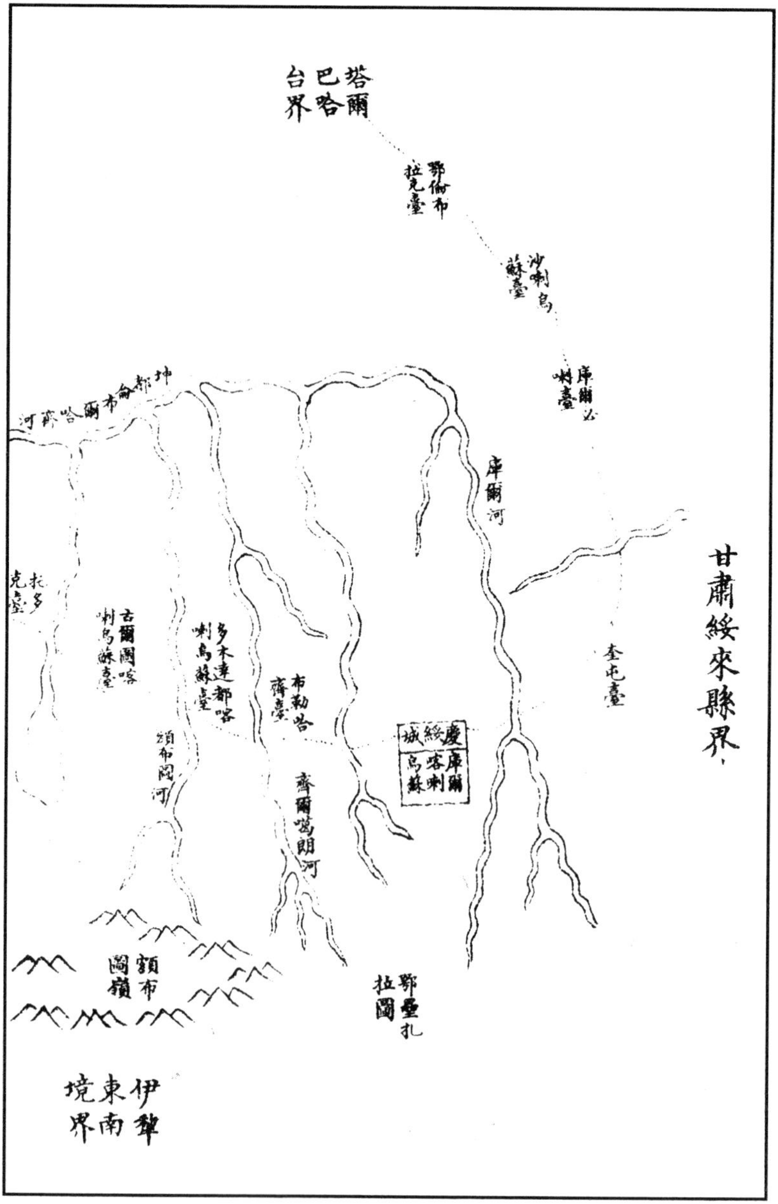
塔爾巴哈台界
鄂倫布拉克臺
沙喇烏蘇臺
庫爾必喇臺
坤都侖布爾哈齊河
庫爾河
甘肅綏來縣界
奎屯臺
托多克臺
古爾圖喀喇烏蘇臺
多木達都喀喇烏蘇臺
布勒哈齊臺
慶綏城
庫爾喀喇烏蘇
頒布闊河
齊爾噶朗河
額布圖嶺
鄂壘扎拉圖
伊犁東南境界

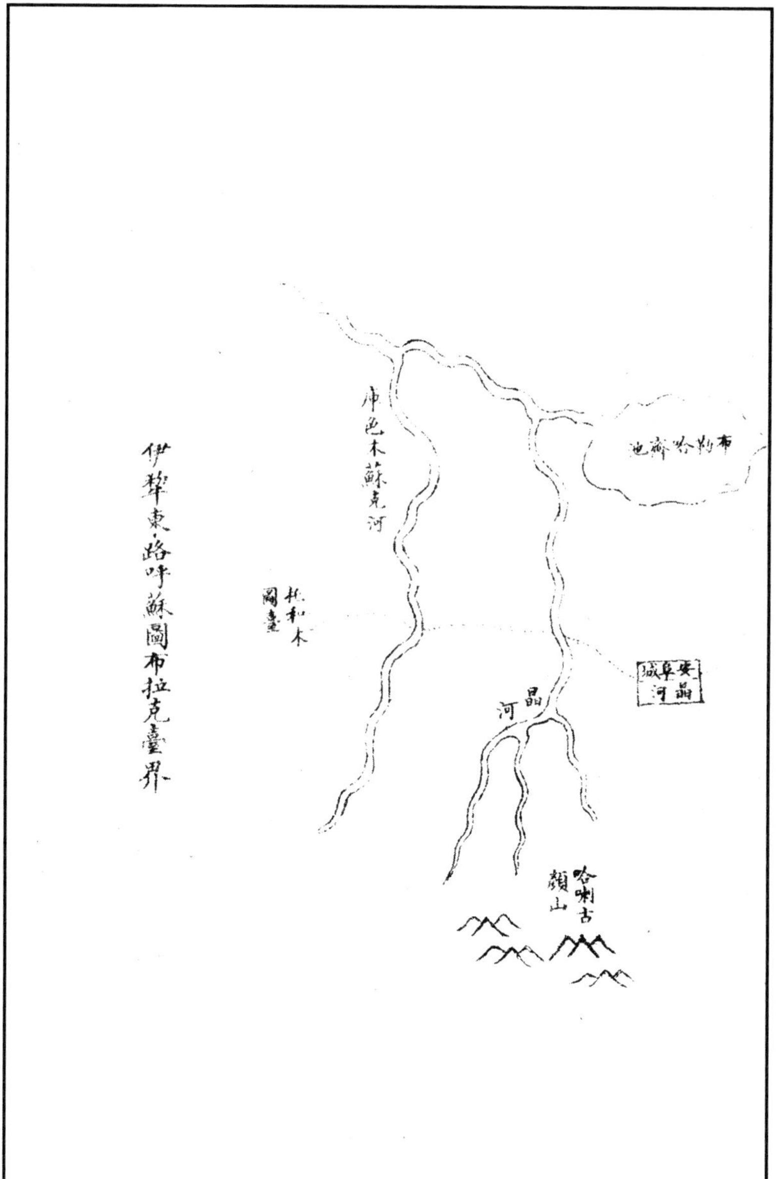
伊犁東路呼蘇圖布拉克臺界
布色木蘇克河
拉和木圖臺
布勒哈齊池
晶河安阜城
晶河
哈喇古顏山

庫爾喀喇烏蘇表

	庫爾喀喇烏蘇	晶河
秦		
兩漢	烏孫國東境。	烏孫國地。
三國	烏孫國地。	烏孫國地。
晉		
南北朝	北魏高車國地。周突厥地。	北魏高車國地。周突厥地。
隋	西突厥、鐵勒地。	西突厥
唐	北庭都護府西境，西林守捉及西突厥攝舍提暾部地。	弓月城東境地，兼爲雙河都督府。
五代		
宋		
元	展斡爾城西境地。	
明	衛拉特	

大清一統志卷五百十八

庫爾喀喇烏蘇

在伊犂城東千六十里。東至奎屯接甘肅綏來縣界，西至托和木圖接伊犂東路呼蘇圖布拉克臺界，北至鄂倫布拉克接塔爾巴哈台烏爾格圖布拉克臺界，南至天山接伊犂東南境界。

建置沿革

漢爲烏孫國地。北魏爲高車國地。周爲突厥地。隋爲西突厥鐵勒地。唐爲西林守捉地，其西境爲西突厥攝舍提暾部，雙河都督府地。元爲展斡爾城西境。展斡爾，元史舊作「彰八里」，今改正。明屬衛拉特。本朝初爲布爾古特台吉尼瑪游牧處。呢瑪内附，授職從征，後叛附阿睦爾撒納。乾隆二十二年，將軍成衮扎布等擒誅之。其西地爲晶河，舊爲布爾古特台吉渾齊游牧處。渾齊從賊，乾隆二十三年，將軍兆惠擒之，其地并入版圖。

晷度

北極高四十四度二十四分，距京師偏西三十度四十四分。夏至晝長六十一刻七分，夜長三十四刻八分。冬至晝長三十四刻八分，夜長六十一刻七分。午正日景，夏至長三尺八寸三分，冬至長二丈四尺六寸一分，春分、秋分長九尺七寸九分。西域圖志。

城池

慶綏城。東至靖遠驛三百六十里，庫爾喀喇烏蘇領隊大臣所駐。

安阜城。東至慶綏城四百一十里，晶河之糧員所駐。俱乾隆四十八年建。

遂城堡。在慶綏城東。乾隆二十八年，於庫爾河濱建。按：庫爾喀喇烏蘇之名，本在遂城堡，自築慶綏城，名始西移於慶綏。西域圖志所指庫爾喀喇烏蘇，據堡言也。新疆識略所指之庫爾喀喇烏蘇，據城言也。

屬境

奎屯。在庫爾喀喇烏蘇城東八十里，遂城堡東五十里。東有長河，當孔道，舊爲布爾古特台吉尼瑪游牧處。按：唐書地理志自清海軍西度葉葉河二百八十里，至西林守捉。今之綏來縣爲唐清海軍地，奎屯東至綏來二百八十里，則奎屯乃唐西林守捉地也。

布勒哈齊。在庫爾喀喇烏蘇西六十里，西濱濟爾噶朗河。

鄂壘扎拉圖。在布勒哈齊西二百二十里。乾隆二十一年，阿睦爾撒納叛，將軍兆惠進討，遇賊擊敗之於此。高宗純皇帝聖製有鄂壘扎拉圖之戰詩。其西三十里爲噶順，又西七十里爲烏里雅蘇圖。

晶河。在烏里雅蘇圖西三十里，地以河名。乾隆二十三年，將軍兆惠擒布爾古特台吉渾齊於此，地入版圖。二十八年，建豐順堡，設兵屯田。其西一百一十里爲察罕拜甡，在托里西五十里。

户口

民户二百二十八名口。除屯防官兵外，無土著，不備載。

田賦

屯田六千九百九十六畝，屯兵三百四十八名，額徵糧三千八十石九升八合。

臺站

庫爾喀喇烏蘇底臺。

奎屯臺。在庫爾喀喇烏蘇臺東八十里，東至烏嚕木齊所屬之安集哈雅臺九十里。以上東境。

布勒哈齊臺。在庫爾喀喇烏蘇臺西七十里。

多木達都喀喇烏蘇臺。在布勒哈齊臺西六十里。

古爾圖喀喇烏蘇臺。在多木達都喀喇烏蘇臺西七十里。

托多克臺。在古爾圖喀喇烏蘇臺西六十里。

噶順腰臺。在托多克臺西七十里。

晶河臺。在噶順腰臺西八十里。

托里臺。在晶河臺西九十里。

托和木圖臺。在托里臺西一百一十里，又西一百二十里至伊犂所屬之呼蘇圖布拉克臺。以上西境。

庫爾必喇臺。在奎屯臺北九十里。

沙喇烏蘇臺。在庫爾必喇臺北九十里。

鄂倫布拉克臺。在沙喇烏蘇臺北七十里。又北九十里至塔爾巴哈台所屬之烏爾格圖布拉克臺。以上北境。

營塘

庫爾喀喇烏蘇底塘。

奎屯塘。在庫爾喀喇烏蘇塘東八十里。

安集哈雅塘。在奎屯塘東九十里。

烏蘭烏蘇塘。在安集哈雅塘東一百一十里。又東八十里至烏嚕木齊所屬之瑪納斯塘。以上東境。

布勒哈齊塘。在庫爾喀喇烏蘇塘西七十里。

多木達都喀喇烏蘇塘。在布勒哈齊塘西六十里。

古爾圖喀喇烏蘇塘。在多木達都喀喇烏蘇塘西七十里。

托多克塘。在古爾圖喀喇烏蘇塘西六十里。

晶河塘。在托多克塘西一百五十里。以上西境。

卡倫

車牌子。

五里泉子。

山川

阿爾噶里圖山。在慶綏城東，奎屯西北，當孔道南，東南距奇喇圖魯山二百里。

哈喇古顔山。在慶綏城西南，晶河之南。山脈自額布圖嶺，折北而西至此。孤峯聳峻，爲天山分支，在嶺西北二百里。

烏得音嶺。

額布圖嶺。皆在慶綏城西南，額林哈畢爾噶山西三百里，裕勒都斯河之北。山脈自伊犂南境之汗騰格里山東行五百里，爲納喇特嶺，又東北六十里爲烏得音嶺，又東北五十里至此。東西横亘，分爲二支。其東南一支爲迪化州南境之山，其西北一支延亘迤邐，爲伊犂北境諸山。額布圖嶺，爲其分脈處。

庫爾河。在慶綏城東。源出天山北麓，北行迤東，會阿爾沙圖泉。又北至布勒哈齊北，折西行，南會濟爾噶朗河。又西行四十里，南會額布圖河。又西流爲坤都倫布爾哈齊河。西南流七十里，入於布勒哈齊池。新疆識略：庫爾河經庫爾喀喇烏蘇城東，復經城北，會何爾沙圖水。然則是水環慶綏城兩面。

濟爾噶朗河。在慶綏城西。源出天山北麓，北經布勒哈齊臺西，多木達都臺東，流二百里，會庫爾河。

額布圖河。在慶綏城西，濟爾噶朗河西七十里。源出額布圖嶺，北經多木達都臺西，古爾圖臺東，流一百八十里，會庫爾河。

晶河。在慶綏城西，烏里雅蘇圖西二十里。源出孔道南三十里天山下，三源合而北流，經安阜城西南，又北入布勒哈齊池。

庫色木蘇克河。在慶綏城西，當察罕拜甡城西五里。有兩源，出塔勒齊山西五十里，過山東迤北行八十里，又折而東五十里，入於布勒哈齊池。按：其地當爲唐之雙河。

布勒哈齊池。在慶綏城西北，晶河城北一百三十里。周迴四百餘里，冬夏不盈虧，會納諸河，東、西、南三面交流合注，爲天山西北一巨澤。按：即唐之黄草泊，新疆識略謂之喀喇塔拉額西柯淖爾。

塔爾巴哈台圖

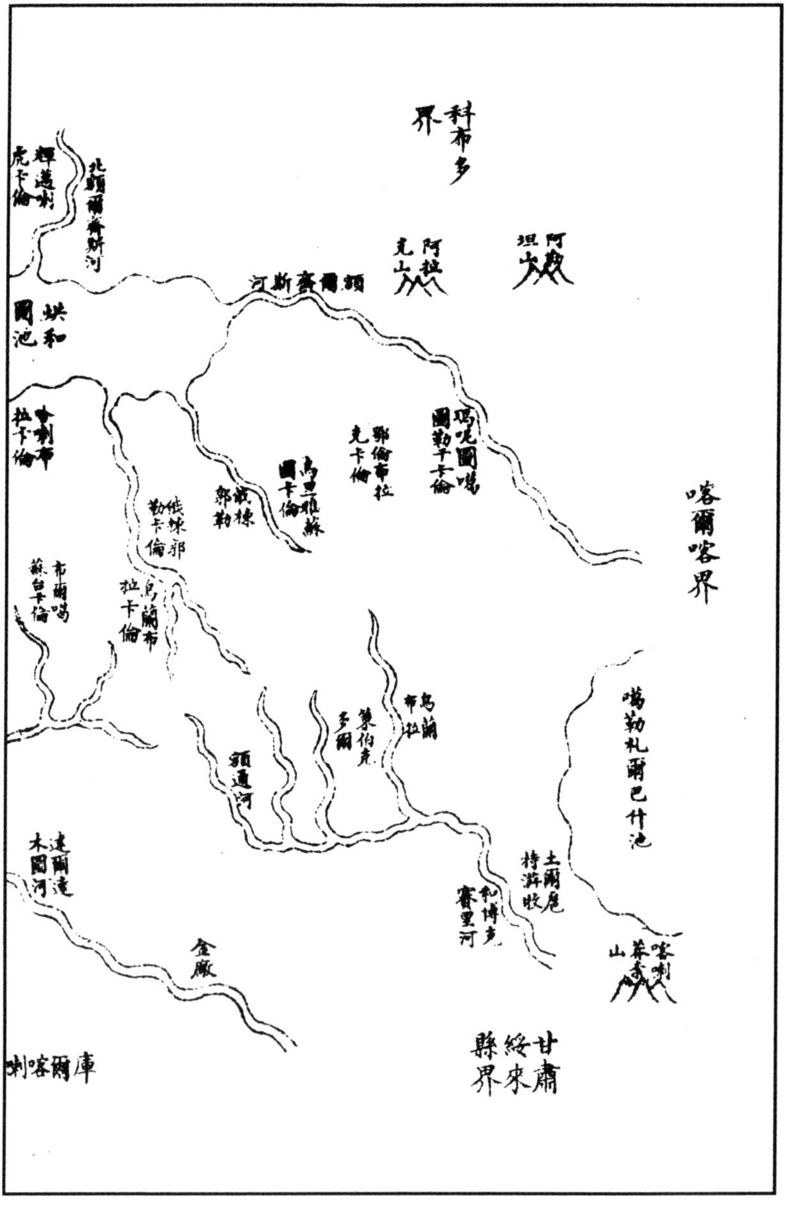
科布多界
北額爾齊斯河
阿拉克山
額爾齊斯河
烘和圖池
喀爾喀界
鄂倫布拉克卡倫
烏里雅蘇圖卡倫
布爾噶蘇台卡倫
烏蘭布拉卡倫
噶勒札爾巴什池
烏蘭布拉
額通河
達爾達木圖河
金廠
土爾扈特游牧
和博克賽里河
庫爾喀喇
甘肅綏來縣界

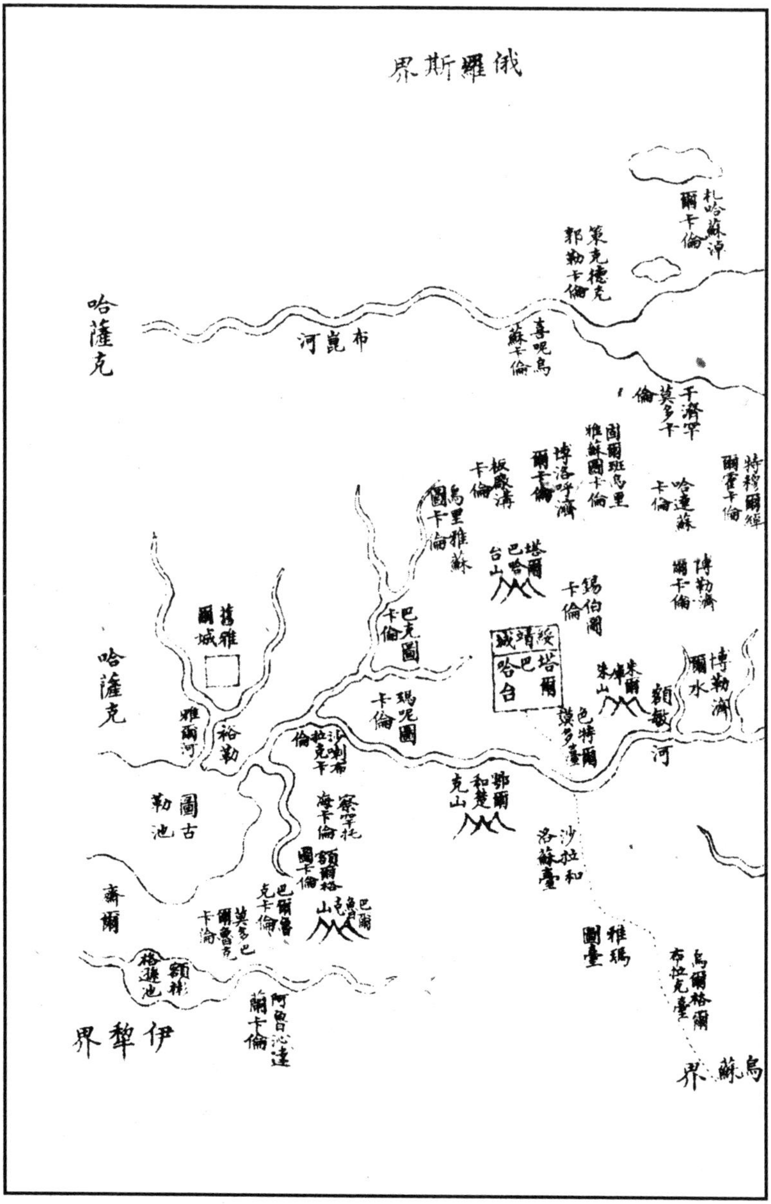
俄羅斯界
哈薩克
哈薩克
綏靖城
塔爾巴哈台
塔爾巴哈台山
舊雅爾城
雅爾河
裕勒
圖古勒池
額敏河
伊犂界
烏蘇界

塔爾巴哈台表

	塔爾巴哈台	雅爾	納林和博克	額敏
秦				
兩漢	匈奴右地。阿惡國	匈奴右地。	匈奴右地。	匈奴右地。
三國	鮮卑右部。	鮮卑右部。	鮮卑右部。	鮮卑右部。
晉				
南北朝	北魏高車國地。周突厥地。	北魏高車國地。周突厥地。	北魏高車國地。周突厥地。	北魏高車國地。周突厥地。
隋	突厥地。	突厥地。	突厥地。	突厥地。
唐	葛邏祿部。	葛邏祿部。	沙陀部西境地。	葛邏祿部。
五代				
宋				
元	海都諸王封地。			
明	衛拉特	衛拉特	衛拉特	衛拉特

續表

齋爾	額爾齊斯
匈奴右地，郅支單于居此。	匈奴右地。
烏孫國地。	鮮卑右部。
北魏高車國地。周突厥地。	北魏蠕蠕國。周突厥地。
突厥地。	突厥地。
三葛邏祿地。	突厥阿史那氏地。
	黠爾奇及柰曼諸部地。
	海都諸王封地及稱海宣慰司西境。
衛拉特	衛拉特

大清一統志卷五百十九

塔爾巴哈台

在伊犂城東北一千九百五十里。東至額爾齊斯接喀爾喀界，西至齋爾接藩屬左哈薩克界，南踰沙磧接甘肅迪化州界，北接藩屬俄羅斯界。

建置沿革

漢爲匈奴右地，呼揭、車犂、烏藉〔一〕、閏振、郅支五單于迭居於此。三國爲鮮卑右部。北魏爲高車國，後爲蠕蠕國地。周、隋爲突厥地。唐爲葛邏祿及西突厥沙陀諸部地，俱置都督府，隸北庭都護府。金爲柰曼部西南境。柰曼，元史舊作「乃蠻」，今改正。元爲諸王海都分地。明屬衛拉特。本朝初爲準噶爾伊克明阿特部遊牧之地，巴雅爾之昂吉。乾隆二十年，官兵進討準噶爾，巴雅爾遂以其屬降。及阿睦爾撒納畔，旋附爲逆。二十二年五月，我兵復擒誅之，塔爾巴哈台左右諸境俱入版圖。三十二年，建綏靖城。其西北爲雅爾地，舊爲伊克明阿特部，車淩班珠爾之昂吉。乾隆二十八年，建肇豐城。其東南爲額爾齊斯地，爲杜爾伯特部遊牧之所。乾隆十八年，台吉車淩伍巴什、車淩蒙克等率所屬内附，編設旗分，優錫親王等爵，俾長故地。杜爾伯特，爲四衛拉特之一。厥後，綽羅斯、和碩特、輝特多以肆惡淪亡，惟杜爾伯特部終守臣節，至今勿替云。

晷度

北極高四十七度五分，距京師偏西三十度三分。夏至晝長六十二刻十分，夜長三十三刻五分。冬至晝長三十三刻五分，夜長六十二刻十分。午正日景，夏至長四尺三寸七分，冬至長二丈八尺三寸四分，春分、秋分長一丈零七寸六分。西域圖志。

城池

綏靖城。地名楚呼楚，塔爾巴哈台參贊大臣所駐，乾隆三十二年建。門三，東曰翔和，西曰布説，南曰遂亨。

肇豐城。在綏靖城西北二百里雅爾地，乾隆二十八年建。門四，東曰翔和，南曰乘離，西曰布説，北曰暨朔。今廢。

屬境

額爾齊斯。在塔爾巴哈台東南，青吉勒河北境，阿勒坦山西境。東西七百里，南北三百里。額爾齊斯河經流其地，杜爾伯特部遊牧處。按：唐書突厥傳賀魯爲葉護，代步真，居多邏斯川，直西州北千五百里。西州爲今吐魯番，計其道里，多邏斯川當即今之額爾齊斯河也。

青吉勒。在額爾齊斯西南，青吉勒河北岸地。東爲布拉青吉勒，西爲哈達青吉勒，皆青吉勒河發源處。

奇爾噶遜齊布哈達遜。在塔爾巴哈台東南，朱爾庫朱山西。乾隆二十年，侍衛齊徹布單騎射賊於此。

烏蘭呼濟爾。在塔爾巴哈台東南，北依朱爾庫朱山，舊爲布庫努特鄂拓克遊牧之所。其西爲綽爾郭，舊爲阿睦爾撒納之昂吉。又西爲察罕呼濟爾，舊爲達瓦齊之昂吉。皆在鄂爾和楚克山北。又其西爲額敏，在烏里雅蘇台河南岸，舊爲鄂畢特鄂拓克遊牧處。

哲克得里克。在塔爾巴哈台東南境，南去甘肅迪化州三百里。其東南境沙磧彌漫，長五百里，廣三百里，即唐書所謂沙陀者也。

納林和博克。在哲克得里克西北八十里。北依鄂爾和楚克山，山下有泉南流，會克特和博克之水，合流南注於哲克得里克，舊爲布庫努特鄂拓克游牧之所。

格爾鄂爾格。在納林和博克東。

克特和博克。在納林和博克東南二十里，格爾鄂爾格東。

烘郭爾鄂籠。在克特和博克東十五里。其東北百里爲什巴爾圖，又東北五十里爲烏爾圖，又東北十六里爲薩里。

納木。在哲克得里克西。其西四十里爲穆呼勒戴鄂多特，又西二十里爲達爾達木圖，又西二十里爲蘇海圖，又西南五十里爲木多圖、布古圖，又西南五十里爲泥楚衮布古圖。舊皆爲阿克巴集賽游牧之所。

伊奇爾。在泥楚衮布古圖西四十里，鄂倫布拉克軍臺西二十餘里。其西四十里爲布爾噶蘇台，舊皆爲伊克呼拉爾集賽游牧之地。

察拉垓。在布爾噶蘇台西三十里。其西四十里爲綽爾，舊爲賚瑪里木集賽游牧之地。

齋爾。在綽爾東北五十里，踰山而至，東北距額敏三百里。地廣，饒水草。舊爲阿克巴、拉布里木、杜爾巴、雅素隆、伊克呼拉爾五集賽游牧之所。乾隆二十年，大兵進勦準噶爾，諸集賽各以其地内屬。

愛呼斯。在塔爾巴哈台西七十里，愛呼斯池發源其地，北接哈薩克界。

雅爾。在塔爾巴哈台西北。舊爲準噶爾伊克明阿特部游牧之所。

户口

額魯特三千三百八十四户，三萬一千一百九十一名口。土爾扈特部九百四十四户，四千二十名口。均於乾隆四十三年自伊犂移駐。

田賦

屯田一萬七千畝，屯兵八百五十名。按：塔爾巴哈台當準部北境，内地民人鮮至其地，故有屯兵而無民賦。

臺站

塔爾巴哈台底臺。在塔爾巴哈台底臺東南百一十里。

色特爾謨多臺。在色特爾謨多臺東南一百二十里。

沙拉和洛蘇臺。在沙拉和洛蘇臺南一百二十里。

雅瑪圖臺。在雅瑪圖臺東南一百二十里。又東南九十里至庫爾喀喇烏蘇所屬之鄂倫布拉克臺。

烏爾格爾布拉克臺。

卡倫

烏里雅蘇圖。

哈瑪爾達巴罕。

板廠溝。

博洛呼濟爾。

固爾班烏里雅蘇圖。

哈達蘇。
特穆爾綽爾霍。
哈喇布拉。
干濟罕莫多。
喜呢烏蘇。
策克德克郭勒。
札哈蘇淖爾。
輝邁喇虎。
錫伯圖。
博勒濟爾。
布爾噶蘇台。
烏蘭布拉。
俄棟郭勒。
烏里雅蘇圖。
鄂倫布拉克。
瑪呢圖噶圖勒干。

巴克圖。

瑪呢圖。

沙喇布拉克。

察罕托海。

額爾格圖。

巴爾魯克。

莫多巴爾魯克。

阿魯沁達蘭。

山川

朱爾庫朱山。在綏靖城東，塔爾巴哈台山東南一百里，烘和圖池西南八十里。山脈自必濟山北古爾畢嶺南，分支西出，走青吉勒河北、額爾齊斯河南，六百餘里，折西北行四百里至此。北路羣山之次高者。山北有水東南流，匯爲小澤。乾隆二十年，討準噶爾，遣官祭告，有祭告朱爾庫朱山文。西域圖志：朱爾庫朱山處烘和圖淖爾之西南。唐書：葛邏禄部跨僕固振水，包多怛嶺。僕固振水爲烘和圖淖爾，則多怛嶺應於此山爲近。

哈喇莽奈山。在塔爾巴哈台東南，拜山北。南距天山三百里，東西緜亘，山脈自東而西，北距赫色勒巴什池一百里。又西一百里，入於沙磧。

拜山。在塔爾巴哈台東南。東至鎮西府西北境之哈布山一百十五里。山脈自天山分支，踰鎮西府北山東行，折而西北，盤迴千有餘里至此。

鄂爾和楚克山。在塔爾巴哈台東南，納林和克北，巴爾魯克山東北四百里，朱爾庫朱山西南一百五十餘里。布隆河發源北麓。

薩里山。在塔爾巴哈台東南，鄂爾和楚克山東一百里，南臨沙磧。

巴爾魯克山。在塔爾巴哈台西南，西北踰山接藩部哈薩克境〔二〕。乾隆二十一年，秩於祀典，有歲祭巴爾魯克山文。

塔爾巴哈台山。在塔爾巴哈台北，朱爾庫朱山西北一百里。山脈相屬，爲準境北屏。山有特里特額嶺，尤爲險隘。乾隆二十一年，秩於祀典，有歲祭塔爾巴哈台山文。

阿拉克山。在塔爾巴哈台東北，阿勒坦山西三百餘里，西南距烘和圖池四十里，山脈與阿勒坦山東西相屬。乾隆二十年討準噶爾，二十二年追討阿睦爾撒納，皆遣官告祭，有告祭阿拉克山文。

博克達烏魯罕山〔三〕。在阿拉克山南三十里，西距烘和圖池三十里。

古爾班奇喇山。在阿勒坦山西南二百里。奇喇河、尼斯庫河皆出其西麓。

阿爾察克山。在古爾班奇喇山南五十里。

阿勒坦山。在塔爾巴哈台東北。舊音「阿爾泰」，爲古金山，在庫爾圖嶺西北三百里。哈柳圖河發源西南麓，山脈自鎮西府之必濟嶺，經庫爾圖嶺，屈折至此。其迤東境峯巒層沓，亘數百里，爲北路諸山之冠。東爲舊藩喀爾喀蒙古諸部，西爲準噶爾部。乾隆二十年，大兵西討，遣官告祭，有告祭阿勒坦山文。

古爾畢嶺。在塔爾巴哈台東境，額爾齊斯河東北。山脈自鎮西府之必濟山，西北行二百餘里至此。峭崪特拔，爲全境屏障。

庫爾圖嶺。在古爾畢嶺西北一百里，山脈相屬，哈喇額爾齊斯河發源西麓。

烏可克嶺。在阿勒坦山東。

薩爾巴噶什嶺。在阿勒坦山西南一百餘里。

阿斯哈圖嶺。在塔爾巴哈台東，古爾班奇喇山西二百里，奇喇河南，哈喇額爾齊斯河北。山脈自阿勒坦西支蜿蜒至此，四百餘里。

特穆爾圖河。在塔爾巴哈台東，哈爾巴噶河東南，東北入烘河圖池。

烏得河。在特穆爾圖河東南。經流五十餘里，不通他水。

空格斯河。在塔爾巴哈台東，烏得河東南。東流百餘里，入額爾齊斯河。

哈喇圖河。源出古爾畢嶺，西流三百里，入額爾齊斯河。

奇喇河。在哈喇圖河北八十里。源出奇喇山，西流一百九十里，入額爾齊斯河。

哈爾巴河。在奇喇河北四十里。源出阿斯哈圖嶺南麓，西南流入奇喇河，匯於額爾齊斯河。

博喇濟河。在奇喇河北六十里。源出阿斯哈圖嶺西麓，西流百里，入額爾齊斯河。

尼斯庫河。在博喇濟河北五十里。源出古爾班奇喇山，西流四百里，入額爾齊斯河。

納林河。在尼斯庫河北。西流百里，入額爾齊斯河。

青吉勒河。在塔爾巴哈台東南。一爲布拉青吉勒河，一爲哈達青吉勒河。出於哈布山之西北，經拜山北六十里，又西流二百餘里，入赫色勒巴什池。

布拉干河。在塔爾巴哈台東南。源出和通鄂博西山，西南流一百四十里，東北會布拉青吉勒河。又西行八十里，東北會哈達青吉勒河。

烏英齊河。在塔爾巴哈台東南，布拉干河東四十里。源出必濟山，西南流入於沙磧。

博東齊河。在塔爾巴哈台東南，烏英齊河東五十里。源出必濟山，西南流入於沙磧。

額爾齊斯河。在塔爾巴哈台東南，赫色勒巴什池北一百里。源出額爾齊斯東北山麓，經流最大，包納衆流，屈曲七百餘里，入烘和圖池。西北岸流出，仍爲額爾齊斯河，入俄羅斯界。按：額爾齊斯河，新疆識略所載與西域圖志微有不同，然曰奇蘭河即奇勒郭勒，曰博爾齊河即博喇濟郭勒，曰訥恰庫河即尼斯庫郭勒，語有輕重，言有詳略，似異而實同也。然則齊桑淖爾即烘和圖淖爾矣。今備載於此。西域圖志曰：額爾齊斯郭勒兩源，合而西行二百里，東北會哈喇圖郭勒，又西行二百七十里，東北會哈喇額爾齊斯郭勒，又折而西北行百里，東會奇喇郭勒，又東會哈爾巴郭勒，又西北行六十里，東會博喇濟郭勒，又西北行四十里，東會尼斯庫郭勒，又西北行四十里，東會納林郭勒，又西北行十里，入烘和圖淖爾。新疆識略曰：額爾齊斯河，出阿爾台山，爲華額爾齊斯，西北流會喀喇額爾齊斯河，又西北會蘇布圖河，又西北會庫魯圖河，又西北會罕達海圖河，又西北會奇蘭河，又西北會博爾齊河，又西北會阿勒哈布河，又西北會哈布河，又西會訥恰庫河，又西會塔爾巴哈台河，經瑪琨圖噶圖勒干卡倫北，又西瀦爲齋桑淖爾。

烏里雅蘇台河。在塔爾巴哈台東南。源出鄂爾和楚克山東北麓，又一源出其西北，流三十里而合，又西流入額敏河。

納木河。在塔爾巴哈台東南，東距色伯蘇台山一百十里。源出北山下，南流五十里，又一源西南來，會而東南行，又四十里入於沙磧。西距額彬格遜池百里。按：北山即鄂爾和楚克山西境及南境相接之山。察奇爾河，出其北麓，謂之南山。納木河出其南麓，謂之北山。實一山也。納木河所出之山，校其道里，尚在鄂爾和楚克山東南。

達木河。在塔爾巴哈台南。源出鄂爾和楚克山南麓，西南流十五里，又一源西自納林和博克東南來，合而南流二十里，入沙磧。

額敏河。在塔爾巴哈台南，鄂爾和楚克山西北。河流北注，會烏里雅蘇台河，入圖古勒池。乾隆三十一年，秩於祀典，有歲祭額敏河文。按：額敏河，新疆識略作額米爾河，米、敏音之轉也。其言曰額米爾河，源出鄂勒霍綽爾山西流，北會博勒濟爾水。由色特爾莫多軍臺南，經塔爾巴哈台城南，又西流，北會巴克圖山水，注於阿拉克圖扈爾淖爾。鄂勒霍綽爾山，即鄂爾和楚克山。阿拉克圖扈爾淖爾，即圖古勒池也。

布隆河。在塔爾巴哈台南，烏里雅蘇台河西南。源出鄂爾和楚克山北麓，北流七十里入沙磧。

阿里瑪圖巴爾楚克河。在塔爾巴哈台西南，布隆河西一百五十里。北流三十里，入沙磧。

察奇爾河。在塔爾巴哈台西南，阿里瑪圖巴爾楚克河西一百里。源出南山下，北百里。

裕勒雅爾河。在塔爾巴哈台西。舊音「雅勒裕爾」。在庫爾哈喇烏蘇之額布圖河西三十里。瀦爲小澤，餘波入布勒哈齊池。乾隆二十一年，秩於祀典，有歲祭裕勒雅爾河文。

哈柳圖河。在塔爾巴哈台東北，阿勒坦山西北。源出山西南麓，西北流一百餘里，匯爲巨浸，復西南行百餘里，至阿拉克山。

昌吉斯台河。在塔爾巴哈台東北，阿拉克池西北十里，南流匯於池。

柴羅爾河。在塔爾巴哈台東北，昌吉斯台河西二十五里。

哈爾巴噶河。在塔爾巴哈台東北，去烘和圖池五十里，東流注之。

噶勒札爾巴什池。在塔爾巴哈台東南，哈喇莽柰山北一百里。上承青吉勒河之水，西流三百餘里，匯爲巨浸。周圍二百里，餘波入於沙磧。

圖古勒池。在塔爾巴哈台西南，東北距愛呼斯池一百五十里。烏里雅蘇台河、額敏河西流入之，周圍百餘里。

愛呼斯池。在塔爾巴哈台西北，烘和圖池西南二百五十里。源出朱爾庫朱山，西北流五十里，瀦爲澤，周圍數里。

巴爾噶池。在納林河北，塔爾巴哈台東北。小澤周迴五六里，其流與額爾齊斯河通。

烘和圖池。亦曰齋桑淖爾，在塔爾巴哈台東北。額爾齊斯河挾諸河之水，渟滀於此，周圍六百餘里。復自北出，曰北額爾齊斯河，流入俄羅斯界。

阿拉克池。在塔爾巴哈台東北，哈柳圖河西二百里。源出阿拉克山，西行三百里，匯諸河水，復溢出，入北額爾齊斯河。

古蹟

默爾奇部。元史舊作「蔑里乞」，今改正。按：元史默爾奇部當在柰曼部之北。歐陽玄高昌偰氏家傳：偰氏，偉兀人也。其先世曰暾欲谷，本突厥部。國亂，地爲回紇所有。暾欲谷子孫，遂相回紇。回紇即今偉兀也。其地本在哈喇和林，即今和寧路，後徙居北庭。會高昌國微，乃併取高昌而有之。今偉兀稱高昌，地則高昌，人則回鶻也。暾欲谷子孫世爲偉兀貴臣，至克直普爾，襲爲本國相答剌罕，遼主授以太師、大丞相，總管内外藏事，故國人稱之曰「藏赤立」。屬滅里棘脱脱伯吉叛合剌山，王三召克直普爾，至則言於王曰：「脱脱驍勇，未易力攻。臣少與親善，彼不忌臣，可以計取。今與王期以七日，當斬其首以報。」乃先遣家僮往取滅里棘馬百匹，脱脱使追之，則紿追者曰：「丞相載馬取蒲萄酒，見女主爾。」追者返以告，脱脱喜，迎之於郊，握手歡甚。謂曰：「今日易營，公其少需，我先往遲公。」至既行，乘驛從後大呼止之，脱脱止。陽曰：「有密語，請屏左右。」脱脱如其言。乃奮曰：「私恩公義，有難兩全者，吾奉王命，取爾首爾。」亟拔劒斬之，左右股慄不敢動〔四〕。持首白王，王悦，賜玉深郡地，暨牙里于斯、博和思于斯二山。　按：滅里棘即默爾奇。回鶻既遷高昌，而克直普爾之斬脱脱，期以七日，則滅里棘部當在金山之南，近今烏嚕木齊之北，青吉勒河左右。此地在元太祖時，實爲柰曼部地。克直普爾受遼官，則其人當遼、金之際。想其時，未有柰曼部，故其地屬默爾奇。後當元太祖初，柰曼部彊盛，默爾奇益徙東北，其故地爲柰曼有矣。太祖於甲子年破柰曼，并征默爾奇。戊辰，又征柰曼，滅默爾奇部，柰曼主奔西遼。元史太祖紀於三年戊辰，雖曰討默爾奇部滅之，而種類尚存，故十四年己卯又伐默爾奇而征欽察。欽察爲西北極遠之國，蓋默爾奇於戊辰之後，畏太祖彊，益徙西北也。

柰曼部。

元史舊作「乃蠻」，今改正。　長春真人西遊記：中秋日，抵金山東北，少駐，復南行。行四程，連度五嶺。南出山前，臨河止泊，渡河而南，前經小山，復有二紅山當路。又三十里，鹹鹵地中有一小沙井，因駐程挹水爲食。宣使與鎮海議曰：「此地最難行處，相公如何則可？」公曰：「此地我知之久矣。」同往諮師。公曰：「前至白骨甸，地皆黑石。約行二百餘里，達沙陀北邊，頗有水草。更涉大沙陀百餘里，東西廣袤，不知其幾千里。及回紇城，方得水草。」師曰：「何謂白骨甸？」公曰：「古之戰場，凡疲兵至此，十無一還，死地也。頃者，乃滿大執亦敗於是。遇天晴晝行，人馬往往困斃。惟暮起夜渡，可過其半。明日向午，得及水草矣。少憩，俟晡時即行，當度沙嶺百餘，若舟行巨浪然。又明日辰、巳間，得達彼城矣。夜行良便，但恐天氣暗黑，魑魅罔兩爲祟，常塗血馬首以厭之。」師乃笑曰：「邪精妖鬼，逢正人遠避。書傳所載，其孰不知，道人家何憂此事？」日暮遂行，牛乏，皆道弃之。八月二十七日，抵陰山後，至小城北。翌日，沿川西行，歷二小城。西即鼈思馬大城，乃唐時北庭端府。　按：金山南所渡之河，當即今之青吉勒河，亦曰烏隴古河。劉郁西使記所謂龍骨河，其地與北庭都護府南北相直五百里。烏隴古河之南，沙磧彌望，蓋即所謂白骨甸也。柰曼地跨金山南北，而大執敗於白骨甸，蓋元兵深入，故柰曼敗於是，而其主遂西走契丹矣。此屬戊辰年事。若柰曼甲子年之敗，其戰地在金山東也。然則今烏里雅蘇台科布多及塔爾巴哈台，皆柰曼部地也。

校勘記

〔一〕烏藉　乾隆志卷四一六塔爾巴哈臺路建置沿革（下同卷簡稱乾隆志）作「烏稽」。

〔二〕西北踰山接藩部哈薩克境　「西北」，原作「四北」。乾隆志卷四一五伊犁山川有此山，作「西北」，據改。

〔三〕博克達烏魯罕山　乾隆志「罕」作「克」。

〔四〕左右股慄不敢動　「慄」，原作「弁」，據歐陽玄圭齋文集卷一一高昌偰氏家傳改。

烏嚕木齊圖

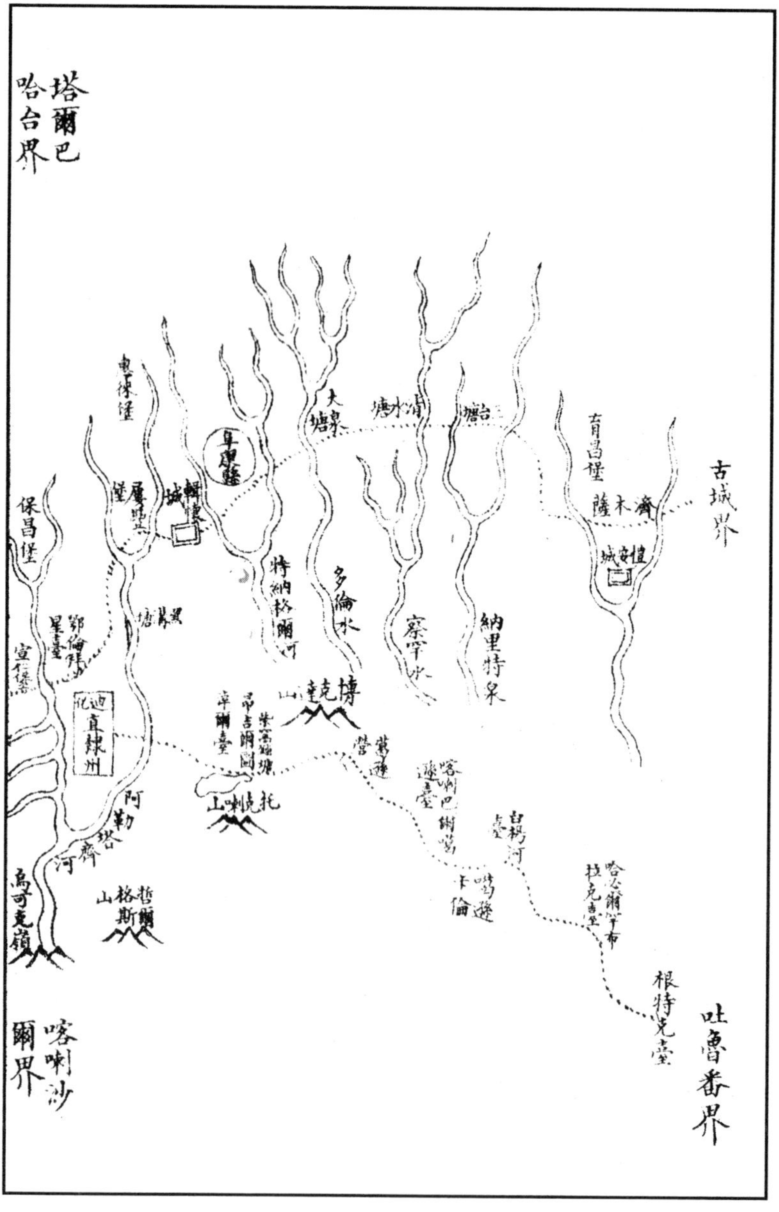
塔爾巴哈台界
古城界
吐魯番界
喀喇沙爾界
保昌堡
惠徠堡
阜康縣
輯懷城
慶豐堡
大泉塘
清水塘
台塘
育昌堡
濟木薩
特納格爾河
多倫水
察罕水
納里特泉
博克達山
迪化直隸州
托克喇山
阿勒塔齊河
烏可克嶺
哲爾格斯山
根特克臺

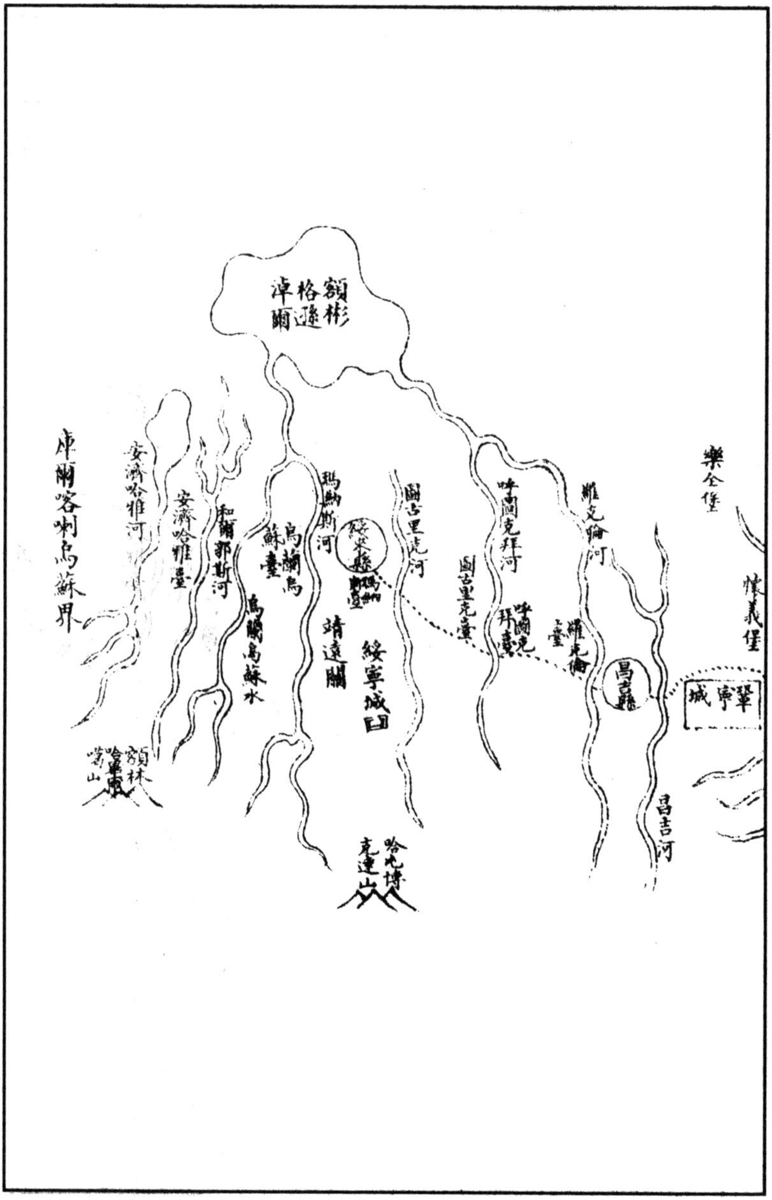
額彬格遜淖爾
庫爾喀喇烏蘇界
安濟哈雅河
安濟哈雅臺
和爾郭斯河
烏蘭烏蘇臺
烏蘭烏蘇水
瑪納斯河
綏來縣
靖遠關
綏寧城
圖古里克河
圖古里克臺
呼圖克拜河
呼圖克拜臺
羅克倫河
羅克倫臺
昌吉縣
昌吉河
樂全堡
懷義堡
鞏寧城
額林哈畢爾噶山
哈屯博克達山

烏嚕木齊表

	烏嚕木齊 即甘肅迪化州地
秦	
兩漢	蒲類前國後漢爲蒲類國。
三國	蒲陸國
晉	
南北朝	魏爲高車地，後入蠕蠕。周爲突厥地。
隋	西突厥鐵勒屬焉。
唐	後庭縣本蒲類縣，隸西州，後隸北庭大都護府。寶應初更名。
五代	
宋	高昌國北庭地。
元	回鶻五城地。
明	衛拉特地。

大清一統志卷五百二十上

烏嚕木齊

東界哈密所屬之羊圈溝塘一千四百六十七里，西界伊犂所屬之瑚素圖布拉克臺一千四百四十里，南界喀喇沙爾所屬之蘇巴什臺八百二十里，北界塔爾巴哈台所屬之烏爾圖布拉克臺八百三十五里，東北界科布多所屬之鄂倫布拉克臺八百四十里。至京師八千八百九十里。

建置沿革

漢爲蒲類前國。後漢爲蒲類國。三國爲蒲陸國。北魏初爲高車地，後入於蠕蠕。周爲突厥地。隋爲西突厥，鐵勒屬焉。唐初，爲蒲類縣，隸西州，後隸北庭大都護府。寶應元年，更名後庭縣。宋爲高昌國北庭地。元屬回鶻，爲五城地。明屬衛拉特。舊名「瓦剌」，今改正。

本朝初爲準噶爾庫木諾雅特游牧處，噶勒丹多爾濟之昂吉。乾隆二十年，我兵平準噶爾，噶勒丹多爾濟率其屬迎降，地皆内屬。三十六年，設參贊大臣。三十七年，設領隊大臣。三十八年，建鞏寧城，改參贊爲都統。餘詳甘肅迪化州志。

晷度

北極高四十三度二十七分，距京師偏西二十七度五十六分。夏至晝長六十刻十四分，夜長三十五刻一分。冬至晝長三十五刻一分，夜長六十刻十四分。午正日景，夏至長三尺六寸三分，冬至長二丈三尺四寸八分，春分、秋分長九尺四寸七分。西域圖志。

臺站

鄂倫拜星底臺。

昂吉爾圖淖爾臺。鄂倫拜星底臺迤南一百二十里。

喀喇巴爾噶遜臺。昂吉爾圖淖爾臺南一百一十里。

白楊河腰臺。喀喇巴爾噶遜臺南五十五里。

哈必爾罕布拉克臺。白楊河腰臺南五十五里。

根特克臺。哈必爾罕布拉克臺南一百一十里，又南至吐魯番底臺八十里。

羅克倫臺。鄂倫拜星底臺西一百里。

以上中營參將所轄南路軍臺。

呼圖克拜臺。羅克倫臺西一百里。　以上中營參將所轄西路軍臺。
圖古里克臺。呼圖克拜臺西六十里。
瑪納斯臺。圖古里克臺西九十里。
烏蘭烏蘇臺。瑪納斯臺西八十里。
安濟哈雅臺。烏蘭烏蘇臺西一百一十里，又西至庫爾喀喇烏蘇所轄奎屯臺九十里。　以上瑪納斯副將所轄西路軍臺。

卡倫

洛克倫。
昌吉。
阿爾哈特克。
大卡子溝。
添棚溝。
澤達巴罕。
大西溝。
板窩鋪。

水西溝。
三岔河。
烏什城。
紅渣山口。以上烏嚕木齊提標城守營轄。
紫泥泉。
牛莊子。
瑪納斯山口。
河東。
三岔口。
頭道河子。
石山口。
哈濟克。以上瑪納斯營轄。
大泉。
沙山口。
火燒溝。以上濟木薩營轄。
紅山嘴。

後溝。

五箇山。以上喀喇巴爾噶遜營轄。

營塘

迪化底塘。

黑溝塘。迪化底塘東六十里。

阜康塘。黑溝塘東七十里。

大泉塘。阜康塘東五十里。

清水塘。大泉塘東七十里。

三台塘。清水塘東九十里。

濟木薩塘。三台塘東九十里，又東至古城塘六十里。以上迪化城守營轄。

柴窩鋪塘。迪化底塘東少南一百二十里。

噶遜底塘。柴窩鋪塘東南一百一十里。以上喀喇巴爾噶遜營轄。

昌吉塘。迪化底塘西九十里。

呼圖克拜塘。昌吉塘西一百一十里。

圖古里克塘。呼圖克拜塘西六十里。

瑪納斯塘。圖古里克塘西九十里，又西至庫爾喀喇烏蘇所屬烏蘭塘八十里。　以上瑪納斯營轄。

古城圖

通烏里雅蘇台
通都蘭哈拉
巴里坤界
木壘
阿克塔斯塘
烏蘭烏蘇臺
色必塘
東吉爾瑪泰
木壘河
固爾班阿克塔斯水
固爾班吉爾瑪泰水
伊勒布爾和碩水
天山
通吐魯番

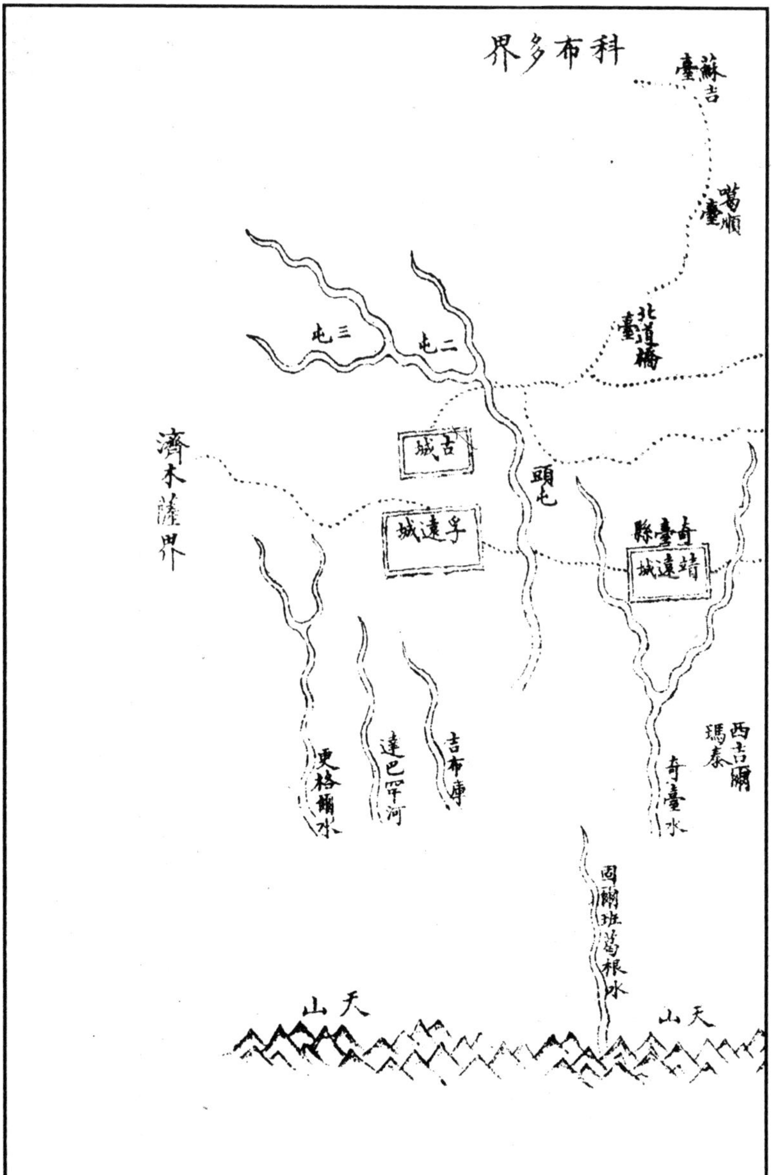
科布多界
蘇吉臺
噶順臺
北道橋臺
三屯
二屯
古城
頭屯
濟木薩界
孚遠城
奇臺縣
靖遠城
西吉爾瑪泰
更格爾水
達巴罕河
吉布庫
奇臺水
固爾班噶根水
天山
天山

古城表

古城	即甘肅鎮西府奇臺縣地
秦	
兩漢	車師後部金滿城地。
三國	
晉	
南北朝	
隋	
唐	金滿縣東境地。
五代	
宋	
元	
明	

大清一統志卷五百二十下

古城

東至奇台縣九十里，西至濟木薩六十里，南阻松山，北界沙山，西北通科布多，東通羊圈灣產鉛之地。

建置沿革

漢車師後部金滿城地。唐金滿縣東境地。本朝乾隆三十九年，移巴里坤領隊大臣駐劄。四十年，建城曰孚遠，設滿營。餘詳甘肅鎮西府志。

晷度

北極高四十四度四分，距京師偏西二十六度五十三分。夏至晝長六十一刻三分，夜長三十四刻十二分。冬至晝長三十四刻十二分，夜長六十一刻三分。午正日景，夏至長三尺七寸六分，冬至長二丈四尺二寸，春分、秋分長九尺六寸八分。西域圖志。

臺站

北道橋臺。南至古城五十里。

噶順臺。北道橋臺北一百二十里。

蘇吉臺。噶順臺北一百六十里，又北至科布多所轄鄂倫布拉克臺九十里。

卡倫

素必口。領隊大臣所轄。

下八户。

噶順布拉克。

蘇吉。以上緑營所轄，其素必口卡倫，與領隊大臣同轄。

嘗塘

古城塘。西至濟木薩塘六十里。

奇臺塘。古城塘東九十里，又東至巴里坤所轄木壘塘九十里。

巴里坤圖

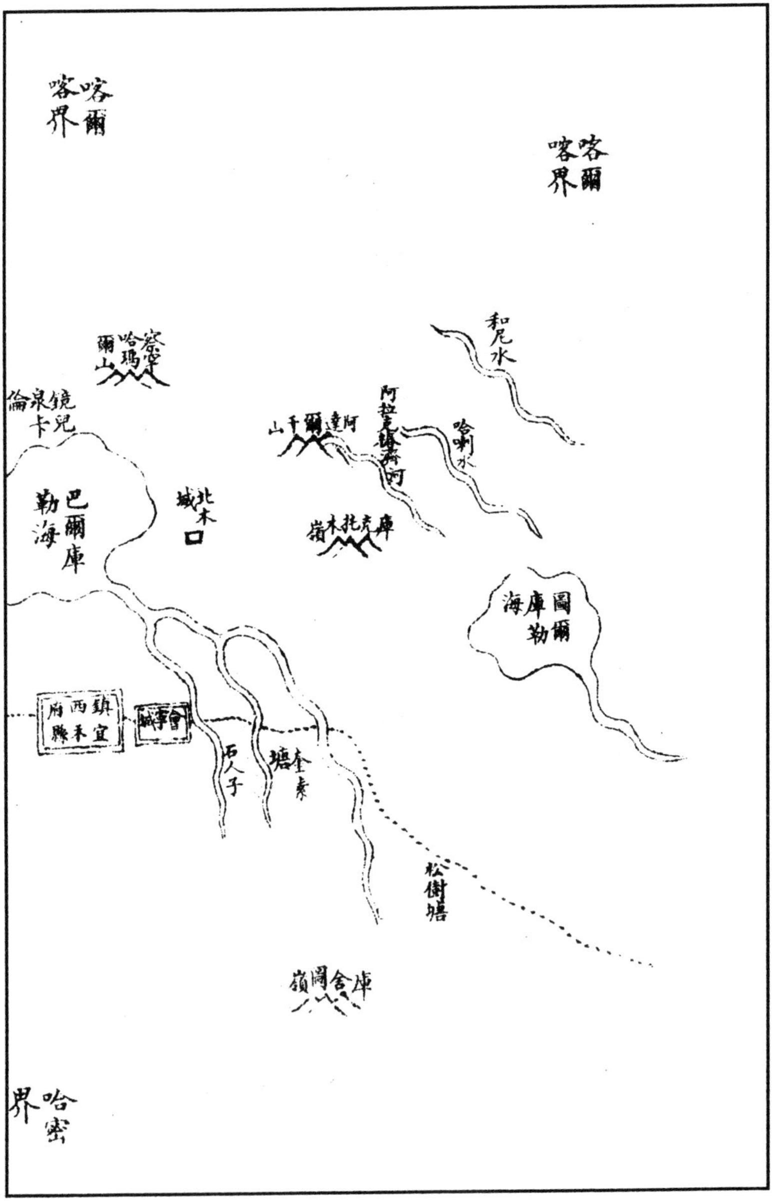
喀爾喀界
喀爾喀界
和尼水
察罕哈瑪爾山
鏡兒泉卡倫
阿達爾干山
哈喇水
巴爾庫勒海
北木城
庫克托木嶺
圖爾庫勒海
鎮西府宜禾縣
會寧城
石人子
奎素塘
松樹塘
庫舍圖嶺
哈密界

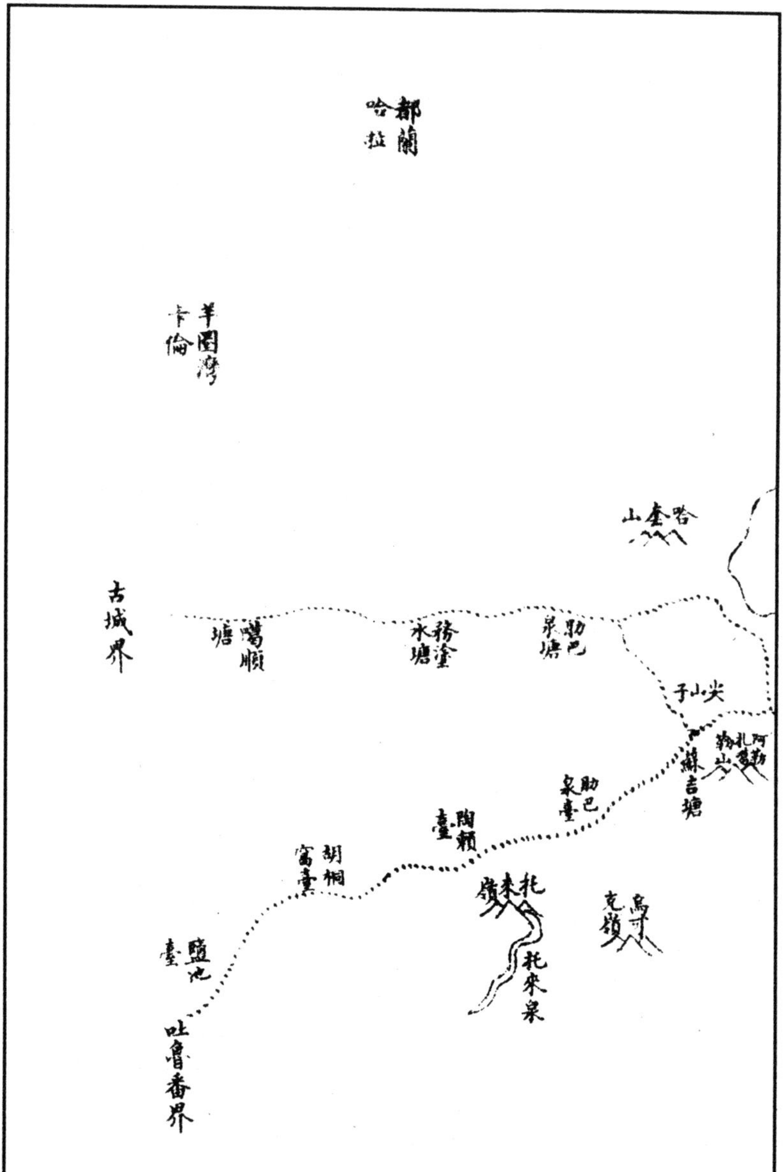
都蘭哈拉
羊圈灣卡倫
古城界
務塗水塘
肋巴泉塘
尖山子
蘇吉塘
肋巴泉臺
陶賴臺
胡桐窩臺
托來嶺
烏可克嶺
托來泉
鹽池臺
吐魯番界

巴里坤表

	巴里坤 即甘肅鎮西府宜禾縣地
秦	
兩漢	匈奴東蒲類王茲力支地。後漢屬伊吾盧地。
三國	鮮卑西部。
晉	
南北朝	蠕蠕國地。
隋	伊吾郡地。後入突厥。
唐	伊吾郡地。屬伊州。
五代	
宋	伊州地。
元	
明	哈密地。

大清一統志卷五百二十一上

巴里坤

在甘肅省肅州西北一千七百九十里。東至哈密所屬之羊圈溝塘二百里，西至烏嚕木齊所屬之濟木薩塘九百里，南界哈密，北界喀爾喀。至京師七千五百十里。

建置沿革

漢爲匈奴東蒲類王茲力支地。後漢屬伊吾盧地。三國屬鮮卑西部。魏屬蠕蠕。隋伊吾郡地，後入突厥。唐屬伊州伊吾郡。宋屬伊州。明屬哈密及衛拉特舊作「瓦剌」，今改正。地。本朝康熙十八年，始設備邊汛。三十五年，設哨布隆吉、巴里坤、塔勒納沁、都爾博勒津諸路。五十四年内屬。雍正九年，築巴爾庫勒城。巴爾庫勒，舊音「巴里坤」。乾隆二十七年，設巴里坤緑營。三十六年，設領隊大臣。三十七年，建會寧城，設巴里坤滿營。餘詳甘肅鎮西府志。

晷度

北極高四十三度三十九分，距京師偏西二十三度。夏至晝長六十一刻一分，夜長三十四刻十四分。冬至晝長三十四刻十四分，夜長六十一刻一分。午正日景，夏至長三尺六寸七分，冬至長二丈三尺七寸一分，春分、秋分長九尺五寸四分。西域圖志。

臺站

鹽池臺。

惠井子腰臺。鹽池臺東五十里。

胡桐窩臺。惠井子腰臺東七十里。

托賴井子腰臺。胡桐窩臺東六十里。

陶賴臺。托賴井子腰臺東八十里。

肋巴泉臺。陶賴臺東六十里，東南至哈密所轄之橙槽溝臺三十里。

卡倫

木城子。

駱駝巷。

托里烏蘇。

鄂什希。

羊圈灣。以上領隊大臣轄。

噶順溝。

七箇子井。

北木城。

鏡兒泉。

尖山子。以上鎮標轄。其羊圈灣、駱駝巷二卡倫，與滿營兼轄。

白山子。木壘營轄。

營塘

巴里坤底塘。

奎素塘。巴里坤底塘東九十里。

松樹塘。奎素塘東八十里，東南至哈密所轄之羊圈溝塘三十里。

蘇吉塘。巴里坤底塘西九十里。

肋巴泉塘。蘇吉塘西北九十里。

務塗水塘。肋巴泉塘西七十里。

噶順塘。務塗水塘西九十里。

色必塘。噶順塘西八十里。

烏蘭烏蘇塘。色必塘西六十里。

阿克塔斯塘。烏蘭烏蘇塘西九十里。

木壘塘。阿克塔斯塘西九十里，又西至奇臺塘九十里。

哈密圖

塔勒納沁山
喀爾喀界
半池泉
塔勒納沁
長流水臺
格子烟墩臺
苦水臺
沙泉子臺
甘肅安西州界
星星峽

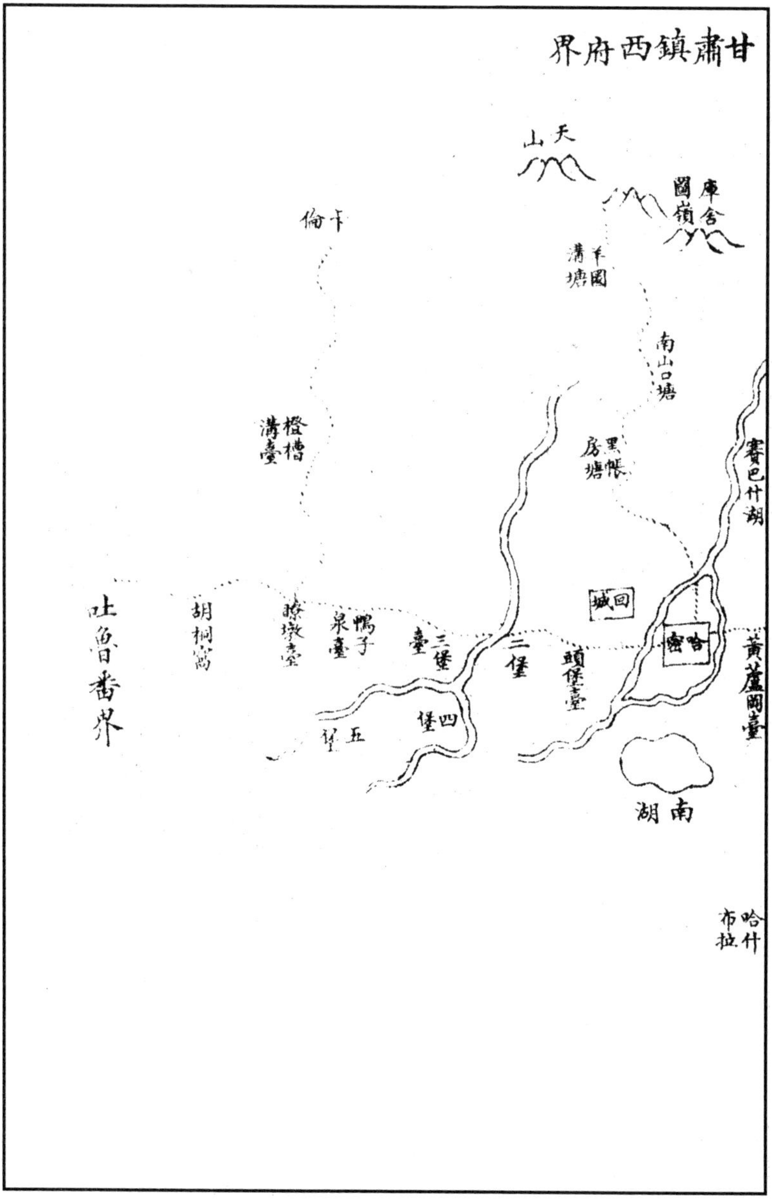
甘肅鎮西府界
天山
庫舍圖嶺
卜倫
羊圈溝塘
南山口塘
黑帳房塘
橙槽溝臺
賽巴什湖
回城
哈密
吐魯番界
胡桐窩
瞭墩臺
鴨子泉臺
三堡臺
二堡
頭堡臺
黃蘆岡臺
四堡
五堡
南湖
哈什布拉

哈密表

	哈密
秦	
兩漢	漢初匈奴呼衍王庭。後漢伊吾盧地。
三國	鮮卑西部。
晉	
南北朝	魏太和後伊吾地。
隋	伊吾郡地，後附於西突厥。
唐	伊州柔遠縣地。
五代	胡盧磧小月支遺種仲雲所居。
宋	回鶻地。
元	
明	哈密衛永樂四年立衛，成化八年没土魯番，十年移衛於苦峪城，十八年還故地，弘治後旋失旋復。

大清一統志卷五百二十一下

哈密

在嘉峪關西北一千六百里。東至塔勒納沁接喀爾喀界，西至瞭墩臺西之胡桐窩接吐魯番界，南至沙磧，北至天山接甘肅鎮西府界，東南至半池泉、星星峽接甘肅安西州界。至京師七千一百八十里。

建置沿革

古西戎地。漢爲伊吾盧地，爲匈奴呼衍王庭。東漢始取伊吾盧地，以通西域，置宜禾都尉，爲屯田兵鎮之所，後復爲匈奴所得。順帝永建六年，復開設屯田，置伊吾司馬一人。三國屬鮮卑西部。北魏屬蠕蠕。太和十二年，伊吾戍主高羔子以城内附。周爲伊吾地。隋大業六年，置伊吾郡，旋附於西突厥。唐貞觀四年，突厥頡利亡，伊吾長内附，以其地置西伊州。六年，改伊州。天寶初，曰伊吾郡。乾元元年，復曰伊州。領縣三：伊吾、柔遠、納職。五代爲胡盧磧，小月支遺種仲雲所居。宋爲伊州，其後入於回鶻。元爲威武王分鎮之所，尋改爲肅王。

明永樂二年，其族來朝貢，封爲忠順王，賜金印。四年，立哈密衛，爲西域要道，迎護朝使，統領諸番。天順時，爲北酋所破。成化十年，移衛於苦峪。十八年，還居故地，後旋畔旋復。

本朝康熙三十五年，回酋額貝都拉遣使奉表，貢駝、馬、刀。三十六年，遣子郭帕伯克擒噶勒丹子色布騰巴勒珠爾來獻，其地始内屬，授爲扎薩克一等達爾漢，以旗編其所屬，視各蒙古。雍正五年，封其孫額敏爲鎮國公。七年，晉封固山貝子。卒，子玉素卜降襲鎮國公。乾隆二十四年，從征回部，駐守烏什，辦事勤奮，晉封多羅貝勒，加郡王品級。卒，子伊薩克襲封。卒，子額爾德錫爾襲封。卒，子伯什爾襲封。於其地設通判、巡檢等員，由鎮西府以隸甘肅省。按：今哈密當爲唐伊州柔遠縣地，其伊吾、納職等縣當在今鎮西府境。

晷度

北極高四十二度五十三分，距京師偏西二十二度三十四分。夏至晝長六十刻八分，夜長三十五刻七分。冬至晝長三十五刻七分，夜長六十刻八分。午正日景，夏至長三尺五寸二分，冬至長二丈二尺八寸五分，春分、秋分長九尺二寸九分。西域圖志。

形勢

地宜五穀、桑、麻、蒲萄。漢常與匈奴爭伊吾，以制西域。後漢書西域傳。地無水而常寒，多雪。每天暖雪消，乃得水。五代史高居誨記。北衛拉特，舊作「瓦剌」。西土魯番，東沙州、罕東、赤斤諸衛，明史哈密傳。北倚大山，三面平曠，田疇沃衍，園林蕃廡，氣候溫暖，泉甘土肥。西域圖志。

風俗

人驍悍，土良沃。唐書西域傳。國有三種，共處一城。舊志。按：哈密在明時，有回人、蒙古、輝和爾三種雜處，故衣服異製，飲食異宜。本朝自康熙三十六年内屬之後，其人民大率皆係回族，非復從前之雜處矣。夷人入貢，負水以行。舊志。明尚書馬文升曰：土魯番至哈密十數程，哈密至苦峪又十數程，道乏水草，聞夷使入貢，多馱水以行爲備用。

城池

哈密舊城。康熙五十六年建。城居平川中，周四里，東、北二門。人民數百户，皆住土房。城東有溪水西南流，北面大山，三面平曠。向爲大臣駐劄之所，今則回人居之，城北門有額，曰「鎮遠城」。

新城。雍正五年建。周里許，東、西、北三門。向爲管糧道員駐劄之所，謂之糧城。自道員移駐烏嚕木齊，辦事大臣來居之，遂爲官兵駐防之城，在舊城東北。

屬境

多都摩垓。在哈密城東二百十里〔一〕。

德多摩垓。在哈密城東二百八十里。又北至圖古里克，接鎮西府界。

格子煙墩。在哈密城東南二百十五里。又東爲星星峽、半池泉，接安西州界。

博羅圖阿璊。在哈密城東南四百里，接敦煌縣界。

蘇木哈喇垓。在哈密城西六十里，亦名頭堡，有村莊五。

阿斯塔納。在哈密城西八十里，亦名二堡，有村莊三。

托郭棲。在哈密城西一百二十里，亦名三堡，有村莊五。

拉布楚喀。在哈密城西一百四十里，亦名五堡，有村莊十三。

哈喇都伯。在哈密城西一百六十里，亦名四堡，有村莊二十三。

察罕和羅海〔二〕。在哈密城西二百三十里西境外〔三〕，南臨大磧。又西爲内勒衮，爲阿薩爾圖，爲伊里克庫木，爲察克瑪克塔什，爲額什墨，皆南臨大磧，乏水草。自察罕和羅海至額什墨三百二十里，又西入關展界。

賽巴什。在哈密城東北二十里，地以湖名，左右皆有屯田。

塔勒納沁。在哈密城東北二百二十里，土城一，有屯田。

户口

回民一千九百五十户，一萬三千二百九十三名口。

田賦

屯田一萬一千三百畝，屯兵二百七十名，遣犯派一百八十名。按：哈密除屯田地畝外，俱係回人耕種，無交納糧賦。

臺站

哈密底臺。

黄蘆岡臺。哈密底臺東七十里。

長流水臺。在黄蘆岡臺東七十里。

格子煙墩臺。在長流水臺東七十里。

天生墩腰臺。在格子煙墩臺東七十里。

苦水臺。在天生墩腰臺東七十里。

沙泉子臺。在苦水臺東南七十里。

星星峽臺。在沙泉子臺東南七十里，又東南八十里至安西州所屬之馬蓮井臺。以上哈密東南境。

頭堡臺。在哈密底臺西六十里。

三堡臺。在頭堡臺西六十里。

鴨子泉臺。在三堡臺西七十里。

瞭墩臺。在鴨子泉臺西八十里。

橙槽溝臺。在瞭墩臺北八十里，又西北三十里至巴里坤所屬之肋巴泉臺。以上哈密西北境。

營塘

黑帳房塘。在哈密底塘北五十里。

南山口塘。在黑帳房塘北四十里。

羊圈溝塘。在南山口塘北四十里，又北三十里至巴里坤所屬之松樹塘。以上哈密北境。

卡倫

河源小堡。

廟爾溝。

上莫艾。

哈什布喇。

三間房。

一碗泉。

截達巴罕。

頭道溝。

柳樹溝。

葫蘆溝。

南山口。

柵門口。

三道柵。

胡吉爾太。

鹽池。

土古魯。

葦子硤。

鹹水硤。

山川

天山。在哈密城北一百二十餘里。一名白山，唐時又名折羅漫山。杜佑通典：自張掖而西，至於庭州，相去三千五六百里，而山皆周徧。元和志：天山，一名折羅漫山，在伊州伊吾縣北一百三十里，出好米及金、鐵。又在柔遠縣北二十里，又在西州前庭縣北三十里，又在柳中縣東北。寰宇記：天山在交河縣北一百二十里，又名白山。西河舊事：「白山冬、夏有雪，故名。匈奴謂之天山，過皆下馬拜焉。」按：天山不當專屬哈密，而哈密東北境諸山亦即其支幹之一體。其間土名不一，最東北曰西喇拖羅海山，次曰都孫布里克山。次曰查魯母罕山，山北即迤拉庫池也。次曰巴顔珠里克山，正北曰查噶馬哈山。稍西北曰插漢哈馬兒山，山之東即巴里坤池也。諸峯體勢連接，亦復隨時異名，今撮舉其大槩著於此。

塔勒納沁山。在哈密東北四百五十里。山脈自葱嶺分支，迤邐東來，爲天山東盡處。自是歷障西行，入鎮西府境。塔勒納沁山北四十里有雪蓮坪，相傳雪蓮産此者最佳。按：宋王延德高昌行記：自夏州歷樓子山、都督山，又經馬騣山、望鄉嶺，然後至伊州。伊州在今鎮西府東，哈密境上，峻嶺層沓，當即諸山所在，其名則不可考矣。

庫舍圖嶺。在哈密東北五十里。庫舍圖，譯言碑也，嶺以碑名。上有唐左屯衛將軍姜行本勒石文。雍正十一年，將軍查郎阿開南山運道，經數十折，達於山頂。按：姜行本碑文具見西域圖志，即唐書姜行本傳所謂磨班超紀功碑更刊頌是也。舊志以侯君集傳有克高昌刻石紀功之文，以此爲侯君集碑，誤矣。又舊志載有但密山，考元和志，但密山作俱密山，在納職縣北一百四十里，縣在伊州西南一百二十里，則當在鎮西府境。又按：納職縣城，爲鄯善人所立，非即鄯善國都也。鄯善國都城，唐爲石城鎮，在蒲昌海西南，見新唐書地理志。西域志以納職縣爲鄯善國都，誤矣。又唐伊州在鹹池海北。西域圖志曰：「今哈密南並無大澤足當海之名者，惟北有圖爾庫勒及巴爾庫勒淖爾，各周數十里。而圖爾庫勒北數里，地名圖斯庫勒，回語謂鹽爲圖斯。則圖斯庫勒當即唐之鹽池海，而伊州城在其北。」圖斯庫勒在鎮西府城東三百里，巴爾庫勒淖爾在府城西北十五里，古蒲類海也。然則唐伊州城在鎮西府東少北矣。

星星峽。在哈密東南四百九十五里。東北行四百五十里爲西黄蘆岡峽，在沙磧中。

塔勒納沁河。在哈密東北，源出塔勒納沁山，南、北二支分流。南流者分兩源，行二十里而合，西南經格子煙墩之北。其北源亦分二支：一東流界塔勒納沁、德都摩垓之間，行十五里而伏；一西流爲長渠，百里至哈喇和屯。西域圖志曰，斯地爲唐柔遠縣，南流分兩源之水，即元和志之柳谷水也。按：舊志有那清河，應即納沁河。又有塔拉河，蓋即指其所分之支河也。

西長流水。在哈密東南一百三十里。源出天山南麓，西南流入沙磧。按：明統志輝和爾河，在哈密城東一百三十里。與今西長流水里數相合，應即此水。「輝和爾」舊作「畏吾兒」，今改正。

南湖。在哈密南二十里。賽巴什湖東來入之，又匯南山口以西諸泉，西流二百里，入於沙磧。

賽巴什湖。在哈密東北二十里。湖分三渠，曰大榆樹溝、小榆樹溝、廟兒溝，分溉地畝。按：舊志載哈密東門外有黑水河，土名喀喇烏蘇。敦煌隨筆載哈密城外，東有闌干水，西有蘇巴什湖，夾流十餘里，匯於南湖。西域圖志曰：「以形勢考之，闌干水當即黑水河，與蘇巴什湖皆賽巴什湖之支流，環城而會於南湖者。非賽巴什湖之外别有蘇巴什湖，亦非賽巴什湖分流達於南湖之外，别有闌干、黑水諸河也。」

半池泉。在哈密城東六百三十里，與安西州界。按：明統志娘子泉在輝和爾河東，土人呼爲哈屯布拉克。今未詳所在，姑存之以備考。「輝和爾」舊作「畏吾兒」，「哈屯布拉克」舊作「可敦卜剌」，今俱改正。

納林烏里雅蘇台泉。在哈密西五十六里，源出天山南麓。

和洛魯克泉。

哈喇垓圖泉。

塔里雅圖泉。

納林泉。

庫克雅爾泉。

薩勒奇台泉。

博羅布爾噶蘇泉。以上諸泉，皆在哈密西北，南山口迤西自六十里至一百八十里不等。皆出天山南麓，南流入於南湖。旁引灌田，沮洳浸潤，爲西陲膏壤。

鞭桿泉。在哈密東北九十里。源出塔什嶺南麓，西南流會必柳泉，入賽巴什湖。

必柳泉。在哈密東北一百二十里。源出必柳嶺南麓。西南流，會鞭桿泉，入賽巴什湖。

巴克塔什泉。

哈里勒齊馬克泉。

恩納爾泉。

哈套泉。

烏拉台泉。

哈什馬克泉。

察罕哈什馬克泉。

和賴泉。以上諸泉，皆在哈密東北，自一百二十里至二百三十里不等。皆出天山南麓，資以灌溉，水利最饒，下流滲入沙磧。

古蹟

古柔遠縣。在古伊州東南。元和志：柔遠縣，西北至伊州二百四十里，貞觀四年置。縣東有柔遠故鎮，因以爲名。

按：柔遠縣在柳谷水之西。元和志：「柳谷水有東、西二源，出柔遠縣東北天山，南流十五里，乃合。」其水當爲今塔勒納沁山南之水。山在哈密城東北四百五十里，由水西故縣城西北行二百四十里，至伊州城，則州城當在今宜禾縣境。據元和志及唐書地理志皆言伊吾縣南有鹽池海。西域圖志曰：「今哈密南並無大澤足當海之名者，惟北有圖爾庫勒及巴爾庫勒淖爾，各周數十里，而圖爾庫勒北數里，地名圖斯庫勒，回語謂鹽爲圖斯，則唐書所謂鹽池海應即今圖爾庫勒也。」史謂縣南有海，則州城尚在海北。圖爾庫勒在巴爾庫勒城東三百里，巴爾庫勒淖爾在鎮西府城西北十五里，府城即巴爾庫勒城也。又曰：「呼濟爾台西南距宜禾縣治一百五十里，其東南踰山十里有鹽池。」「圖古里克在呼濟爾台東一百四十里，西南距宜禾縣治二百九十里。」「哈喇和屯在圖古里克北三十里，居鹽池之北。」按：唐伊州伊吾縣故城，史無明文，以元和志、新唐書之説推之，縣治在鹽池之北，則今哈喇和屯疑屬唐時伊吾故城。蓋歷代置立州縣，不必一處。疑漢伊吾舊城、隋伊吾新城皆在今哈密，而唐伊州則移在鹽池北也。今哈喇和屯殆即其遺址，故南有鹽池。然則唐伊州故城在今宜禾縣東北三百里矣。元和志納職縣東北至伊州一百二十里。則其城亦當在宜禾縣境。伊州三縣，惟柔遠縣在今哈密地耳。新唐書地理志：「自納職縣西，經獨泉，東華、西華駝泉，度茨萁水，過神泉，三百九十里有羅護守捉，又西南經達匪草堆，百九十里至赤亭守捉，與伊西路合。別自羅護守捉西北上乏驢嶺，一百三十里至赤谷，又出谷口，經長泉、龍泉，一百八十里有獨山守捉，又經蒲類，一百六十里至北庭都護府。」按：元和郡縣志伊州西南至西州七百三十里，寰宇記作「七百五十里」。納職縣城在宜禾縣境，而西南至西州，則必經哈密西北。宋史外國傳：伊州次經益都，次歷納職城，城在大患鬼魅磧之東南，望玉門關甚近。地無水草，載糧以行，凡三日，至鬼谷口避風驛。又西至澤田寺，又西至高昌，即西州也。

古城。蘇門沙勒城。在哈密西稍北八十餘里。又西北四十里有阿思塔那城，又西北六十里有拖火齊城，其南稍西四十里有拉普楚城，又西南三十里有哈拉多博城。哈拉多博城，在哈密正西一百八十里。建置皆無考。

土產

玉。

鑌鐵。宋史：伊州有礪石，剖之得鑌鐵，謂之契鐵石。

馬。

槖駝。

羊。宋史：伊州有羊，尾大，而不能走，尾重者三斤，小者一斤。肉如熊白而甚美。

穄米。

豌豆。

楸子。

胡桐律。唐書地理志：伊州土貢。宋史：胡桐樹，經雨即生胡桐律。

陰牙角。

香棗。以上三物，並唐書土貢。

鷹。

羊角弓面。

綽塔爾布。

乾瓜。

小刀。

礪石。以上俱西域圖志。

校勘記

〔一〕在哈密城東二百十里　「二」，原作「一」，據乾隆志卷四一七哈密屬地（下同卷簡稱乾隆志）及西域圖志卷九疆域二改。

〔二〕察罕和羅海　乾隆志作「察罕托羅海」。

〔三〕在哈密城西二百三十里西境外　「二百三十里」，乾隆志作「二百一十里」。

吐魯番圖

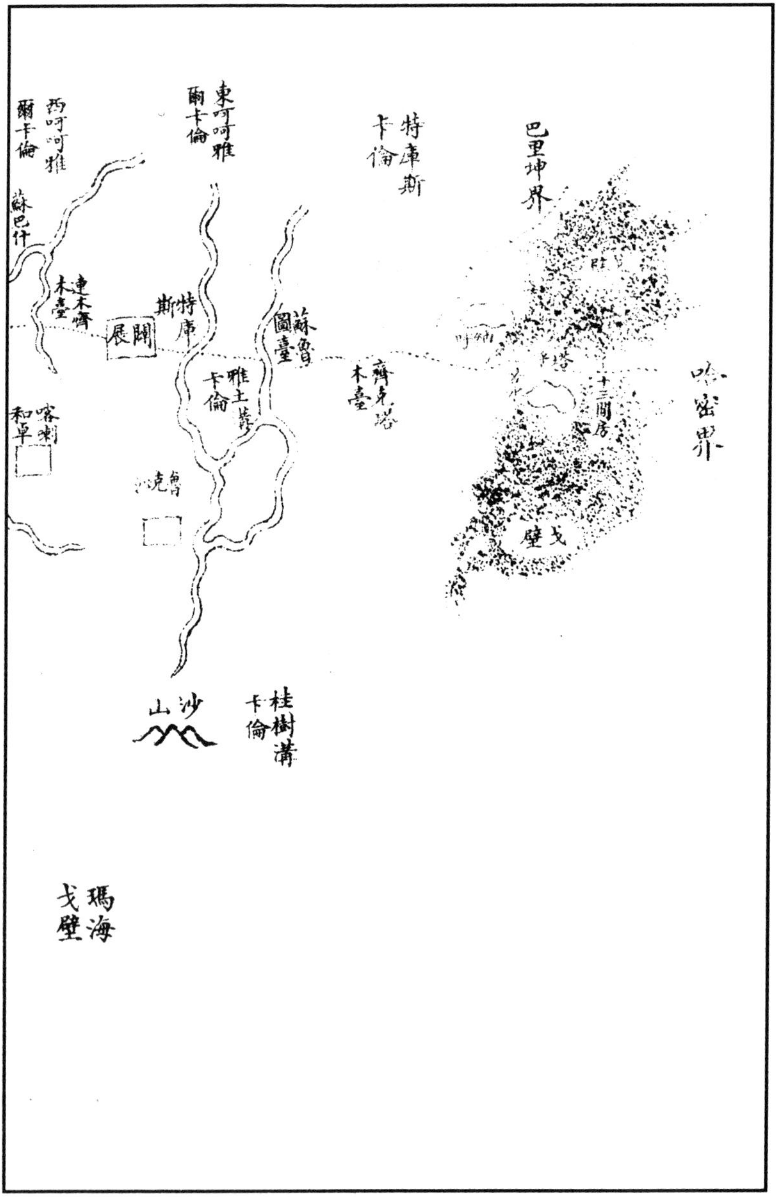
西呵呵雅
爾卡倫
東呵呵雅
爾卡倫
特庫斯
卡倫
巴里坤界
蘇巴什
連木齊
木臺
特庫
斯
關
展
蘇魯
圖臺
雅土藍
卡倫
齊克塔
木臺
十三間房
哈密界
戈壁
喀喇
和卓
魯克沁
沙山
桂樹溝
卡倫
瑪海
戈壁

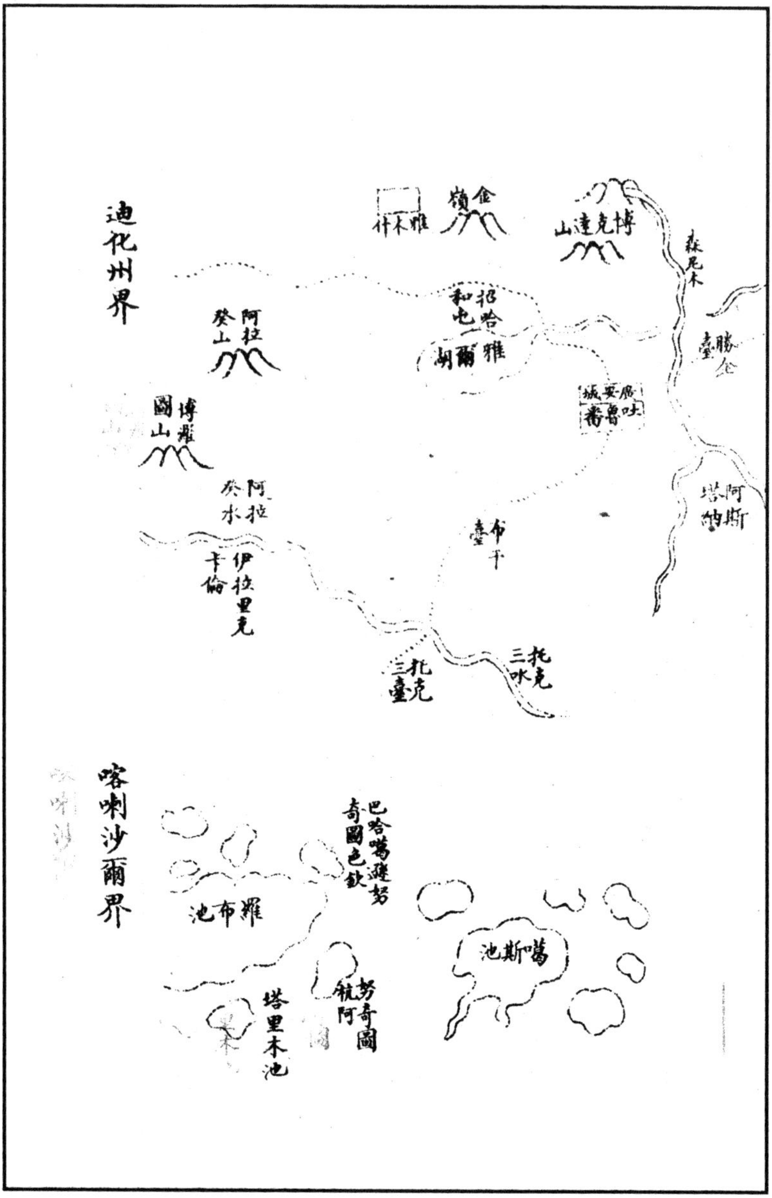
迪化州界
雅木什
金嶺
博克達山
森尼木
招哈和屯
雅爾湖
阿拉癸山
勝金臺
廣安城
吐魯番
博羅圖山
阿斯塔納
阿拉癸水
布干臺
伊拉里克卡倫
托克三臺
托克三水
喀喇沙爾界
巴哈噶遜努
奇圖色欽
羅布池
噶斯池
努奇圖
航阿
塔里木池

吐魯番表 闢展附

	吐魯番	布拉里克	闢展	哈喇和卓
秦				
兩漢	車師前國 東且彌國	劫國	狐胡國	車師前國地。
三國	車師國		車師國地。	
晉	高昌郡咸和中置。 且彌國		高昌郡地。	高昌郡
南北朝	高昌國		高昌國地。	高昌國
隋	高昌國		高昌國地。	高昌國
唐	西州交河縣貞觀中滅高昌，置天山縣。		柳中縣地，屬西州。	西州前庭縣
五代				入回鶻。
宋	回鶻據其地，稱高昌國。		高昌國地。	回鶻據其地，稱高昌國。
元	世祖置哈喇和卓宣慰司，後屬都哩特穆爾。		魯克察克地。	哈喇和卓
明	土魯番		柳城地。	和卓

續表

森尼木	蘇巴什	汗和羅	連木齊木	雅圖庫	魯克察克
卑陸前國	郁立師國	卑陸後國	車師後城長國	車師都尉國	柳中
		蒲昌縣			柳中縣
					魯克察克
					柳城

大清一統志卷五百二十二

吐魯番

在鎮西府城西九百二十里。東至塔呼接哈密界,西至伊拉里克接喀喇沙爾界,南望羅布淖爾,北倚博克達山。至京師八千四百三十里。

建置沿革

漢爲車師前王地。晉爲高昌郡。後魏時爲蠕蠕所并,蠕蠕立闞伯周爲王,始稱高昌王,歷張孟明、馬儒、麴嘉,相繼稱王。至麴智盛,爲唐太宗所滅,以其地爲西州。宋爲回鶻地,宋末號輝和爾。「輝和爾」舊作「畏吾兒」,今改正。元世祖置和州宣慰司。明爲土魯番所據。

本朝順治三年,吐魯番阿布勒、阿哈默特叩關入貢。其後請貢不絶,然與凖噶爾爲鄰,常服屬之。康熙五十九年,其大阿渾額敏和卓以魯克沁降。雍正三年,回衆六百五十户願内徙,安置甘州威虜堡等處。十一年,額敏和卓以回衆八千一十三口内徙,安置瓜州。乾隆二十一年,遣瓜州回衆歸魯克沁。二十六年,遣威虜堡回衆歸吐魯番。四十六年,裁闢展辦事大臣,改設吐魯番領隊大臣。其城曰廣安，即唐安樂城故址也。

晷度

北極高四十五度四分，距京師偏西二十六度四十五分。夏至晝長六十刻十二分，夜長三十五刻三分。冬至晝長三十五刻三分，夜長六十刻十二分。午正日景，夏至長三尺九寸六分，冬至長二丈五尺四寸五分，春分、秋分長一丈零二分。西域圖志。

形勢

北倚金嶺，嶺麓有泉，南流周繞國城，民田資其灌溉。地廣土肥，温煖無雪。西域圖志。

風俗

高昌國中，羊、馬牧在隱僻處，以避寇，非貴人不知其處。高昌國俗事天神。俱北史西域傳。

屬境

塔呼。在吐魯番城東六百三里。東至鎮西府屬之托來嶺一百四十里。西域圖志：自托來達巴西行二十里至北山下，峭壁削成，曲徑如鑿，無水草，路平可行車。又三十里出山，路皆沙磧。又五十里有樹木，無水，得二井，味鹹而苦。又三十里皆鹵地，凝結成塊，車馬艱於行。按：自闢展臺東至鹽池臺二百九十里，鹽池臺東至托來井子腰臺一百八十里。塔呼西至闢展二百八十里，則即鹽池臺地。托來嶺西百里之苦井，即惠井子腰臺地。鹽池臺以東俱屬鎮西府。臺站北屬府，而地域仍隸吐魯番，故仍載於此。

納呼。在塔呼西七十里。四圍皆山，濱湖之地可駐牧。其西谷口狹而深，爲東境關隘。西域圖志：納呼地山形環抱，險足以守，疑即漢時金附國地。

齊克塔木。在納呼西一百四十里。自納呼西入谷口，山徑崎嶇，七十里就平地，又七十里至此。有水草可駐牧，有墩，有城。

特斯。在齊克塔木西三十里。有墩，有臺。

特庫斯。在特斯西二十里。有墩，有臺，有水北流，名巴哈，言小也。

洪。在特庫斯南二十里。有城，當山谷口。東南通額什墨，西北距闢展二十里。

闢展。在特庫斯西二十里。北望天山，西北倚金嶺，南臨沙山。一望沙磧，傍崖爲城，周里許。居民鱗接，商賈輻輳。城東八里有湖曰東湖，饒蒲葦，可畜牧，有屯田。西距吐魯番城三百二十三里，回部東境門户也。

楚輝。在闢展西南二十里，洪西北二十里。西距魯克察克城五十里，南倚金嶺，背山爲城。城東有泉，從闢展北西南流，經城南。

色爾啓布。在楚輝西四十里，金嶺下。地近山，少可耕之地。有水從北山下出，南流，經城東分二支流。其西一支，經魯克察克城南，藉資灌溉。

魯克察克。舊對音爲「魯克沁」。在楚輝西五十里，爲回部一大聚落。後漢柳中城、唐柳中縣治也。

洋赫。在魯克察克西北二十里。亦以金嶺爲屏障，有小城。

哈喇和卓。在洋赫西北三十里，唐交河郡高昌縣治也。舊城已廢，民別居小堡，土膏肥美。水源北出金嶺下，經沙磧，至勝金口，匯爲大渠，入哈喇和卓。

阿斯塔克。在哈喇和卓西五里。有城，相傳其先國師所居。

玉門口。在哈喇和卓西北十里。東北兩山陡立，徑寬平，內外皆有墩臺，爲吐魯番及哈喇和卓往山北大路。舊指爲古玉門關者，誤。入谷迤西北行十餘里，出北口東北十五里，至森尼木。

勒木丕。在阿斯塔克西南二十里，西距吐魯番城三十八里。有小城，南抵沙磧。西南行四百里，至羅布淖爾。

招哈和屯。在吐魯番城西二十里，漢交河城也。回語謂「交河」爲「招哈」。北倚金嶺，峯巒層疊，經城西迤而南，形勢佳勝。

雅木什。在招哈和屯西南五十里〔一〕。有城，周里許。東倚金嶺，西北望都魯達巴。

安濟彥。在雅木什西五里。城周里許，不當孔道。

布干。在安濟彥西南三十里。有城，周二里許。有泉，名哈畢爾噶。

托克三。在布干西南六十里。有城，周二里許。西北直都魯達巴，自此南行十里至蘇巴什塔克，又西行通喀喇沙爾。

伊拉里克。在托克三西四十里。有城，周里許。

連木齊木。在魯克察克北四十五里，距吐魯番城一百五十里。由山南色爾啓布入谷，邐迤東行二十里，出山北口，東傍山麓，有小城，有水經城西北流。西境皆平田，爲漢車師後城長國地。

雅圖庫。在色爾啓布北山口内七里，西距吐魯番城一百六十里。有小城，爲漢車師都尉國地。

罕都。在連木齊木東北二十五里。有土城。西南有小山，上有二墩，相傳漢時所築。

蘇巴什。在連木齊木西二十五里。有小堡。迤西入北山口，兩岸石壁峭立，沙坡斜倚，谷間水流甚急。一名土城溝。西域圖志：漢書「郁立師國王，治内咄谷。東與車師後城長，西與卑陸接」。郁立師小國，藏山谷間。今之森尼木爲卑陸國，居西，連木齊木爲車師後城長國，居東。則此宜爲郁立師國也。

森尼木。在蘇巴什西北三十里。有城，城西有長河南流，漢卑陸前國地。

汗和羅。在森尼木東北一百里，西南距吐魯番一百八十里，處天山下，不當孔道。山形環抱，地勢幽敞，吐魯番北鄙也。

穆圖拉克。在森尼木西北六十里，不當孔道。

布拉里克。在森尼木西北七十里，不當孔道。爲漢劫國地。又西南有地名雅圖，西南踰小山抵安濟彦。漢卑陸後國地。

户口

回民七百五十九户，八千七百九名口。

田賦

屯田一萬四千七百畝，額徵糧一萬一千六百四十九石二斗六升八合五勺，土貢糧四千五百六十五石。

臺站

吐魯番底臺。西北至迪化州所屬之根特克臺八十里。

勝金臺。吐魯番底臺東九十里。

連木齊木臺。勝金臺東六十里。

闢展臺。連木齊木臺東六十里。

蘇魯圖臺。闢展臺東六十里。

齊克塔木臺。蘇魯圖臺東五十里。又東一百八十里至鎮西府屬之鹽池臺。以上東路。

布干臺。吐魯番底臺西南一百二十里。

托克三臺。布干臺西南七十里。又西南一百里至喀喇沙爾所屬之蘇巴什臺。以上南路。

卡倫

伊拉里克。吐魯番領隊所轄。

東呵呵雅爾。

西呵呵雅爾。

桂樹溝。

哈爾起布拉克。

雅土溝。

特庫斯。以上吐魯番緑營所轄。

山川

天山。一名祁連山，一名雪山，一名白山，一名折羅漫山。西域中幹，以天山爲總名。東西三千餘里，南爲回部，北爲準噶爾部。自喀什噶爾之北迤東而行，經烏什、阿克蘇、庫車、喀喇沙爾、吐魯番之北，又東行入鎮西府界，至塔勒納沁而止，皆曰天山。層峯疊翠，隨地異名，蓋以百數。其最著者，自葱嶺分支，東六百里爲喀克沙勒山，又東六百里爲薩瓦布齊山，又東三百里爲木素爾山。「木素爾」謂雪也。又東四百里爲汗騰格里山。「汗騰格里」謂天也。又東五百里爲納喇特嶺，又東北三百里爲額布圖嶺，又東三百里爲哈屯博克達山，又東南五百里爲阿拉癸山，又北二百里爲博克達山，在吐魯番西北境，又東六百里入哈密、鎮西府境。

蘇巴什山。在吐魯番西南。山脈自博羅圖、納林奇喇諸山，迤邐東屬，經吐魯番南境抵東界而止，爲吐魯番南屏。過此而東南，皆沙磧矣。其北谷口，在托克三西南五十里谷內，有兩大石。入谷行十里，微有水草，蓋古車師通焉耆道也。唐書地理志：自西州西南有南平、安昌兩城，百二十里至天山西南入谷，經礌石磧。西域圖志：唐志稱西南入谷者，當指蘇巴什山谷而言，谷內兩大石，意即所謂礌石也。又按：自托克三西出，有三道。其一出伊拉里克，由阿拉癸山入谷口，經裕勒都斯，以抵伊犂。其一經納林奇喇山口，踰博羅圖谷口，迤南以抵楚輝。其一西南入蘇巴什谷口，踰庫木什阿克瑪塔克，亦抵楚輝。

納林奇喇山。在蘇巴什山西五十里。其東谷口在托克三西南九十里，山峯最高處，爲額爾坤嶺。自谷口迤西南，峭崒如屏。

博羅圖山。在納林奇喇山西五十里，與阿拉癸山南北相接，形如鎖鑰，吐魯番西南境一大關隘。當哈喇沙爾東北境，山多積雪，博羅圖河發源其北。

博克達山。在吐魯番北，額得墨克嶺西，天山最高峯也。東南距闢展二百里，高八里。山脈自烏嚕木齊東南之托克喇山折而東北，行一百六十里，高峯突起，爲迪化州東北一大屏障。托克三河發源南麓，多倫、庫里葉圖諸泉發源北麓。

金嶺。在吐魯番北境，脈係天山分支。自迪化州東境之托克喇山東出，爲都魯嶺。經吐魯番城北，東至闢展四百餘里。迤東所屬諸城，皆以此山爲屏障，導山泉繞城以溉田園。唐書地理志：西州交河郡，開元中曰金山都督府。宋史外國傳：有水源出金嶺。王延德高昌行紀：歷交河州，凡六日至金嶺口，又兩日至漢家砦，又五日上金嶺。度嶺一日，至北庭。西域圖志：按漢書卑陸國，治天山東乾當谷；卑陸後國，治番渠類谷；郁立師國，治内咄谷；西且彌國，治天山東于大谷；東且彌國，治天山東兑虚谷；劫國，治天山東丹渠谷；狐胡國，治車師柳谷。考諸國舊疆，即今森尼木、蘇巴什、汗和羅諸境，居金嶺之北者，則所謂乾當、番渠類、内咄、于大、兑虚、丹渠、柳谷，應即今金嶺以北、博克達鄂拉東南一帶山谷。而乾當、于大、兑虚、丹渠云在天山東，當與博克達鄂拉爲尤近。唐書薛延陀傳載契苾哥楞爲易勿真莫賀可汗，據貪汗山。以隋書高昌國北有赤石山，山北七十里有貪汗山之文證之，則貪汗山當即今之博克達鄂拉。而其南之七十里之赤石山，當即唐地理志所謂金山、宋史所謂金嶺，其名至今不易者。但考唐書稱，自交河縣北八十里有龍泉館，又北入谷一百三十里，經柳谷，度金沙嶺。則自縣北二百一十里至金沙嶺也。延德行紀稱自交河州六日至金嶺口，又兩日至漢家砦，又五日上金嶺。則自交河城十三日行至金嶺也。疑當時自都魯達巴至托克喇鄂拉一帶，總名金嶺，今則專屬吐魯番城之北山耳。

都魯嶺。在招哈和屯西北一百二十里，山脈屬於金嶺。東西百里，西有圓澤，周數里，流出嶺谷間，名鄂蘭池。

額得墨克嶺。在托來嶺西七百里，闢展北，博克達山迤東之支峯。西域圖志：山海經天山西二百九十里，曰泑山，西行百里，至於翼望之山。以今道里計之，應在鎮西府以西，額得墨克達巴以東，天山正幹之内也。

吐魯番河。源出西金嶺，有南北二流。其南流經吐魯番城西，南行數里入於地。北流踰布拉里克西，折而東行，至森尼木西，又折而南行，入玉門口，分爲二支。其東支西流，經哈喇和卓城東二十里，爲哈喇和卓河，其西支經阿斯塔克城西，各十數里，入於地。

齊克塔木河。在吐魯番東。源出南山中，東北流，經齊克塔木城東三十里，入於沙磧。

闢展河。在吐魯番東。源出楚輝城南山麓，東北流二十里，經闢展城西，出孔道北十餘里，入於沙磧。

魯克察克河。在吐魯番東。源出金嶺南麓，亦有南北二流。其南流西南行，過色爾啓布城東南，又西行至魯克察克城南；其北流傍嶺，又分二支，經達木齊木左右，諸土田咸資灌溉。

洋赫河。在吐魯番東，洋赫城北，魯克察克城西。源出金嶺南麓，北流十餘里入於地。

招哈河。在吐魯番河西十里，亦名交河。源出招哈和屯北金嶺中，南流分兩支，環城左右，而南注，至城南，折西南流二十里，入於沙磧。漢書西域傳河水分流繞城下，故號交河。即其地也。

托克三河。在吐魯番西。源出博克達山南麓，有三源，合而南流，名鄂蘭水。過都魯嶺，又一水出伊拉里克東，西南來，經流托克三城南，入托克三河。托克布干、伊拉里克諸城咸資灌溉。

博羅圖河。在吐魯番西。源出博羅圖山北谷口，折而西流，經阿拉癸山南，西行一百三十里，出阿拉癸山西谷口。環流交映，清泚淪漪，稱爲勝地。

塔什海河。在吐魯番西，博羅圖山西南一百八十里。源出察罕通格西北二十里，分二支。其一迤東行一百里，當額爾坤嶺之南；其一南行，繞出山峽，經烏沙克山東。

伊拉里克泉。在吐魯番西，伊拉里克城東二十里。源出金嶺西，南流入托克三河。

塔呼池。在吐魯番東，塔呼南，周迴十餘里。

納呼池。在吐魯番東，納呼北，當四山中，渟瀦北流，周迴十餘里。

羅布池。在吐魯番西南。即古蒲昌海，一名泑澤，一名鹽澤，又名輔日海、臨海、捕魚兒海，又名牢蘭。海都河水從西北匯入。其西來匯入諸水，經流廣遠，統分五大支。出北山者，一爲庫車河，一爲阿克蘇河。出葱嶺者，一爲喀什噶爾河，一爲葉爾羌河。出南山者，爲和闐河。羣源合流，爲塔里木大河，北會海都河，同入羅布池，即黄河上源也。池長四百里，廣二百里。旁有小洲無數，登高遠望，亦如星宿。奫淪湍急，大河潛伏之象顯然。左右皆沙山稠疊，其東南沙磧千餘里，河潛行地中，上成斥鹵。南出爲阿勒坦河，爲中國河源。山海經：不周之山，東望泑澤，河水所潛也，其源渾渾泡泡。史記大宛傳：于寘之西，則水皆西流注西海；其東水東流注鹽澤。鹽澤潛行地下，其南則河源出焉。漢書西域傳：于闐河與葱嶺河合，東注蒲昌海。一名鹽澤。水經注：蒲昌海東去玉門、陽關千三百里，廣輪四百里。其水澄渟，冬夏不減。其中洄湍雷轉，爲隱淪之脈。當其澴流之上，飛禽奮翮於霄中者，無不墜於淵波矣。即河水之所潛，而出於積石也。

古蹟

古車師前國。漢書：車師前國王，治交河城，去長安八千一百五十里，西南至都護治所千八百七里，至焉耆八百三十五里。後漢書西域傳：自伊吾北通車師前部高昌壁一千二百里，自高昌壁北通後部金滿城五百里。西域圖志：車師後國、蒲類國在天山西，車師前國、狐胡國在金嶺南。其居金嶺北、天山南者，卑陸前、後國，東、西且彌國，劫國，郁立師國，所謂山北六國也。山指今多倫達巴迤東一帶支山而言。魏書謂之赤石山，非北天山正幹之謂也。按：卑陸前、後、劫國、郁立師等已見前屬境下，茲不重出。車師前國治交河城，則招哈和屯也。

高昌國。元和志：本漢時車師前部之高昌壁。晉咸和中，張駿置高昌郡。後魏太武時有闞爽者，自爲高昌太守。真君中，沮渠無諱襲據之，後爲蠕蠕所并。蠕蠕以闞伯周爲高昌王。後高昌人立麴嘉爲王。嘉孫伯雅，隋煬帝以宇文氏女爲華容公主妻之。子文泰立。後失臣禮。貞觀十四年，詔兵部尚書侯君集統兵討之，下二十二城，列其地爲西州，管縣五。按：高昌國都即唐高昌縣，今哈喇和卓也。

回鶻國。宋史外國傳：唐貞觀中，侯君集平高昌，爲西州。安、史之亂，其地陷没，乃復爲國。然其地頗有回鶻，故亦謂之回鶻。建隆三年，西州回鶻來貢。太平興國六年，其王始稱西州。太宗遣供奉官使高昌，雍熙元年還，敘其水程以獻。按：

回鶻牙帳本在今喀爾喀賽音諾顏旗地，塔米爾河南即元時和林也。唐末，回鶻衰弱，故地爲黠戛斯所并，始徙居北庭，後取西州居之，遂稱高昌國。元太祖之起，首先歸附。世祖時，西北叛王攻其城，送女退師，遂入朝，還鎮，退居哈密。叛王又來攻，後遂徙居永昌。詳元史列傳。

西州城。元和郡縣志：東北至伊州七百三十里，西南至焉耆七百二十里，東南至沙州一千四百里，南至樓蘭國一千二百里，並沙磧難行。北至金娑嶺，至北庭都護五百里。寰宇記：西北至北庭輪臺縣五百四十四里，南三百六十里至荒過山，又千餘里至吐番。郭下高昌縣，本晉田地縣之地。輿地志云：晉咸和二年，置高昌郡，立田地縣。唐貞觀十四年，改爲高昌縣，取漢壘以爲名。按：高昌，本故田地縣之地，非即田地舊城也。高昌縣爲高昌國都。侯君集先攻田地城，而後西至高昌。西域圖志：據通考「唐以田北城爲柳中縣」，謂「北」爲「地」字之譌。柳中縣爲故田地城，則以高昌縣爲故高昌都也。今考寰宇記高昌國下，亦謂以田北城爲柳中縣。則田北或別是一城，非即田地。但唐縣之取名必沿舊國，高昌縣爲高昌國都，當無可疑。

柳中故縣。元和郡縣志：縣西至西州三十里，當驛路。城極險固，大沙海在縣東南九十里。寰宇記：柳中縣在西州東四十四里。按：今魯克察克爲故柳中縣地。魯克察克西北至洋赫二十里，洋赫西北至哈喇和卓三十里，共五十里，則里數當以寰宇記爲是。

交河故縣。元和志：縣東南至西州八十里。今哈喇和卓西至阿斯塔克五里，阿斯塔克西北至吐魯番五十八里，吐魯番西至招哈和屯二十里，即故交河縣也。

天山故縣。元和郡縣志：縣東至西州一百五十里。按：當在今招哈和屯西北，金嶺之北，博克達山之南，故縣以天山名。然則元和志當曰縣東南至州。「東」下脱「南」字。西域圖志謂漢分車師後部之西爲烏貪訾離。而烏貪訾離國南與且彌接，東且彌國又治天山東兑虛谷。其谷當在都魯達巴北，博克達鄂拉南谿谷之間。然則唐之天山縣乃正漢且彌國地也。

蒲昌故縣。元和郡縣志：縣西南至西州一百八十里。舊唐書地理志及寰宇記皆謂置於漢始昌故城，取縣東蒲類海爲名。按：其地去蒲類海遠，蓋遥取以爲名。故城當在汗和羅東北，或者猶在山北，與蒲昌海之爲今羅布池者無涉。

柳谷。按：柳谷之名最多。漢書西域傳：狐胡國王治車師柳谷，西至焉耆七百七十里。車師西南至焉耆八百三十五里，而狐胡較少六十五里，是狐胡在車師西南六十五里。此車師西南之柳谷也。布干在招哈和屯西南五十里，則狐胡之柳谷當在布干西南。唐書地理志自交河縣北八十里有龍泉館，又北入谷百三十里，經柳谷。此車師北道之柳谷也，當在招哈和屯北二百餘里。唐書侯君集傳君集次磧口，進營柳谷。姜行本傳高昌之役，爲行軍都總管，出伊州，距柳谷百里，依山造攻械。此車師東道之柳谷也。西域圖志謂今自洪出磧口，西行至闢展，爲第一程。南臨沙山，其地應即柳谷。君集次磧口而進營，行本出伊州而造械。沙山北麓爲往來必經之道，然則柳谷在闢展無疑也。按：元和郡縣志伊州柔遠縣有柳谷水，出縣東北天山。是伊州亦有柳谷，然曰「出伊州，距柳谷百里」，明已至高昌國界，決非伊州之柳谷，謂爲闢展沙山，洵是。「柳」訓爲「聚」，地處金方，故隨在標柳谷之稱矣。

土産

穀。麥。穄麥。豆。北史西域傳：高昌穀、麥，一歲再熟。明史西域傳：柳城土宜穄麥、豆、麻。

桃。李。棗。瓜。蒲萄。檉柳。胡桐。白草。漢書西域傳：鄯善多檉柳、胡桐、白草。明史西域傳：柳城宜桃、李、棗、瓜。最多蒲萄，小而甘，無核，名鎖子蒲萄。

漆。羊刺草。北史西域傳：高昌多漆。有草名羊刺，其上生蜜，而味甚佳。

牛。羊。馬。橐駝。明史西域傳：柳城畜有牛、羊、馬、駝。

水獺。西域圖志：闢展附近羅布淖爾，回民歲貢水獺。

硇沙。硫黃。西域圖志：産天山中。

校勘記

〔一〕在招哈和屯西南五十里　「五十里」，西域圖志卷一四疆域七作「十五里」，疑此倒。

喀喇沙爾圖

吐魯番界
蘇巴什臺
阿爾輝山口
庫木什阿克瑪山
阿哈爾布拉克臺
庫木什阿克瑪臺
察罕通格卡倫
頌格爾齊山
喀喇和色爾臺
海都山
特伯勒古臺
喀喇沙爾
博斯騰池
沙山
庫隴勒山
草湖
羅布池
塔里木池
鄂爾溝海圖

伊犁界
庫車界
塔里木河
海都河
庫隴勒回莊
玉古爾回莊
車爾楚臺
河北臺
河南臺
庫隴勒臺

喀喇沙爾表

	喀喇沙爾	裕勒都斯
秦		
兩漢	焉耆國	烏孫國地。
三國	焉耆國	
晉	焉耆國	
南北朝	焉耆國	北魏高車國地。周突厥地。
隋	焉耆國	西突厥地。
唐	焉耆國置都督府，備四鎮。德宗後没吐蕃。	突厥鼠尼施處半部唐置鷹娑都督府，隸北庭都護府。又東境爲回鶻契苾羽地。貞觀六年來歸，以其地爲榆溪州。
五代		
宋	西州回鶻地。	
元	伊勒巴拉城屬都哩特穆爾。	
明	巴什伯里部徙居其地，更號伊勒巴拉。	衛拉特

續表

察罕通格	哈喇噶阿璊	策特爾	塔里木河北岸
危須國	尉犂國 山國	烏壘城 都護治所。	渠犂國 捷枝國
危須國 并屬焉耆。	尉犂國 并屬焉耆。		
焉耆國	焉耆國地。 山王國 并屬焉耆。	焉耆國地。	焉耆國地。
焉耆國	焉耆國地。	焉耆國地。	焉耆國地。
焉耆國	焉耆國地。	焉耆國地。	焉耆國地。
焉耆國	焉耆國地。	烏壘州	渠犂都督府
西州回鶻		西州回鶻地。	西州回鶻地。
伊勒巴拉地。			
巴什伯里地。		巴什伯里地。	巴什伯里

玉古爾
輪臺一曰侖頭。
龜茲國地。
龜茲國地。
龜茲國地。
龜茲國地。
龜茲國地。
巴什伯里

大清一統志卷五百二十三

喀喇沙爾

在吐魯番城西南一千二十里。東至烏沙克塔勒出蘇巴什塔克口，接吐魯番界；西至第訥爾河接庫車界；南踰沙山，至羅布淖爾沙磧界；北至天山，踰山接迪化州、伊犂東路界。至京師九千一百里。

建置沿革

漢爲焉耆國地，其屬境爲危須、尉犂、墨山、烏壘、渠犂、捷枝、輪臺諸地。後漢、三國、晉、後魏、周、隋皆焉耆國地，又兼有西突厥及回鶻地。唐貞觀初，以突厥鼠尼施處半部爲鷹娑都督府。以回鶻契苾羽部爲榆溪州。十八年，平焉耆。上元中，置焉耆都督府。後與龜茲、于闐、疏勒爲四鎮，隸安西都護。後陷吐蕃。宋爲回鶻地。元爲伊勒巴拉城地。元史舊作「亦剌八里」，明史舊作「亦力巴里」，今改正。明時巴什伯里部，舊作「別失八里」，今改正。自天山北南徙，據其地，仍更號伊勒巴拉。

本朝乾隆二十四年，西域平，入版圖。有舊城二，皆廢圮，移建新城於喀喇沙爾，周一里五分。

晷度

北極高四十二度七分，距京師偏西二十九度十七分。夏至晝長六十刻八分，夜長三十五刻七分。冬至晝長三十五刻七分，夜長六十刻八分。午正日景，夏至長三尺三寸七分，冬至長二丈二尺零五分，春分、秋分長九尺零四分。西域圖志。

形勢

焉耆近海，水多魚。漢書西域傳。道險阸易守，有海水曲入四山之内，周匝其城。後漢書西域傳。都白山南，東高昌，西龜兹，南尉犂，北烏孫。隋書西域傳。土田肥沃，魚鹽、蒲葦之饒甲於他處。西域圖志。

風俗

焉耆俗事天神。北史西域傳。俗尚娱遊。二月朏，出野祀墓。四月望日，遊林。七月七日，祀生祖。唐書西域傳。

屬境

特伯勒古。在喀喇沙爾城東八十里，塔噶爾齊西十五里，踰奇爾歸圖河至其地，有小城。東自烏沙克塔勒、察罕通格、楚輝至此，得四城，皆居喀喇沙爾城東。漢時危須國西至焉耆百里，則當在特伯勒古之東、楚輝之西，是城爲危須國地。

塔噶爾齊。在喀喇沙爾城東九十五里，楚輝西三十里。

楚輝。在喀喇沙爾城東一百二十五里，烏沙克塔勒西五十里，察罕通格西南七十里。自烏沙克塔勒、察罕通格南北兩道至此，會而爲一，有城垣。魏書：成周公萬度歸入焉耆東界，擊其邊守左回、尉犂二城。左回與楚輝音相近，疑即北魏左回地也。

烏沙克塔勒。在喀喇沙爾城東二百十五里。自吐魯番屬西界西行入蘇巴什塔克口，又西南行，踰庫木什阿克瑪山、額格爾齊山三百四十里，至其地，爲喀喇沙爾東境。唐書地理志：經盤石百里，有張三城守捉。西域圖志：額格爾齊塔克爲唐志所載之盤石，由是西行，得烏沙克塔勒之廢城，應即所謂張三城。

碩爾楚克。在喀喇沙爾城西南四十里，有水草可駐牧。其東北二十里有舊城。

博爾海。在喀喇沙爾城西南六十里，碩爾楚克西南二十里。唐書地理志：自焉耆西五十里過鐵門關，又二十里至于術守捉城。然則鐵門關在博爾海之東，于術守捉在博爾海之西。

哈喇噶阿璊。在喀喇沙爾城西南九十里，碩爾楚克南五十里。漢書尉犂國，西至都護治所三百里，焉耆國南至尉犂百里。則此當爲尉犂國地。海都河繞其南，西趨庫隴勒。

庫隴勒。在喀喇沙爾城西南一百八十里，哈喇噶阿瑪西南七十里。山勢險峻，爲喀喇沙爾西南屏障。海都河繞而西流，右山左河，徑極險窄。河南岸爲庫隴勒城。其東境傍山六十里，爲庫輸瑪。南濱羅布淖爾。

車爾楚。在喀喇沙爾城西南三百五十里，庫隴勒西一百七十里。踰海都河而至，西抵額什墨河。唐書地理志：于術守捉城又西二百里，至榆林守捉。計其道里，當在車爾楚東界。

策特爾。在喀喇沙爾城西南四百九十里，車爾楚西一百四十里，踰額什墨河至其地。漢書：烏壘城都護治南三百三十里至渠犂，尉犂國，西至都護治所三百里。焉耆國西南至都護治所四百里。計其道里，烏壘城當在策特爾東南。又南行，瀕大河，爲漢渠犂國地。

英噶薩爾。在喀喇沙爾城西南五百六十里，策特爾西七十里。舊有城，恩楚魯克河經流其地。

玉古爾。在喀喇沙爾城西南六百八十里，英噶薩爾西一百二十里，踰伊蘭布拉克至其地。有城垣，當孔道，即漢輪臺地也。自此西入庫車界。

鄂頗爾。在喀喇沙爾城西五百九十里，英噶薩爾北三十里。自英噶薩爾經此西行，可通庫車。

裕勒都斯。在喀喇沙爾西北境。唐爲回鶻契苾地，又爲突厥鼠尼施處半部地。貞觀六年，契苾内附，爲榆溪州地。後又以處半部置鷹娑都督府。今裕勒都斯河即古鷹娑川也。四面皆山，饒水草，宜畜牧，舊爲準噶爾克里野特鄂拓克游牧之所。

哈布齊垓。在裕勒都斯東一百八十里，有三哈布齊垓河經流其地。

察罕通格。在喀喇沙爾城東北一百九十五里，烏沙克塔勒西。有廢城，城西有泉，委折而南，經烏沙克塔勒城東，分導灌田。自吐魯番屬西入納林奇山、博羅圖山谷口，循博羅圖河，踰塔什海至其地，爲喀喇沙爾東北境。

户口

蒙古五千七百七十户，萬六千九十九名口。回民一千三百七十七户，萬一千九百十二名口。

田賦

屯田七千四百四十畝，屯兵三百六十二名，額徵糧九百八十二石，額徵紅銅九百五斤。

臺站

蘇巴什臺。東北至吐魯番所屬托克遜臺一百里。

阿哈爾布拉克臺。蘇巴什臺西南六十里。

庫木什阿克瑪臺。阿哈爾布拉克臺西南一百五十里。

喀喇和色爾臺。庫木什阿克瑪臺西一百二十里。

烏沙克塔勒臺。喀喇和色爾臺西一百八十里。

特伯勒古臺。烏沙克塔勒臺西南一百二十里。

海都河北臺。特伯勒古臺西南一百六里，喀喇沙爾城西五里。

海都河南臺。海都河北臺南三里，又西南至庫車所屬哈喇噶阿璊臺百五十里。

卡倫

砂札蓋圖。

察罕通格。

山川

庫木什阿克瑪山。在喀喇沙爾東，蘇巴什山北谷口西南一百四十里。自蘇巴什北谷迤邐西南行十里，漸聞水聲，遍谷皆淺水，山勢漸狹，兩崖壁立，人行其間，如一線天。又里許，即沙灘。又二十里，有大石崎嶇者二處，車不能行，爲古車師國西境關隘。又二十里，至艾噶爾泉。又五十里，出南谷口。回語「庫木什」，銀也；「阿克瑪」，積而不散之謂。即唐書所謂銀山磧也。

額格爾齊山。在喀喇沙爾東，庫木什阿克瑪山西南一百三十里。自庫木什阿克瑪山東口西行四十里，入南山之北口，折而東南，又迤邐西南行三十里，出南口，又轉而西行六十里，至西山下。玲瓏怪石，遍地葦草，掘之得水。自此西南，入於沙磧。

唐書地理志：西州西南經礌石磧，二百二十里至銀山磧，四十里至焉耆界呂光館，又經盤石百里，有張三城守捉。庫木什阿克瑪山爲銀山，則額格爾齊山有奇石，當即盤石。

沙山。在喀喇沙爾南，博斯騰淖爾南一百二十里。山脈自額格爾齊山踰沙磧至此，岡巒亘互，盤繞不絕，爲喀喇沙爾南屏，與庫隴勒諸山連接。漢書山國西至尉犂二百四十里，西北至焉耆百六十里，至危須二百六十里，東南與鄯善、且末接。校其方隅，當在是處。

庫隴勒山。在喀喇沙爾西南一百八十里。脈自沙山西走百餘里至此，勢極險峻，古焉耆以西諸國關隘也。

烏什噶克山。在拜拉克山西一百里，喀喇沙爾西北。

愛呼木什山。在喀喇沙爾西北，哈喇庫爾嶺西一百五十里。山形卑小，亦天山之支峯。

拜拉克山。在喀喇沙爾西北，達蘭嶺西北三百里。西裕勒都斯支河發源北麓。

額勒伯克山。在喀喇沙爾西北，鄂蘭嶺南少西五十里。諸山自庫舍圖嶺折西南行至此，皆傍東裕勒都斯河之東而繞其南，爲天山正幹之分支。

楚輝山。在喀喇沙爾城北十里，阿拉癸山分支也。奇爾歸圖河發源南麓，南流至楚輝城東，資以灌田。

海都山。在喀喇沙爾北，哈布齊垓南，楚輝山西二百五十里。山脈自西九百里之汗騰格里山分支，東南行至此，爲喀喇沙爾北屏。哈布齊垓河、裕勒都斯河咸會而南行。出此山之口，爲海都河。水經注：焉耆之北，敦薨之山，在匈奴之西，烏孫之東。海都山當即古敦薨山也。

庫舍圖嶺。在喀喇沙爾西北。山脈自額林哈畢爾噶山分支，南行五十里至此。

們都招嶺。在喀喇沙爾西北，庫舍圖嶺南少西五十里。東裕勒都斯河之東，嶺勢延袤，南北相望。

鄂蘭嶺。在喀喇沙爾西北，們都招嶺西南百里。

達蘭嶺。在海都河西八十里，哈喇噶阿瑪臺西北一百八十里。山脈自汗騰格里山東南行七百餘里至此，東與海都山接。

庫克納克嶺。在喀喇沙爾西北境，愛呼木什山西五十里。山脈自天山正幹之額什克巴什山分支，東行六十里至此。

哈喇庫爾嶺。在烏什噶克山西南一百里，鄂頗爾西，玉古爾北，喀喇沙爾西北。巖崖高峻，天山支峯之傑出者。第納爾河、伊蘭泉發源南麓。

楚輝河。在喀喇沙爾東。源出楚輝山南麓，南行經楚輝城西十里入於地。

奇爾歸圖河。在喀喇沙爾東，塔哈爾齊西十里。源出楚輝山南麓，偏西南流一百里，入博斯騰池。按：當即唐書地理志之淡河。

車爾楚河。在喀喇沙爾西南。車爾楚西出天山南麓，西南流三十里，入於沙磧。

額什墨河。在車爾楚河西南一百里。水流濁，源出北山南麓，西南流一百八十里，入於沙磧。

策特爾河。在喀喇沙爾西南，額什墨河西六十里。源出天山南麓。

恩楚魯克河。在策特爾河西八十里。水流衆道交錯，繞英噶薩爾左右，皆淺小可涉。

第納爾河。亦曰拉依素河，在喀喇沙爾西南，玉古爾城西，伊蘭泉西一百里。源出哈喇庫爾嶺西，小流灣環，支派非一，南行百二十里，入於沙磧。

塔什阿里克河。在阿巴特西，第納爾河西六十里。源出北山南麓，流一百三十里，入於巴巴池。

海都河。在喀喇沙爾城西十里。其上流在喀喇沙爾西北，下流在其西南。源出天山中，自伊犂東南境，合三哈布齊垓河，東、西裕勒都斯河，旁挾衆水，東南流出海都山口，始名海都河。迂曲而南二百五十里，始抵喀喇沙爾城北，環其西南，稍折而東，匯入博斯騰池。河面冬春廣不過一里，夏秋漲發，輒三四里，奔騰漰湃，中溜更迅急。河底淤沙，聚散深淺靡常。喀喇沙爾屯田悉藉此水。其下流入博斯騰池，復釃而出，西南流，仍名海都河。經哈喇噶阿璊南，折而南，繞庫隴勒西，會塔里木大河，同東南入羅布池。是爲西域大河之支原。水經注：敦薨之水，出焉耆之北，二源俱導，西源二水，左右焉耆之國，東源二水，出焉耆之東，導於危須城西，同注敦薨之藪。川流所積，潭水斯漲，溢而爲海，即謂此水。

巴倫裕勒都斯河。在喀喇沙爾西北。源出裕勒都斯地西南五百里額什克巴什山西麓，東流一百二十里，南會特爾默哈達泉。又東七十里，南會布蘭泉。又東一百二十里，南會哈爾噶納圖泉。又東二十里，北會準裕勒都斯河。東南流五十里，分南北二流：南流東行二百里，與北流合；北流自分南流後，東會什巴爾台泉、賽喇木泉、雅瑪圖哈布齊勒泉、古爾班努庫爾泉、衮哈布齊勒泉、察罕水，亦行二百里，與南流合。合流三十里，又北會三哈布齊垓河。折東南流，爲海都河，即古所謂敦薨山之敦薨水也。

準裕勒都斯河。在喀喇沙爾西北。源出裕勒都斯地，東北十里西流，會布拉圖泉、扎噶蘇台泉、格納特泉、烏里雅圖泉、烏爾圖泉，出額勒伯克山谷口，與巴倫裕勒都斯河合流而東南。西域圖志曰：巴倫裕勒都斯郭勒經流三百餘里，準裕勒都斯郭勒經流三百里，兩河既合，又經流四百里，曲折回環，支流奔會。是古所謂鷹娑川在焉耆西北者也。又唐書回鶻傳以契苾羽爲榆溪州，所謂榆溪，應即鷹娑之支流。或一水殊名，未可知也。

巴倫哈布齊垓河。在喀喇沙爾西北。源出額林哈畢爾噶南麓，東南行百餘里，入裕勒都斯河下流。

多木達都哈布齊垓河。在巴倫哈布齊垓河東五十里。出和屯博克達山南麓，西南流經博羅圖山口，入裕勒都斯河下流。

準哈布齊垓河。在多木達都哈布齊垓河東三十里。西流百餘里，入裕勒都斯河下流。

特伯勒古泉。在喀喇沙爾東，特伯勒古西十里。當孔道北，周五里許，無支流。

哈喇水。在喀喇沙爾東，特伯勒古西四十五里。當孔道北，周三里許，無支流。

博斯騰池。在喀喇沙爾城南四里。東西袤三百餘里，廣半之，周七百餘里。亦名待雅海子。北岸受奇爾歸圖、海都河二水。漢書：焉耆國近海，水多魚。魏書：焉耆國南去海十餘里，有魚鹽蒲葦之饒。唐書：焉耆所都，海水繞其外。皆謂是池，即水經所謂敦薨之藪也。

巴巴池。在喀喇沙爾西南，阿巴特南一百里。三澤相通，中曰巴巴，東曰達巴噶爾德，西曰赫色勒庫勒。東西一百五十里，南北廣狹不一。不當孔道，惟塔什阿里克河自北來入，去大河北數十里。

古蹟

烏壘城。漢書西域傳：神爵三年，使鄭吉并護北道，號曰都護。匈奴益弱，不得近西域。於是徙屯田，田於北胥鞬，披莎車之地，屯田校尉始屬都護。都護督察烏孫、康居諸外國，治烏壘城，去陽關二千七百三十八里，與渠犂田官相近，土地肥饒，於西域爲中，故都護治焉。烏壘城都尉、譯長各一人，與都護同治，其南三百三十里至渠犂。按：烏壘當在策特爾東。後漢書西域傳：莎車王賢詐稱大都護，諸國悉服屬，攻殺龜茲王，兼其國，分龜茲爲烏壘國，徙駟鞬爲烏壘王。即此地也。唐爲烏壘州。

渠犂城。漢書：渠犂城都尉一人。東北與尉犂，東南與且末，南與精絶接，西有河，至龜茲五百八十里。自孝武初通西域，置校尉，屯田渠犂。按：當在今策特爾東南，瀕大河之地。

輪臺城。漢書：自貳師伐大宛之後，西域震懼，多遣使來貢獻。於是自敦煌西至鹽澤，往往起亭，而輪臺、渠犂皆有田卒數百人，置使者校尉領護，以給使外國者。征和中，桑弘羊奏言：「故輪臺以東，捷枝、渠犂皆故國，地廣，饒水草，有溉田五千頃以上，處温和，田美，可益通溝渠，種五穀，與中國同時熟。可遣屯田卒詣故輪臺以東，置校尉三人分護。」上乃下詔，深陳既往之悔，曰：「輪臺西於車師千餘里，今請遠田輪臺，欲起亭隧，是擾勞天下，非所以優民也。朕不忍聞。」乃止。昭帝時，用弘羊前議，以扜彌太子賴丹爲校尉，將軍田輪臺，輪臺與渠犂地皆相連也。後魏書西域傳：龜茲國都延城，漢時舊國也。東有輪臺，即漢貳師將軍李廣利所屠者。按：輪臺，本小國名。史記大宛傳：「貳師軍至侖頭，侖頭不下，攻數日，屠之。」又曰：「侖頭有田卒數百人。」侖頭即輪臺也。按：地當在玉古爾界。

古焉耆國。漢書：焉耆國王治員渠城，去長安七千三百里，西南至都護治所四百里，南至尉犂百里，北與烏孫接。近海，水多魚。後漢書班超傳：永平十八年，焉耆攻没都護陳睦。永元六年，超發龜茲、鄯善等八國兵，討焉耆。有葦橋之險，國王廣絶橋，不欲令漢兵入國。超從他道厲度，去城二十里，止營大澤中。廣大恐。超期大會諸國王，揚聲當重加賞賜。於是廣詣超，國相等亡入海。超收廣等於陳睦故城斬之，傳首京師，更立焉耆王。於是西域五十餘國悉皆内屬。西域傳：安帝初，詔罷都護。順帝永建二年，超子勇復擊降焉耆，於是龜茲、疏勒十七國皆來服從。晉書：焉耆國地方四百里，四面有山，道險隘。魏書：焉耆國在車師南，都員渠城，白山南七十里。漢時舊國也。其王姓龍，所都城方二里，國内凡有九城。事天神，並崇信佛法。氣候寒，土田良沃。穀有稻、粟、菽、麥。南去海十餘里，有魚鹽蒲葦之饒。東去高昌九百里，西去龜茲九百里，皆沙磧。東南去瓜州二千二百里。恃地險，其王屢劫中國使。世祖詔萬度歸討之，進屠其城，其王奔龜茲。隋書：大業中，遣使貢方物。唐書：焉耆國直京師西七千里，横六百里，縱四百里。東高昌，西龜茲，南尉犂，北烏孫。俗祝髮氈衣，常役屬西突厥。貞觀六年，其王龍突騎支遣使來朝。後附西突厥，不朝貢。命郭孝恪爲西州道總管，率兵出銀山道。初，焉耆所都，周三十里，四面大山，海水繚其外，故恃不爲備。孝恪倍道，夜傅堞，曙噪而登，執突騎支還，以其地爲焉耆都督府。後復還突騎支，訖天寶常朝貢。按：博斯騰池西岸有故城，周九里許，當即員渠城也。

鄯善國。漢書：尉犂國，南與鄯善、且末接。山國，東南與鄯善、且末接。鄯善國，本名樓蘭，治扜泥城，去陽關千六百里，西北去都護治所千七百八十五里，至山國千三百六十五里，西北至車師千八百九十里。地沙鹵，少田，寄田仰穀旁國。西通且末七百二十里。新唐書地理志：自沙州壽昌縣西十里，至陽關故城，又西至蒲昌海南岸千里。自蒲昌海南岸，西經七屯城，漢伊修城也。又西八十里至石城鎮，漢樓蘭國也，亦名鄯善，在蒲昌海南三百里，康豔典爲鎮使以通西域者。又西二百里至新城，亦謂弩支城，豔典所築。又西經特勒井，渡且末河，五百里至播仙鎮，故且末城也，高宗上元中更名。元和郡縣志：沙州西至石城鎮一千五百里，西州南至樓蘭國一千二百里。按：漢時鄯善西北至車師千八百九十里，而唐石城鎮至西州止千二百里。漢鄯善至山國千三百六十五里，而今自博斯騰淖爾之南至羅布淖爾之南不過五百里，加三百里至故鄯善城，亦止八百里。蓋紆迴徑直之不同，故里數有多寡矣。蒲昌海之南今不置城堡，故附見於此。

焉耆都督府。

舊唐書地理志：安西都護府統四鎮，第四鎮曰焉耆都督府。本焉耆國，上元中置都督府，在都護府東八百里。西域傳：太宗既破龜茲，移置安西都護府於其國城，以郭孝恪爲都護，兼統于闐、疏勒、碎葉，謂之四鎮。高宗嗣位，不欲廣地勞人，復命有司棄龜茲等四鎮，移安西府於西州。其後，吐蕃大入焉耆以西，四鎮城堡並爲賊所陷。則天臨朝，長壽元年，武威軍總管王孝傑、阿史那忠節大破吐蕃，克復龜茲、于闐等四鎮。自此，復於龜茲置安西都護府，用漢兵三萬人以鎮之。既徵發內地精兵遠踰沙磧，并資遺衣糧等，甚爲百姓所苦，言事者多請棄之，則天竟不許。西域傳四鎮之目有龜茲、于闐、疏勒、碎葉，而無焉耆，與武后紀、王孝傑、吐蕃諸傳合，與地理志不同。西域傳又言：「儀鳳三年〔二〕，令吏部侍郎裴行儉將兵，送卑路斯爲波斯王。行儉以其路遠，至安西碎葉而還。」王方翼傳：「吏部侍郎裴行儉西討遮匐，奏方翼爲副，兼檢校安西都護，又築碎葉鎮城，立四面十二門，皆屈曲作隱伏出没之狀，五旬而畢。西域諸胡競來觀之，因獻方物。」皆謂安西有碎葉鎮。考碎葉城在伊麗河西千里，東去焉耆二千餘里。碎葉處龜茲西北，焉耆處龜茲東北，兩地判然遥隔。新唐書地理志羈縻州焉耆都督府有碎葉城，調露元年，都護王方翼築。似四鎮之碎葉城即在焉耆國界，與伊犂河西之碎葉城爲突厥地者不同。新唐書焉耆傳又云開元七年，十姓可汗請居碎葉，安西節度使湯嘉惠表以焉耆備四鎮。又似開元之前以碎葉備四鎮，開元後地賜突厥，始移鎮於焉耆。然舊書言，高宗時吐蕃大入焉耆以西，四鎮皆陷。則焉耆實四鎮之一。地理志又明言「統龜茲、毗沙、疏勒、焉耆四鎮」，又言「毗沙、疏勒、焉耆三都督府，皆上元中置」，則焉耆之備四鎮，實不始於開元時。又似碎葉鎮即焉耆鎮，猶毗沙鎮之即于闐鎮也。然則唐有兩碎葉，四鎮之碎葉即在焉耆國界歟？然新書又何以言十姓可汗請居碎葉，乃以焉耆備四鎮也？新書雜採傳紀，不若舊書之可信。然不敢遽定，姑闕疑焉。

鷹娑都督府。唐書突厥傳：賀魯已滅，以鼠尼施處半部爲鷹娑都督府。回鶻傳：契苾亦曰契苾羽，在焉耆西北鷹娑川，多覽葛之南。其酋哥楞自號易勿真莫賀可汗，弟莫賀咄特勒，皆有勇。子何力尚紐，率其部來歸，時貞觀六年也。詔處之甘、涼間，以其地爲榆溪州。西域圖志：唐以處半部爲鷹娑都督府，而契苾在鷹娑川上，應屬連壤。今喀喇沙爾爲古焉耆，裕勒都斯當喀喇沙爾西北境，宜爲契苾故地。裕勒都斯河即鷹娑川，唐時謂之榆溪。貞觀六年，契苾内屬，以其地爲榆溪州。則東、西裕勒都斯，又當爲榆溪州地。

伊勒巴拉城。元史地理志西北地附録：輝和爾地第二十五曰伊勒巴拉，第三十一曰巴什伯里。明史西域傳：巴什伯里，西域大國也。南接于闐，東接哈喇和卓，東南距嘉峪關三千七百里。或曰焉耆，或曰龜兹。成祖永樂十六年，貢使言，其王爲從弟所弑而自立，徙其部落而去，更國號曰伊勒巴拉。按：今自喀喇沙爾東至嘉峪關三千六百八十里，與巴什伯里去關里數適合。是明之巴什伯里，確是今之喀喇沙爾，實古之焉耆也。但據元歐陽玄圭齋集，巴什伯里本唐之北庭都護，乃是今之濟木薩，何得南移其名於今喀喇沙爾？據明史距關里數及東接哈喇和卓之言，又確是喀喇沙爾，非北路之濟木薩。反覆推求，乃悟明史徙部落更國號之言即是，所以在喀喇沙爾之故，蓋巴什伯里本在天山北之北庭，後乃徙其部於伊勒巴拉之地，即改國名曰伊勒巴拉，明史仍其舊部之名，而據其新徙之界，故國則曰巴什伯里，而界則曰東接哈喇和卓也。由是，據明時已改之名推考元時舊城之目，哈喇沙爾之爲伊勒巴拉無可疑矣。巴什伯里之爲北庭，圭齋集言之。伊勒巴拉之爲焉耆，則推考明史而知，確不可易也。「伊勒巴拉」，元史舊作「亦剌八里」，明史舊作「亦力把里」。「輝和爾」，元史舊作「畏吾兒」。「巴什伯里」，元史舊作「別失八里」。今俱改正。

土產

稻。麥。菽。粟。黍。北史西域傳：焉耆穀宜稻、麥、菽、粟。唐書西域傳：焉耆土宜黍。

蒲萄。

馬。橐駝。北史西域傳：焉耆畜有駝、馬。

魚。漢書西域傳：焉耆近海水，多魚。

鹽。北史西域傳：焉耆有魚鹽之饒。水經注：蒲昌海，一名鹽澤。掘發其下，皆爲鹽而堅剛。

硫磺。硇砂。西域圖志：出天山中。

紅銅。硝。西域圖志：喀喇沙爾額徵紅銅、硝。

校勘記

〔一〕儀鳳三年　「三年」，原作「二年」，據舊唐書卷一九八西戎傳改。按，本條所謂西域傳實皆指舊唐書西戎傳。新唐書西域傳敘事與西戎傳多有不同。裴行儉將兵護送者，新唐書卷二二一下西域傳下作卑路斯之子泥涅斯，時爲調露元年，歐陽修當亦有據。

庫車圖

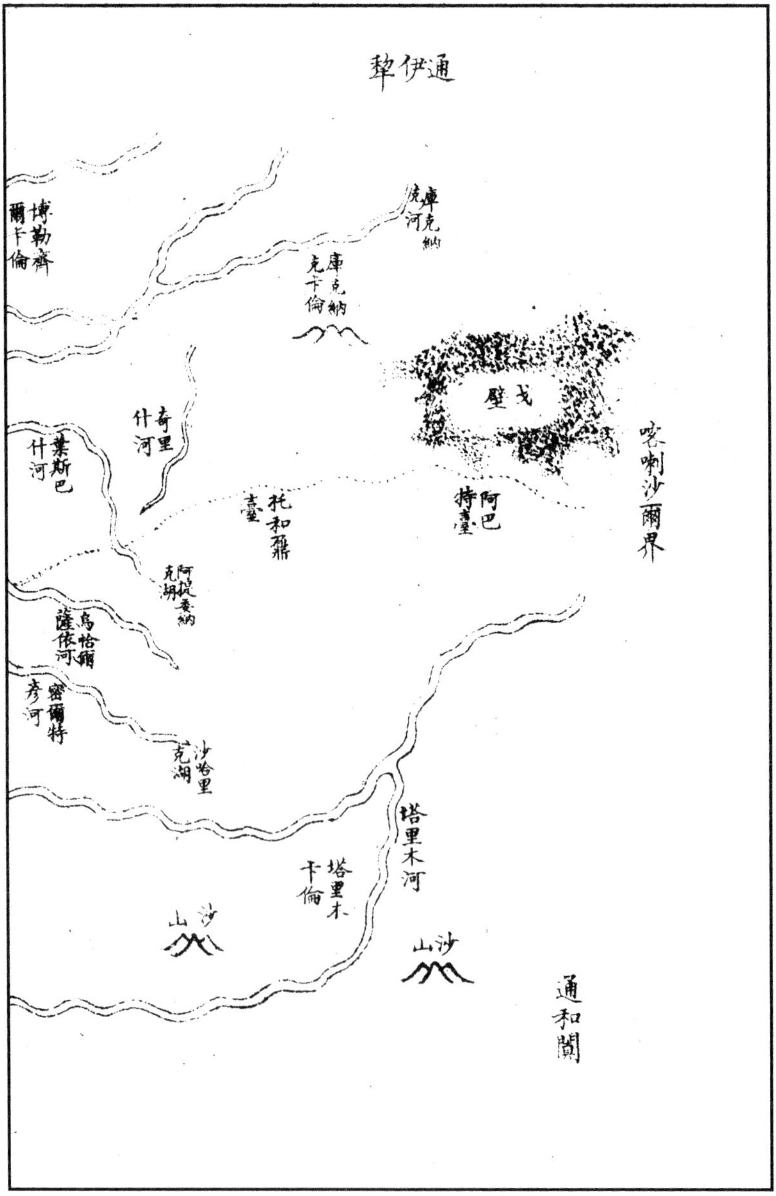
通伊犂
博勒齊爾卜倫
庫克納克河
庫克納克卜倫
戈壁
喀喇沙爾界
奇里什河
葉斯巴什河
托和鼐臺
阿巴特臺
阿提委納克湖
烏恰爾薩依河
密爾特彥河
沙哈里克湖
塔里木河
塔里木卜倫
沙山
沙山
通和闐

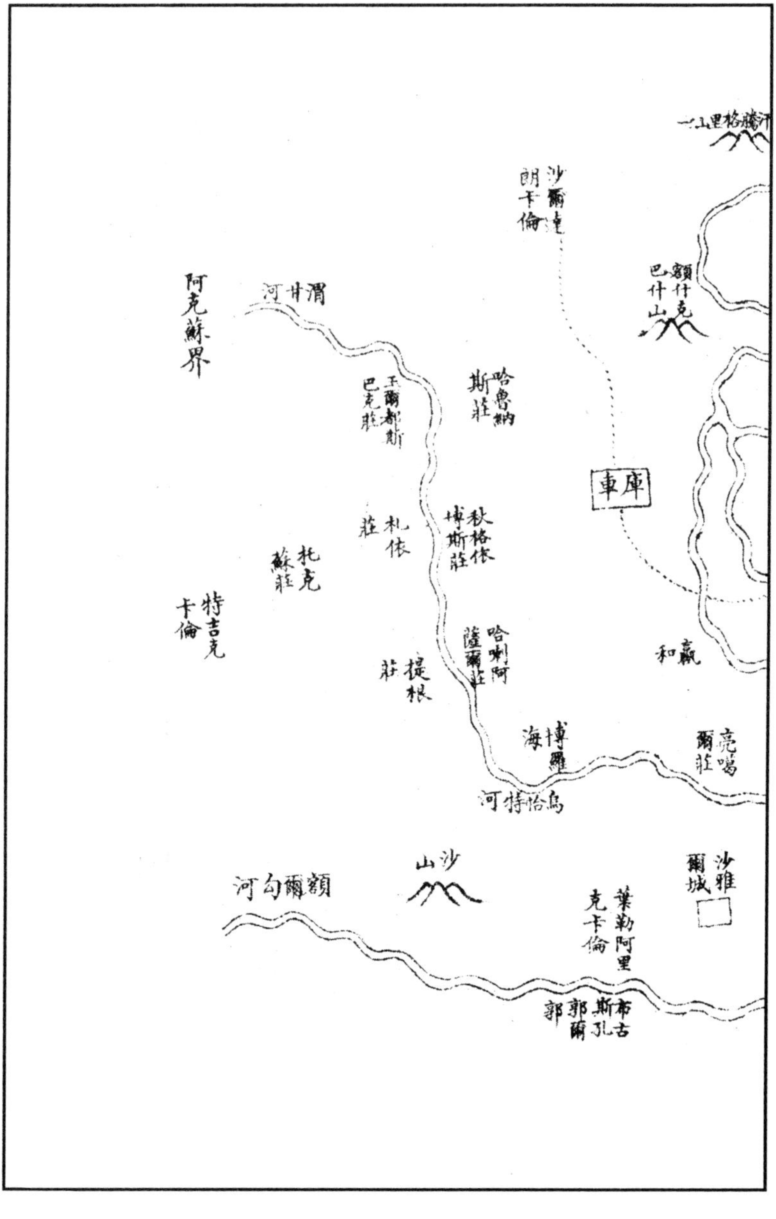
汗騰格里山
沙爾達朗卡倫
額什克巴什山
渭干河
阿克蘇界
哈魯納斯莊
玉爾都斯巴克莊
庫車
秋格依博斯莊
札依莊
托克蘇莊
特吉克卡倫
哈喇阿薩爾莊
提根莊
博羅海
亮噶爾莊
烏恰特河
沙山
額爾勾河
沙雅爾城
葉勒阿里克卡倫
布古斯孔郭爾郭

庫車表

	庫車	沙雅爾
秦		
兩漢	龜茲國	龜茲國地。
三國	龜茲國	龜茲國地。
晉	龜茲國太康中爲焉耆所併，後復立。	龜茲國地。
南北朝	龜茲國	龜茲國地。
隋	龜茲國	龜茲國地。
唐	龜茲國置都督府，爲安西都護府治。安西府統龜茲、于闐、疏勒、焉耆四鎮。德宗後没吐蕃。	龜茲國地。
五代		
宋	龜茲國或稱西州龜茲，或稱龜茲回鶻。	龜茲國地。
元	庫徹城屬都哩特穆爾。	庫徹城地。
明	巴什伯里地。	巴什伯里地。

大清一統志卷五百二十四上

庫車

兼轄沙雅爾。在喀喇沙爾西八百里，第納爾河西二百里。東至第納爾河接喀喇沙爾界，西至烏恰特河接賽喇木界，南至烏恰特河接沙雅爾界，北至額什克巴什山接伊犁界。沙雅爾，東至托伊博羅多接喀喇沙爾界，西至塔木根庫勒接阿克蘇界，南至塔里木大河，北至烏恰特河接庫車界。庫車至京師一萬八十里，沙雅爾至京師一萬二百三十里。

建置沿革

漢爲龜茲國。後漢建武中，莎車攻滅其地。後復立，屬匈奴。永元中内屬。晉太康中，爲焉耆所併，後復立。唐初入朝。貞觀二十一年，移安西都護府於其國，統龜茲、于闐、疏勒、碎葉四鎮。咸亨元年，陷吐蕃。長壽元年收復，貞元後又陷吐蕃。宋爲回鶻所有。元初，爲回鶻地，號庫徹，舊作「苦叉」，今改正。後以封宗王。明爲伊勒巴拉。舊作「亦力把里」，今改正。

本朝乾隆二十三年，官兵追討逆回霍集占，霍集占西遁，舊伯克阿集等遂以城降。其南一百五十里爲沙雅爾城，我兵攻庫車，擊敗沙雅爾援兵，逆黨阿布爾什木西奔阿克蘇，舊伯克烏哈墨第以城内附。庫車城周四里六分，東、南、北三面形圓，西面形方，高一丈九尺。沙雅爾城周二里許，高一丈四尺，南、北二門。

晷度

北極高四十一度三十七分，距京師偏西三十三度三十二分。夏至晝長六十刻二分，夜長三十五刻十三分。冬至晝長三十五刻十三分，夜長六十刻二分。午正日景，夏至長三尺二寸七分，冬至長二丈一尺五寸四分，春分、秋分長八尺八寸八分。西域圖志。

形勢

南與精絶，東南與且末，西南與扜彌，北與烏孫，西與姑墨接。漢書西域傳。東有輪臺。南有大河，號計式水，即黄河也。魏書西域傳。邨落比連，煙户稠密。西域圖志。

風俗

龜兹人以田種、畜牧爲業。晉書西戎傳。龜兹俗尚音樂。唐書西域傳。回部地近天方，本通音律。

匏兹樂五日七均，繁聲促節，少舒遲廣大之響。西域圖志。

屬境

托和鼐。在庫車城東六十里，阿巴特西南一百四十里。乾隆二十三年，大兵討逆回，進圍庫車。以托和鼐西南有地名托木落克，通賽喇木、拜兩城，爲逆回援兵要路，增兵進禦。賊依溝升阜，列陣未安，我兵競進，自午迄未，殲之，無一賊得脱者。高宗純皇帝聖製詩有托和鼐行。

阿巴特。在庫車城東二百里，西濱奇里什河。唐書地理志：東夷僻守捉，又七十里至西夷僻守捉。東夷僻守捉在玉古爾西，則西七十里之西夷僻守捉當在今阿巴特也。

裕赤哈喇。在庫車城東南二十里，哈喇阿薩爾北二十里。

阿勒玉蘇布。在庫車城東南三十里，裕赤哈喇東南十里。

特勒伯。在庫車城東南一百里，常格東南三十里，不通路徑。

哈喇阿薩爾。在庫車城南四十里，常格北三十里。

常格。在庫車城南七十里。廬舍比密，爲大邨落。

哈魯納斯。在庫車西南十五里，庫克體鶱北十里。

庫克體鶱。在庫車西南二十五里，達烏圖北十五里。

達烏圖。在庫車城西南四十里，贏和東北三十里。

贏和。在庫車城西南七十里，裕赤哈喇西南四十里。

特集克〔一〕。在庫車城西南一百里，常格西北四十里，濱烏恰特河。

奇里什。在庫車東北六十里。正北當天山正幹，阿勒坦呼蘇南麓距庫車城一百里。

額什克巴什。在庫車城東北九十里〔二〕，天山南麓。以上屬庫車。

托伊博羅多。在沙雅爾城東一百二十里，踰烏恰特河而至，東通喀喇沙爾界。

喀伊木阿塔。在沙雅爾城東南四十里，南臨大河。

塔里木。在沙雅爾城南。地寬腴，可耕植，南臨大河。

查盤。在沙雅爾城西南四十里，又西南通阿克蘇境。

塔木根庫勒。在沙雅爾城西一百四十里。地多沙磧，不可耕。

庫克布葉。在沙雅爾城西北四十里。城垣卑小，東傍烏恰特河。

哈爾噶齊。在沙雅爾城西北五十里，烏恰特河南，西通阿克蘇境。

玻斯。在沙雅爾城東北三十里。以上屬沙雅爾。

葉勒阿里克。在沙雅爾西南七十里，南距大河八十里。

葉伊勒干。在沙雅爾西南一百五十里，葉勒阿里克西八十里。

布古斯孔郭爾郭。在沙雅爾西南四百里，葉伊勒干西二百五十里。以上係沙雅爾西南境外地。

户口

回民一千九百七十六户，一萬二千一百四十八名口。

田賦

額徵糧三千二百二十八石四斗，額徵紅銅一千八百八十八斤四兩零。

臺站

庫車底臺。西至阿克蘇屬和色爾臺二百一十里。

托和鼐臺。庫車底臺東八十里。

阿巴特臺。托和鼐臺東一百四十里。

玉古爾臺。阿巴特臺東北一百里。

英噶薩爾臺。玉古爾臺東北八十里。

策特爾臺。英噶薩爾臺東八十里。

車爾楚臺。策特爾臺東一百六十里。

哈喇布拉克臺。車爾楚臺東南一百里。

庫隴勒臺。哈喇布拉克臺東少北三十里。

哈喇噶阿璊臺。庫隴勒臺東北六十里。又東北至喀喇沙爾屬之海都河南臺一百五十里。俱在庫車東境。

卡倫

博勒齊爾。

特吉克。

沙爾達朗。

塔里木。

葉勒阿里克。

山川

額什克巴什山。在庫車北百里，北去汗騰格里山一百里，爲庫車北屏。山脈自木素爾山分支，東南行百餘里，爲阿勒坦呼蘇山，至此，北與汗騰格里山合。又東行一支，接庫克納克嶺。山形寬廣，産硫磺。隋書西域傳：白山，一名阿羯山。常有火及煙，即是出硇砂之處。即其地也。

汗騰格里山。在庫車北三百里，東北距伊犂一百五十里，東去納喇特嶺五百里。山脈自西南四百里之木素爾山東行，分二支：其北一支，由圖斯池東南折而東北，至特克斯河源南；其南一支，自拜、賽喇木、庫車之北，折而北行，逾西裕勒都斯河發源處，折而西，與北一支合。汗騰格里當其交會處，峯勢尊嚴，羣巒環拱，爲天山之主峯。

奇里什河。在庫車東，塔什阿里克河西五十里。源出天山南麓。南流六十里至托和鼐地，即名托和鼐河，居民藉以汲飲。

塔里木河。在庫車東南，即額爾勾河之下游也。大河西來，三源並會，其會處在布古斯孔郭爾郭之西，爲阿克蘇之東南境，庫車之西南境。東流至塔里木地，名塔里木河。

烏恰特河。在庫車西南一百里。舊音鄂根，或名渭甘，皆音之訛也。上承赫色勒河，東南流經庫克布葉之北，又經沙雅爾城北，名沙雅爾河。東入塔里木河，即古龜茲西川也。乾隆二十三年，領隊大臣順德訥等追勦回酋霍集占，擒殺賊衆一千六百餘級於河口。

額爾勾河。在庫車西南。河以地名，即西域大河也。上承葱嶺、和闐及阿克蘇諸水，至額爾勾地，爲額爾勾河。復合烏恰特河，會而東流，爲塔里木河。又東流六百餘里，北會海都河。又東二百二十里，入羅布池。額爾勾之北，正當庫車西境。其南方沙磧彌望，縱橫千里，即且末、鄯善諸國地。大河所受北山之水最盛，南則沙礫隔之，無顯然來會之水。水經注北河又東，逕龜茲國南，又東，左合龜茲川水。即斯河也。水經注又云大河又東，右會敦薨之水。即海都河矣。魏書西域傳：龜茲國南三百里有大河，東流，號計式水。正與今大河北距庫車里數合。

庫克納克河。在庫車東北。

葉斯巴什河，烏恰爾薩依河，密爾特彦河。三水皆導源庫克納克嶺，爲庫克納克河分流復合，出山又分爲三。最西者曰密爾特彦河，流百八十餘里，入沙哈里克湖。次東者曰烏恰爾薩依河，亦百八十餘里，入沙哈里克湖。最東者曰葉斯巴什河，亦曰額什克巴什河，流五十餘里，入阿提委納克湖。諺曰：「頭道河，二道河，三道河。」蓋即水經注所謂龜兹東川也。

古蹟

古龜兹國。漢書：龜兹國王治延城，去長安七千四百八十里。南與精絶，東南與且末，西南與扜彌，北與烏孫，西與姑墨接。東至都護治所烏壘城三百五十里。魏書：國在尉犂西北，白山之南一百七十里。其王白姓，都延城，方五六里。其南三百里有大河東流，號計式水，即黄河也。東去焉耆九百里，南去于闐一千四百里，西去疏勒一千五百里，北去突厥牙帳六百餘里。其國西北大山中，有如膏者流出成川，行數里入地，如醍醐，甚臭。服之，鬚齒已落者能令更生。隋書：大業中，遣使貢方物。唐書：龜兹，一曰丘兹，一曰屈兹。自焉耆西南步一百里，度小山，經大河二，又步七百里乃至。横千里，縱六百里。宜麻、麥、秔稻、蒲萄，出黄金。居伊邏盧城。北倚阿羯田山，亦曰白山，常有火。貞觀二十一年，帝怒其佐焉耆叛，乃以阿史那社尒爲崑丘道大總管，部兵十萬討之。社尒凡破五大城，遣使者諭降小城七百餘，西域震懼。乃立王弟葉護王其國，勒石紀功。始徙安西都護於其都，統于闐、碎葉、疏勒，號四鎮。儀鳳時，吐蕃攻焉耆，四鎮俱没。長壽元年，武威道總管王孝傑破吐蕃，復四鎮地，置安西都護府於龜兹。於是，沙磧荒絶，民供資糧甚苦，議者請棄之，武后不聽。都護以政績稱者，田揚名、郭元振、張孝嵩、杜暹云。自龜兹六百里，踰小沙磧，有跋禄迦，即漢姑墨國。横六百里，縱三百里。西三百里度石磧至凌山，葱嶺北源也。水東流，春、夏山谷積雪。西北五百里至素葉水城。素葉以西數十城，皆立君長，役屬突厥。文獻通考：宋大中祥符後，屢入貢。其國主自稱師子王。其國西至大食國六十日行，東至夏州九十日行。或稱西州回鶻，或稱西州龜兹，或稱龜兹回鶻。按：龜兹故城雖不可考，然水經注

「城東西有川」，則今之庫車城，烏恰特河流逕其西，額什克巴什河流逕其東，正與酈注所稱方位相合。又，元史太祖紀尚稱龜茲，而地理志西北地附録則曰庫徹，正與庫車音合，則庫車之即龜茲國都無疑矣。「庫車」，元史舊作「苦叉」，今改正。

安西都護府。唐書地理志：安西大都護府，初置西州。顯慶二年，平賀魯，析其地置濛池、崑陵二都護府，分種落，列置州縣，西盡波斯國，皆隸安西，又徙治高昌故地。三年，徙治龜茲都督府，而故府復爲西州。咸亨元年，吐蕃陷都護府。長壽二年，收復安西四鎮。至德元年，更名鎮西。後復爲安西。吐蕃既侵河隴，惟李元忠守北庭，郭昕守安西，與沙陀、回紇相依，吐蕃攻之久不下。建中二年，元忠、昕遣使間道入奏，詔各以爲大都護，並爲節度。貞元三年，吐蕃攻沙陀、回紇〔四〕，北庭、安西無援，遂陷。

龜茲都督府。舊唐書地理志：本龜茲國。貞觀二十二年，阿史那社尒破之，以其地置都督府，領蕃州九。顯慶三年，仍自西州移安西府，置於龜茲國城。

土産

秔稻。麻。麥。唐書西域傳：龜茲土宜麻、麥、秔稻。宋史外國傳：龜茲有米、麥。

蒲萄。瓜。

安息香。後漢書：西域龜茲出安息香。

馬。犎牛。麖皮。孔雀。北史西域傳：龜茲出麖皮、良馬、犎牛等。多孔雀，羣飛山谷間，人取而食之，孳乳如鷄、鶩。

銅。鐵。北史西域傳：龜茲出銅、鐵。

金。唐書西域傳：龜茲出黄金。

硫磺。硝。西域圖志：庫車額賦硫磺、硝、紅銅。

校勘記

〔一〕特集克　原作「特克集」，據乾隆志卷四一八庫車屬境（下同卷簡稱乾隆志）及西域圖志卷一五疆域八乙。

〔二〕在庫車城東北九十里　按，西域圖志卷一五疆域八云額什克巴什西北距庫車城九十里，則額什克巴什當在庫車城東南，此作「東北」疑誤。

〔三〕源出天山南麓　「南」，原作「北」，據乾隆志改。按，奇里什河在天山之南，如何發源天山北麓？顯然有誤。

〔四〕吐蕃攻沙陀回紇　「攻」，原作「收」，乾隆志同，據舊唐書卷四〇地理志改。

阿克蘇圖

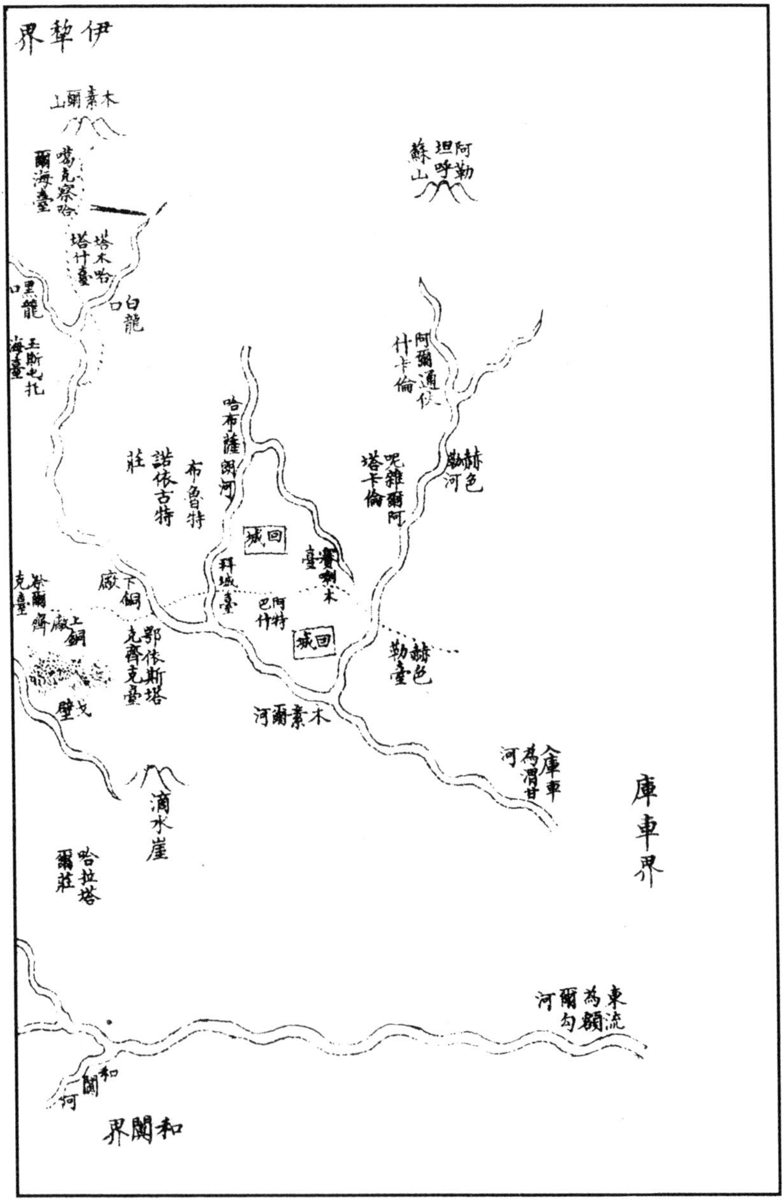
伊犁界
木素爾山
阿勒坦呼蘇山
噶克察哈爾海臺
塔木哈塔什臺
黑龍口
白龍口
扎斯屯海臺
哈布薩朗河
布魯特
諾依古特莊
回城
拜城臺
阿特巴什
回城
木素爾河
阿爾通伙什卡倫
呢雜爾阿塔卡倫
赫色勒河
赫色勒臺
下銅廠
上銅廠
鄂依斯塔克齊克臺
戈壁
滴水崖
哈拉塔爾莊
入庫車為渭甘河
庫車界
東流為額爾勾河
和闐河
和闐界

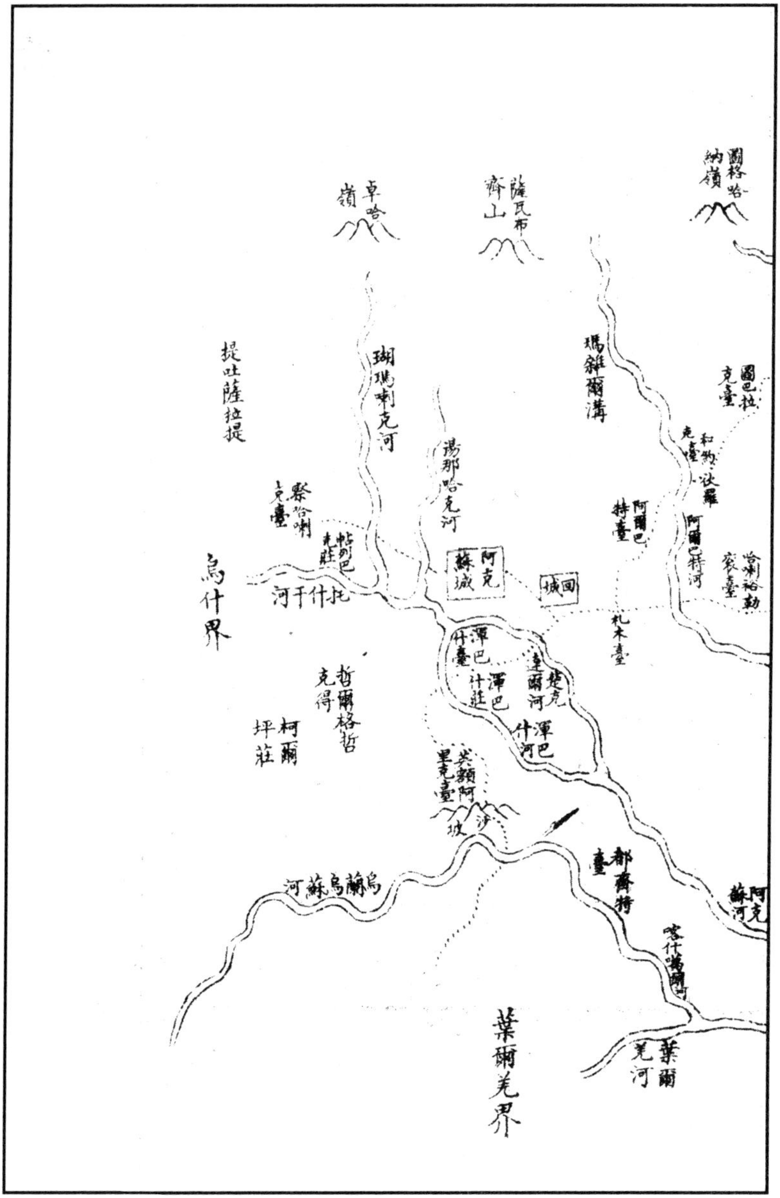
圖格哈納嶺
卓哈嶺
提吐薩拉提
瑚瑪喇克河
湯那哈克河
瑪雜爾溝
烏什界
托什干河
阿克蘇城
回城
札木臺
烏蘭烏蘇河
阿克蘇河
葉爾羌界
葉爾羌河

阿克蘇表

	阿克蘇	賽喇木	拜	雅哈阿里克
秦				
兩漢	温宿國	龜茲國地。	姑墨國地	姑墨國
三國	温宿國屬龜茲。	龜茲國地。	姑墨國地	姑墨國屬龜茲。
晉		龜茲國地。	姑墨國地	
南北朝	温宿國後屬龜茲。	龜茲國地。	姑默國地	姑默國
隋	龜茲國地。	龜茲國地。	龜茲國地	
唐	温肅州一曰于祝。	龜茲國俱毗羅城東境。	龜茲國阿悉言城及姑墨州等地	亟墨一名跋禄迦。唐置姑墨州。
五代				
宋		龜茲國地。	龜茲國地	
元	阿特巴什地，屬都哩特穆爾。		阿特巴什城	阿特巴什地。
明	巴什伯里地。	巴什伯里地。	巴什伯里地。	巴什伯里地。

大清一統志卷五百二十四下

阿克蘇

在庫車西八百里。東至赫色勒臺接庫車界，西至察哈喇克臺接烏什界，南至喀什噶爾達里雅，北至噶克察哈爾海臺接伊犂界。至京師一萬七百九十里。兼轄賽喇木、拜二城。

建置沿革

漢爲溫宿、姑墨二國。北魏時，二國役屬龜茲。隋爲龜茲國地。唐爲溫肅、姑墨二州地。元爲阿特巴什地。舊作「阿忒八失」，今改正。明爲巴什伯里地。本朝乾隆二十三年，官兵克庫車，阿克蘇回衆俱聞風向化，逐霍集占所置伯克，以城內附。

晷度

北極高四十一度九分，距京師偏西三十七度十五分。夏至晝長六十刻，夜長三十六刻。冬至晝長三十六刻，夜長六十刻。午正日景，夏至長三尺一寸九分，冬至長二丈一尺零九分，春分、秋分長八尺七寸四分。西域圖志。

形勢

地勢甚高，垣墉陡峻，北踞崇岡，四城連峙，外以一大城環之，洵形勝之地。西域圖志。

屬境

帕爾滿。在阿克蘇城東五十里。有河發源山麓，分繞莊之東西。

雅爾巴什。在阿克蘇城東六十里。

札木。在阿克蘇城東八十里，哈喇裕勒衮西南八十里。

哈喇裕勒衮。在阿克蘇城東一百八十里。又東百里，名察爾齊克，爲阿克蘇東境，接拜城界。

雅哈阿里克。在阿克蘇城東二百六十里。東北距葉伊勒干五十里，南至額爾勾河二百里，濱木素爾河南岸。古姑墨國地。

喀勒喀勒。在阿克蘇城東南七十里，西北距額爾格齊六十里。

科布魯克。在阿克蘇城東南八十里，托什干河北七十里。

渾巴什。在阿克蘇城東南九十里。

伯什阿里克。在阿克蘇城東南一百十里。

賽阿里克。在阿克蘇城東南一百十里，英額阿里克西四十里，托什干河南五里。

和卓巴斯哈克。在阿克蘇城東南一百二十里，伯什阿里克東十里。

齊托克喇克。在阿克蘇城東南一百四十里。

呼木什阿里克。在阿克蘇城東南一百五十里。

英額阿里克。在阿克蘇城東南一百五十里，烏珠瑪西北三十里。

雅爾賽喇木。在阿克蘇城東南一百六十里，亮格爾南八十里，地居山谷間。

托來。在阿克蘇城東南一百六十里，烏珠瑪西五十里。

烏珠瑪。在阿克蘇城東南一百八十里，哈喇塔勒西二十里。

哈喇塔勒。在阿克蘇城東南二百里。

額格爾齊。在阿克蘇城南十里，南至阿克蘇河十里。

哈喇木克齊。在阿克蘇城西南四十里。

薩克薩克。在阿克蘇城西南六十里。

阿克雅爾。在阿克蘇城西南一百十里，薩克薩克西五十里，托什干河南十里。

哲爾格哲克得。在阿克雅爾西五十里，又西接烏什，屬噶斯干界。

伯列克里克。在阿克雅爾西南九十里，西境倚山，東北至阿克蘇城二百里。

納喇奇恰特。在阿克蘇城西南二百四十里，伯列克里克西南四十里，南臨大山。

托布坎。在阿克蘇城西十里，介居兩河之間。

得布特爾。在阿克蘇城西四十里，托什干河北十里。

鄂喇齊。在阿克蘇城西六十里，得布特爾西二十里。

察克喇克。在阿克蘇城西七十里，韋特特爾南二十里，托什干河東北二十里。

吐爾伯特。在阿克蘇城西八十里，察克喇克西南十里，托什干河北十里。

拜林。在阿克蘇城西一百里，韋特特爾西南二十里。

愛呼爾。在阿克蘇城西少北五十里，東傍呼木阿里克河。

阿喇勒。在阿克蘇城西少北六十里，鄂喇齊北二十里。

超達爾。在阿克蘇城西北六十里。

韋特特爾。在阿克蘇城西北八十里，阿喇勒西二十里。

哈爾噶額密什。在阿克蘇城東北二十里。

伊勒噶齊。在阿克蘇城東北六十里，地居山谷間。

亮格爾。在阿克蘇城東北一百六十里。

賽喇木城。在阿克蘇城東五百五十里，赫色勒河西四十里，東北距庫車城二百五十里，西距拜城九十里。城周一里九分，高一丈，南、北二門，所屬村莊十有一。

赫色勒。在賽喇木城東二十五里，東距赫色勒河五里，南距木素爾河五里。

布干。在賽喇木城西十五里，哈喇烏蘇支河西五里。布干西南五里，爲濟爾噶朗，南距哈喇烏蘇支河五里，東逾支河二道，至賽喇木城二十五里。濟爾噶朗西南四里，爲他爾阿里克，東逾支河二道，至賽喇木城三十里。他爾阿里克西十里，爲托克三，東逾支河三道，至賽喇木城四十里。托克三北十二里，爲布隆，東逾支河三道，至賽喇木城五十里。布隆東北十五里，爲哈喇都伯，東南距賽喇木城二十里。哈喇都伯西北二十里，爲堪齊塔木，東南距賽喇木城四十里。堪齊塔木東二十五里，爲明哲克得，東南距賽喇木城十五里。明哲克得東五里，爲雅哈阿里克，東南距賽喇木城十里。雅哈阿里克東北五里，爲拉布帕爾，南距賽喇木城十五里。諸村莊皆在哈喇烏蘇河東。

拜城。在阿克蘇城東四百五十里，木素爾河北。城距山岡，周一里三分，高一丈，東、西二門。城西有小哈布薩朗河，又西爲哈布薩朗河，東有特里舒克河。東距庫車城三百四十里。地饒水草，所屬村莊二十有二。

色勒克恰特。在拜城東十五里，特里舒克河東八里。色勒克恰特東南五里，爲吹罝，西距拜城二十里。吹罝東五里，爲阿特巴什，西距拜城二十五里。阿特巴什東南十里，爲推格博尼〔二〕，東傍哈喇烏蘇河，南傍木素爾河，西距拜城三十五里。阿特巴什南五里，爲奎裕巴克，南臨木素爾河，西距拜城三十里。色勒克恰特北五里，爲蘇爾滾，西南距拜城二十里。蘇爾滾東北五里，爲托木碩克，西南距拜城二十五里。托木碩克東五里，爲雅爾圖喇，西南距拜城三十里。雅爾圖喇東北十里，爲伊密什，西南距拜城四十里。蘇爾滾北十里，爲喀資干，西南距拜城三十里。喀資干西五里，爲鄂爾塔克齊，西南距拜城三十里。鄂爾塔克齊西五里，爲阿斯騰海里瑪，西南距拜城三十五里。阿斯騰海里瑪西十里，爲塔克齊，其地依山，南距拜城二十五里。塔克齊西五里，爲玉斯騰海里瑪。南距拜城二十里。雅爾圖喇北五里，爲英額亮格爾，西南距拜城三十五里。喀資干北十里，爲伯里葉克齊，西南距拜城四十里。

雅哈阿里克。在拜城東南十五里。又東五里爲都爾伯勒津，西北距拜城二十里。

沙哈爾。在拜城西二里。

什喇勒台。在拜城西三十里。東距哈布薩朗河二十里。

葉伊勒干。在什喇勒台西五十里，東距拜城八十里。又西十里爲庫什塔木，有小城。

户口

回民八千四百二十四户，三萬四千六百七名口。

田賦

稻田一百五十畝，屯兵十五名。民田額徵糧三千九百四十五石二斗四升二合一勺。額徵紅銅四千六百六十七斤，鉛三百斤。額賦普爾一千六百四十二騰格有奇。

臺站

阿克蘇底臺。

札木臺。阿克蘇底臺東八十里。

哈喇裕勒衮臺。札木臺東少南八十里。

察爾齊克臺。哈喇裕勒衮臺東一百六十里。

鄂伊斯塔克齊克臺。察爾齊克臺東少南八十里。

拜城臺。鄂依斯塔克齊克臺東六十里，在拜城西南。

賽喇木臺。拜城臺東一百里，在賽喇木城北。

赫色勒臺。賽喇木臺東少南四十里。又東一百五十里至沙爾達朗卡倫，入庫車界。又南六十里至庫車底臺。以上東境。

察哈喇克臺。阿克蘇底臺西八十里。又西八十里至烏什屬之阿察塔克臺。以上西境。

渾巴什臺。阿克蘇底臺南八十里。

英額阿里克臺。渾巴什臺西南又折東南八十里。

都齊特臺。英額阿里克臺南一百四十里。又西南九十里至葉爾羌屬之伊拉都臺。以上南境。

阿爾巴特臺。札木臺東北八十里。

亮格爾臺。亦曰和約伙羅克臺，阿爾巴特臺東北八十里。

圖巴拉克臺。亮格爾臺東北八十里。

玉斯屯託海臺。圖巴拉克臺北八十里。

塔木哈他什臺。玉斯屯託海臺東折北七十里。

噶克察哈爾海臺。塔木哈他什臺東北。又折西北一百二十里，又北一百里，至伊犂屬之沙圖阿璊臺。以上北境。

卡倫

呢雜爾阿塔。

阿爾通伙什。

山川

薩瓦布齊山。在阿克蘇城北，圖斯池南，木素爾山西南三百里。山脈自喀克沙勒山，東北行二百三十里爲伯得里克山，又東北二百四十里爲卓哈嶺，又東二百里至此。岡巒層互，緜亘東北境，凡七百里。唐書西域傳：姑墨國西三百里，度石磧至凌山，葱嶺北源也，水東流，冬、夏山谷積雪。又云：凌山西北五百里，至素葉水城。按：城當在今圖斯池西，則凌山當在池南，與薩瓦布齊山方位適合。山東南爲木素爾河，西爲托什干河，皆東流。自木素爾山以西，嶺多雪難行，皆與唐書之言合。

阿勒坦呼蘇山。在阿克蘇東北，額什克巴什山西一百餘里。赫色勒河西一源，出其南麓。山脈自木素爾山東南行百餘里至此，爲賽喇木之北屏。

布里博克濟山。在賽喇木城南，木素爾河南岸。自圖格哈納嶺至此，山脈自西而東。

木素爾山。在拜城北，汗騰格里山西南四百里，圖斯池南。山脈自西三百里之薩瓦布齊山東行至此。峯巒峻拔，冰雪嵯峨，艱於行旅。自山北東北行，通伊犂。乾隆二十五年，秩於祀典。

鄂克阿特庫山。在布里博克濟山西，拜城西南，木素爾河南岸。

却爾噶山。在鄂克阿特庫山西，木素爾河西南，西與圖格哈納嶺接。

哈喇裕勒衮山。在却爾噶山西，圖格哈納嶺西南四十五里，小山也。

圖格哈納嶺。在木素爾河西四十里。山脈自天山正幹之薩瓦布齊山東南行二百里至此。出白鹽，色最瑩潔，遠近資之。

卓哈嶺。在阿克蘇西北，薩瓦布齊山西南二百里。特木爾烏蘇河出其東。

哈布薩朗河。在阿克蘇東，拜城西十里。北山有二泉，異源同流，南入木素爾河。又西有特里舒克河。

木素爾河。發源天山正幹之木素爾山，二源合西南流，折而東南流，北會哈布薩朗河，東過拜城南，北會哈喇烏蘇，又東過賽喇木城南，東會赫色勒河東南行。赫色勒河有三源：一源出額什克巴什山東南麓，西流；一源出額什克巴什山南麓，南流；一源出阿勒坦呼蘇山南麓，東南流。三流會爲一河，西南流名赫色勒河。又南流會木素爾河，東南流入庫車界。出南谷口爲渭甘河，亦曰烏恰特河。

阿爾巴特河。源出阿克蘇城北瑪雜爾溝，東南流經阿爾巴特軍臺之北，爲阿爾巴特河。又南流經哈喇裕勒衮軍臺之西，又東南流入沙而止。亦曰阿察哈喇河，即水經注之姑墨川，唐之撥换河也。

阿克蘇河。阿克蘇河有二源：西源即烏什界之托什干河，東源爲阿克蘇城北之瑚瑪喇克河。合流經阿克蘇城南，復分爲二：一支經渾巴什軍臺西，一支經渾巴什軍臺東，至哈喇達爾莊之西而合。又東南至噶巴克集，與葱嶺南北河、和闐河會。

楚克達爾河。發源阿克蘇城北之楚克達爾山，即阿克蘇河之東源，是爲瑚瑪喇克河。東南流經渾巴什軍臺東，爲渾巴什河。又東南流經渾巴什莊北，爲楚克達爾河。

湯那哈克河。發源阿克蘇城北，南流入瑚瑪喇克河。

哈喇烏蘇水。在阿克蘇城東，賽喇木城西六十里。源出北山南麓，流入木素爾河。

綽爾噶泉。在木素爾河西南五十里，雅哈阿里克西南三十里。源出北山，東南流，淺而不涸。

古蹟

姑墨國。漢書西域傳：姑墨國王治南城，南至于闐，馬行十五日，北與烏孫接，東通龜茲六百七十里。新唐書地理志：安西西出柘厥關，渡白馬河，百八十里西入俱毗羅磧。經苦井，百二十里至俱毗羅城。又六十里至阿悉言城。又六十里至撥換城，一曰威戎城，曰姑墨州，南臨思渾河。乃西北渡撥換河、中河，距思渾河百二十里。西域傳：阿史那社尒破龜茲。沙州刺史蘇海政、行軍長史薛萬備以精騎窮躡六百里，王計窮，保撥換城，社尒圍之閱月，執王及羯獵顛。按：地理志自白馬河至撥換城四百二十里，而西域傳自龜茲至撥換城六百里。傳又云「自龜茲嬴六百里，踰小沙磧，有跋祿迦，小國也，一名亟墨，即漢姑墨國。橫六百里，縱三百里」。西域圖志：「姑墨當北魏時猶存，至唐始改跋祿迦。東距龜茲里數，漢書云六百七十，唐書云嬴六百，大略相等，則跋祿迦即姑墨也，龜茲即今庫車。賽喇木、拜諸城，雖在庫車之西，而里數太近，姑墨國當尚在其西。再以唐書西域傳刺史蘇海政西追龜茲王於六百里外之撥換城，地理志撥換城即姑墨州之說證之，正與漢書龜茲西六百七十里至姑墨，唐書踰龜茲嬴六百里即亟墨之説合。然則跋禄迦國，即漢姑墨國，亦即姑墨州附屬龜茲爲撥换城者，應在今雅哈阿里克左右。唐書謂跋禄迦西三百里，度石磧至凌山，爲葱嶺北源，水東流。今雅哈阿里克北爲木素爾鄂拉，迤西爲薩瓦布齊鄂拉，相距正三百里許，庫克墨爾根郭勒源出焉。儻所謂凌山者與？庫克墨爾根鄂勒東南流入阿克蘇郭勒，葱嶺諸水西來會之，謂爲葱嶺北源固宜。而圖格哈納達巴、哈喇裕勒衮塔克，皆當雅哈阿里克西去孔道，即其所度之石磧也。塔里木謂斯騰當其南境，所謂南臨思渾河也。至從此南行千里外，至和闐六城，北行踰山，入伊犂西境，是即漢書所謂『南至于闐，馬行十五日，北與烏孫接』者。」按雅哈阿里克東至庫車四百七十里，而姑墨去龜茲六百七十里，則當在雅哈阿里克之西。新疆識略：「庫車北行六十里入山，山中行百餘里出山，渡赫色勒河，經賽里木城、拜城，六百四十里至哈喇裕勒衮。其地漢姑墨國也。唐書：『自龜茲踰小沙磧，有跋禄迦，即漢姑墨國。』以道里證之，蓋在今哈喇裕勒衮臺之東，滴水崖銅廠之西，所謂小沙磧者即察爾齊克沙梁也。」

温宿國。漢書：温宿國王治温宿城，西至尉頭三百里，北至烏孫赤谷六百一十里，東通姑墨二百七十里。按：今阿克蘇城東至滴水崖二百八十里，則温宿即今阿克蘇無疑矣。

阿特巴什城。元史地理志西北地附録：輝和爾地第二十一阿特巴什。今拜城東二十一里有阿特巴什回莊，阿克蘇城東南九十里有庫木巴什，亦作渾巴什。據耶律希亮傳所載之地，由西而東，則原文之可失哈里即今之喀什噶爾，原文之渾八升即今之渾巴什，原文之阿體八升山即今阿特巴什界山矣。然則今阿特巴什當即沿元時舊名也。「輝和爾」舊作「畏吾兒」，「阿特巴什」舊作「阿忒八失」，今俱改正。

土産

黍。麥。高粱。豌豆。蒲萄。

葮葦。檉柳。胡桐。白草。水經注：墨山國多葮葦、檉柳、胡桐、白草。

紅銅。硫磺。硝。西域圖志：阿克蘇額徵布、紅銅、硫磺、硝。

校勘記

〔一〕阿特巴什東南十里爲推格博尼　按，西域圖志卷一六疆域九謂「推格博尼在阿特巴什西十里」。

〔二〕哈喇烏蘇水　按，蒙古語謂水爲「烏蘇」。此「水」字重出，當删。或稱哈喇水亦可，乾隆志卷四一八賽喇木山川正作「哈喇水」是也。

烏什圖

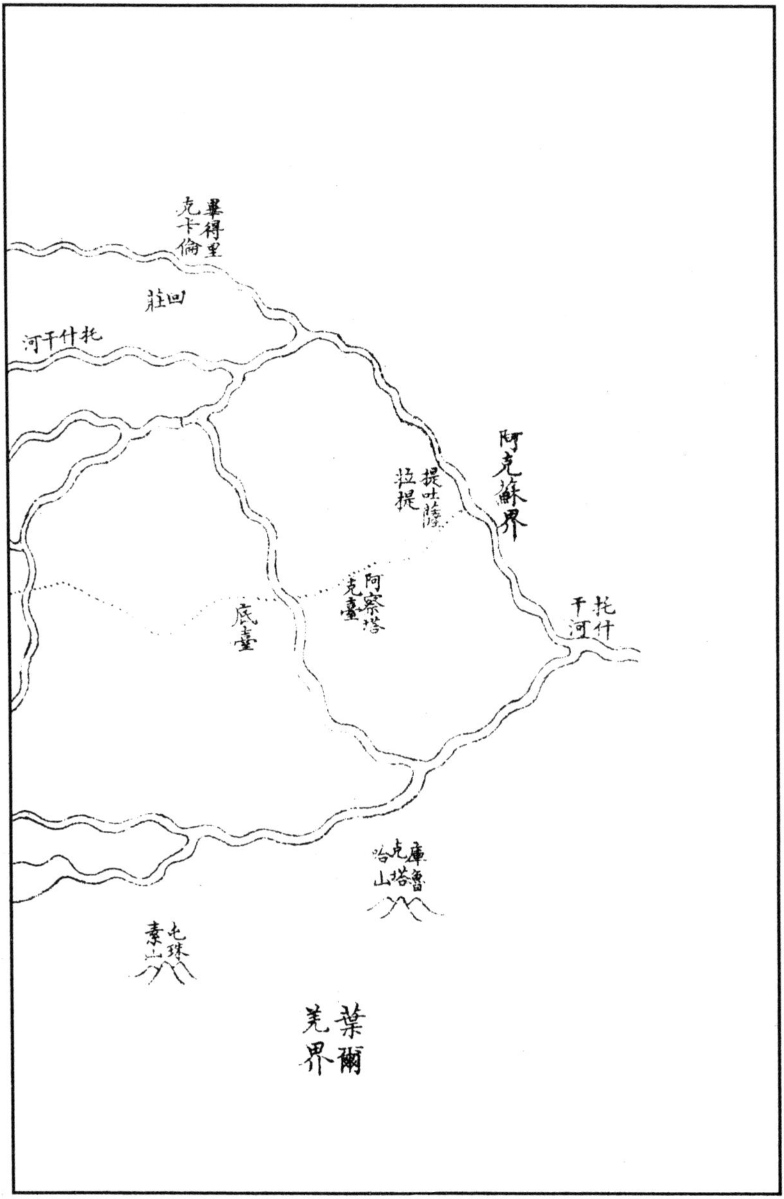
畢得里克卡倫
回莊
托什干河
阿克蘇界
提吐薩拉提
阿察塔克臺
底臺
托什干河
庫魯克塔治山
屯珠素山
葉爾羌界

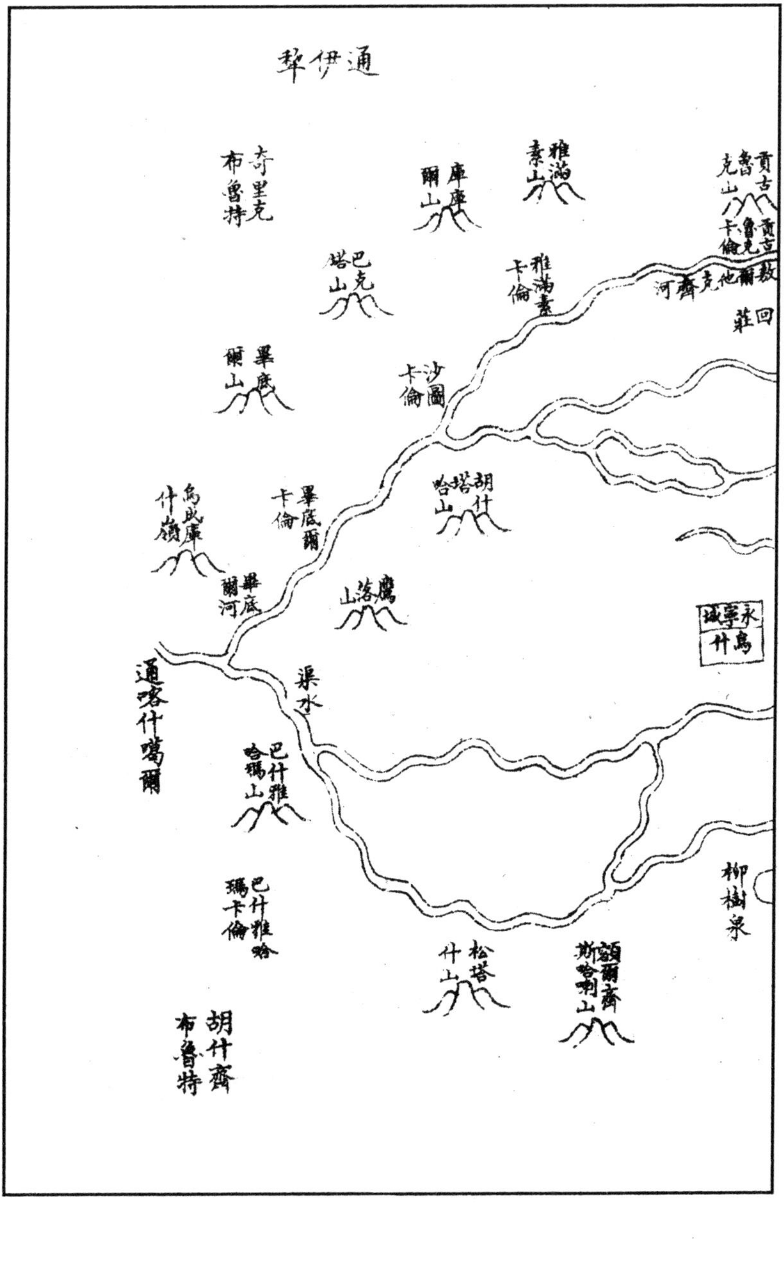
通伊犁
奇里克布魯特
庫庫爾山
雅滿素山
貢古魯克山
貢古魯克卡倫
數爾他克齊河
巴克塔山
雅滿素卡倫
回莊
畢底爾山
沙圖卡倫
胡什塔哈山
烏成庫什嶺
畢底爾卡倫
畢底爾河
鷹洛山
永寧城
烏什
渠水
通喀什噶爾
巴什雅哈瑪山
巴什雅哈瑪卡倫
柳樹泉
松塔什山
額爾齊斯哈喇山
胡什齊布魯特

烏什表

	烏什
秦	
兩漢	尉頭國
三國	尉頭國屬龜茲。
晉	
南北朝	尉頭國屬龜茲。
隋	疏勒國
唐	尉頭州北境地。
五代	
宋	疏勒國地。
元	都哩特穆爾所，屬輝和爾，地有鄂持，疑即此。
明	巴什伯里地。

大清一統志卷五百二十五

烏什

在阿克蘇西二百四十里。東至阿察塔克臺接阿克蘇界，西至色帕爾拜接喀什噶爾界，南至庫珠克嶺，踰山通葉爾羌、和闐北路界，北至天山，踰山通伊犂西路界。至京師一萬九百九十里。

建置沿革

漢爲尉頭國。三國屬龜茲。隋爲疏勒國地。唐爲尉頭州，亦名鬱頭州。元時，未詳其地。都哩特穆爾舊作「篤來帖木兒」，今改正。所屬輝和爾舊作「畏吾兒」，今改正。地有鄂持，舊作「烏赤」，今改正。疑即今烏什也。

本朝乾隆二十三年，將軍兆惠等兵至阿克蘇西境。和闐城舊伯克霍集斯及其長子烏什城阿奇木伯克漢咱帕爾等，詣軍門投誠，遂以城内附。三十年，伯克賴黑木圖拉等復煽亂，伊犂將軍明瑞等討平之，逆黨伏誅，徙其餘衆，移駐阿克蘇大臣於此。

城曰永寧，周三里二分，高二丈五尺，東、西、南三門。

晷度

北極高四十一度六分，距京師偏西三十八度二十七分。夏至晝長六十刻，夜長三十六刻。冬至晝長三十六刻，夜長六十刻。午正日景，夏至長三尺一寸八分，冬至長二丈一尺零四分，春分、秋分長八尺七寸二分。西域圖志。

形勢

三面踞山，其西面因山爲城，南崖陡峻，北帶長流，形勢絶勝。西域圖志。

屬境

哈喇和卓。在烏什城東七十里，踰河至其地，四面距河，各二十餘里。烏什回人遷由吐魯番。自哈喇和卓以下皆吐魯番地名，故圖中削去，統曰回莊，以明疆域限斷。而其居人不忘故宇，仍有以舊地稱者，復載此卷，備考證焉。

闢展。在哈喇和卓東北五十里，烏什城東一百十里。踰河二道至其地，亦四面距河。

雅爾。在闢展東四十里，烏什城東一百五十里，地居兩河之間。

洋赫。在雅爾東二十五里，烏什東一百七十里。又南三十里爲噶斯干，南臨大河。

森尼木。在烏什城東南八十里，哈喇和卓南四十里。其西南四十里爲賽喇木。又西四十里爲台特爾。又西四十里爲鄂特巴什。又西五十五里爲巴什雅克瑪。

魯克察克。在烏什城東南一百一十里，森尼木東三十里，南臨大河。

托克三。在烏什城東南一百四十五里，魯克察克東北四十里，東、南境皆面大山。

巴什雅克瑪。在烏什城西南九十里，踰托什干河至其地。

古木克齊克。在烏什城西南一百十里，巴什雅克瑪西二十里。

色帕爾拜。在烏什城西南一百四十里，古木克齊克西三十里，西南通喀什噶爾。

沙圖。在烏什城西北，踰敖爾他克齊河至其地。西北由必達爾通藩屬布魯特界。

必特克里克。在烏什城北，踰敖爾他克齊河至其地，東北通伊犂。

古古爾魯克。在烏什城北，必特克里克西。

連木齊木。在烏什城東北一百二十里，罕都西北十里，居兩河間。

雅木什。在連木齊木北三十五里，踰河二道至其地。有山泉南流，經雅木什南，入於敖爾他克齊河。

英額阿里克。在烏什城東北，踰敖爾他克齊河至其地，東北踰山接伊犂及圖斯池南岸地。

罕都。在烏什城東北一百三十里，布干西三十里。踰河而至，居兩河間。北爲托什干河，南爲托噶爾瑪河，托什干分流也。

布干。在烏什城東北一百六十里，雅爾北三十里。踰河而至，居兩河間。北爲敖爾他克齊河，南爲托什干河。以上屬烏什。

呼蘭齊克。由烏什西南入松塔什山、固勒扎巴什嶺，西南行八十里至其地。由是西南行，至喀什噶爾之巴爾昌，爲烏什境外地。

扎木必勒阿斯提。在呼蘭齊克西南六十里。

齊都伯。在扎木必勒阿斯提西南四十里。

素衮。在齊都伯西南四十里。

户口

回民八百五十六户，五千八十三名口。

田賦

屯田八千畝，屯兵四百名。民田額徵糧二千一十石，額徵紅銅除。

臺站

烏什底臺。在烏什城東。

阿察塔克臺。烏什底臺東八十里。又東八十里至阿克蘇屬之察哈喇克臺。

卡倫

巴什雅哈瑪。

畢底爾。

沙圖。

雅滿素。

貢古魯克。

畢得里克。

山川

額爾齊斯哈喇山。在烏什西南，色帕爾拜西南五十里。山形卑小，當孔道。由此踰天山而北，爲伯得里克山。又折而西，通布魯特境。

松塔什山。在烏什西南，額爾齊斯哈喇山西南四十里。北當孔道，因山名地，亦稱松塔什。

赫色勒額什墨山。在烏什西南，固勒扎巴什嶺西南三十五里。

喀克沙勒山。在烏什西，伯得里克山西南二百三十里。自額圖克嶺東北行至此，踰山而北，通布魯特境。山南爲喀什噶爾。南北相距各三百餘里。

哈喇山。在烏什西，額圖克嶺西北之支峯。

伯得里克山。在烏什西北，卓哈嶺西南二百四十里。亦曰畢底爾山。

貢古魯克山。烏什北境皆大山，自畢底爾卡倫北曰海奇山，又東曰色勒克塔什山，又東曰奇什罕布拉克山，又東曰英阿喇特山，又東曰蒙科素山，又東曰科克巴什山，又東曰伊底克山，又東曰臻丹山，又東曰烏爾蓋列克山，又東曰木資魯克山，又東曰烏玉布拉克山，又東曰烏魯呼雅依拉克山，又東曰哈沙拉伊山，與阿克蘇界，統名曰貢古魯克山，東西緜亘凡二百里。

固勒扎巴什嶺。在松塔什山西南一百里，爲烏什西南屏。自喀克沙勒山分支，東南行，經托什干河南，連山不斷，至此嶺尤陡絶。高數百丈，層峯插天。東行爲松塔什山、額爾齊斯哈喇山，踰烏什而東四百餘里，山脈始盡。

烏成庫什嶺。在伯得里克山西一百里〔一〕，烏什之西。托什干河出其東。

額圖克嶺。在烏什西南，喀克沙勒山西南三百里。踰山而北，通布魯特境。山南爲喀什噶爾。山脈自葱嶺分支，由烏魯阿喇特嶺東北行三百里至此。

托什干河。在烏什西。源出烏成庫什嶺，東流四百里許，經烏什城北，分支流南出，爲托噶爾瑪河。又東會呼木阿里克河，南流爲阿克蘇河。

托噶爾瑪河。托什干河之分支。

敖爾他克齊河。在烏什北，托什干河北。北山諸小水咸匯於是。分流南出，即爲托什干河。

古蹟

古尉頭國。漢書西域傳：「尉頭國王治尉頭谷，東至都護治所千四百一十一里，南與疏勒接，山道不通，西至捐毒千三百一十四里。」温宿國西至尉頭三百里。按：今烏什東去阿克蘇止二百四十里。阿克蘇爲古温宿，則尉頭尚在烏什之西。又新唐書地理志「自撥換西南渡渾河，百八十里有濟濁館，故和平鋪也。又經故達幹城，百二十里至謁者館。又六十里至據史德城，龜兹境也。一曰鬱頭州，在赤河北岸孤石山」。又河西内屬諸胡州有蔚頭州。寰宇記「自撥换西南至據史德城四百里，自據史德城西南至疏勒鎮城五百八十里」。按蔚頭州即鬱頭城，取漢尉頭國之名，而字稍異耳。然據史德城在撥換西南四百里，則當爲今烏什山南之地，非漢尉頭國所在。蓋漢之尉頭國正當今之烏什，而唐之鬱頭州乃在今喀什噶爾之東，阿克蘇之西南也。

土産

稻。黍。青稞。麥。

馬。橐駝。羊。

紅銅。硝。西域圖志：烏什額徵紅銅、硝。

校勘記

〔一〕在伯得里克山西一百里　「伯」，原作「百」，據西域圖志卷二一山及上文改。

喀什噶爾圖

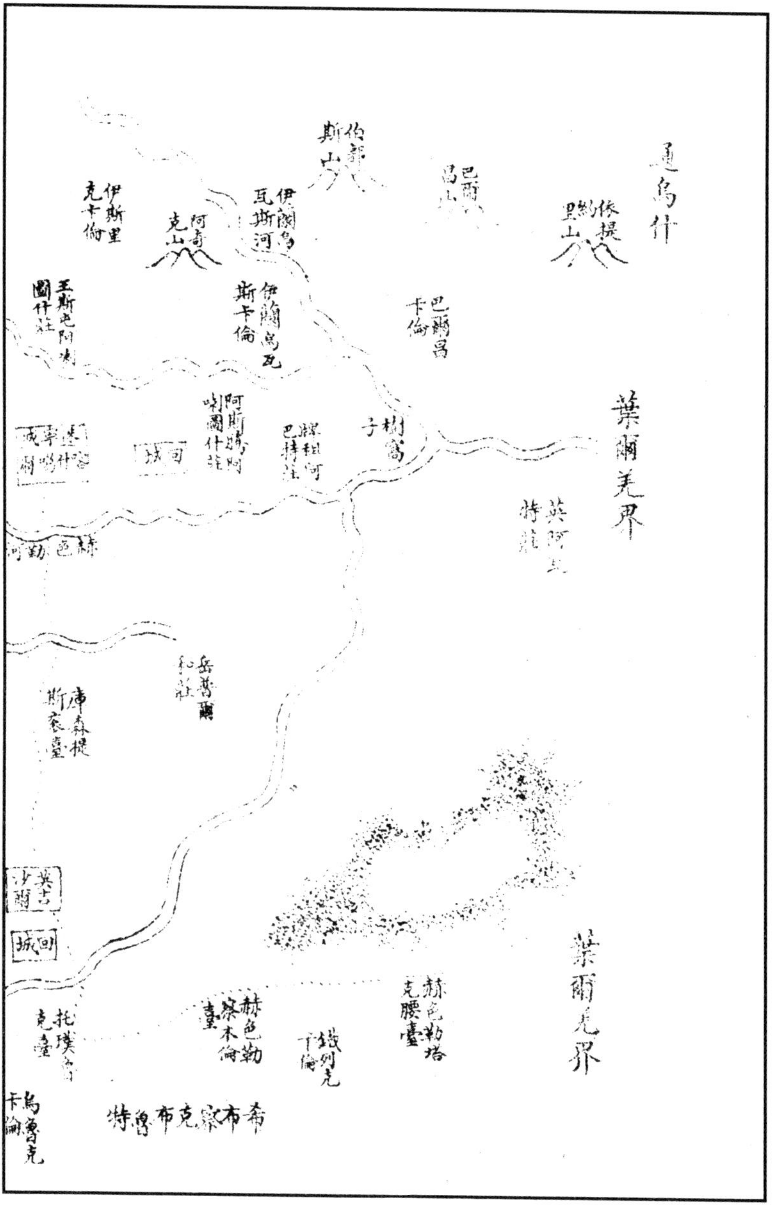
通烏什
葉爾羌界
回城
回城
英吉沙爾
希布察克布魯特
葉爾羌界

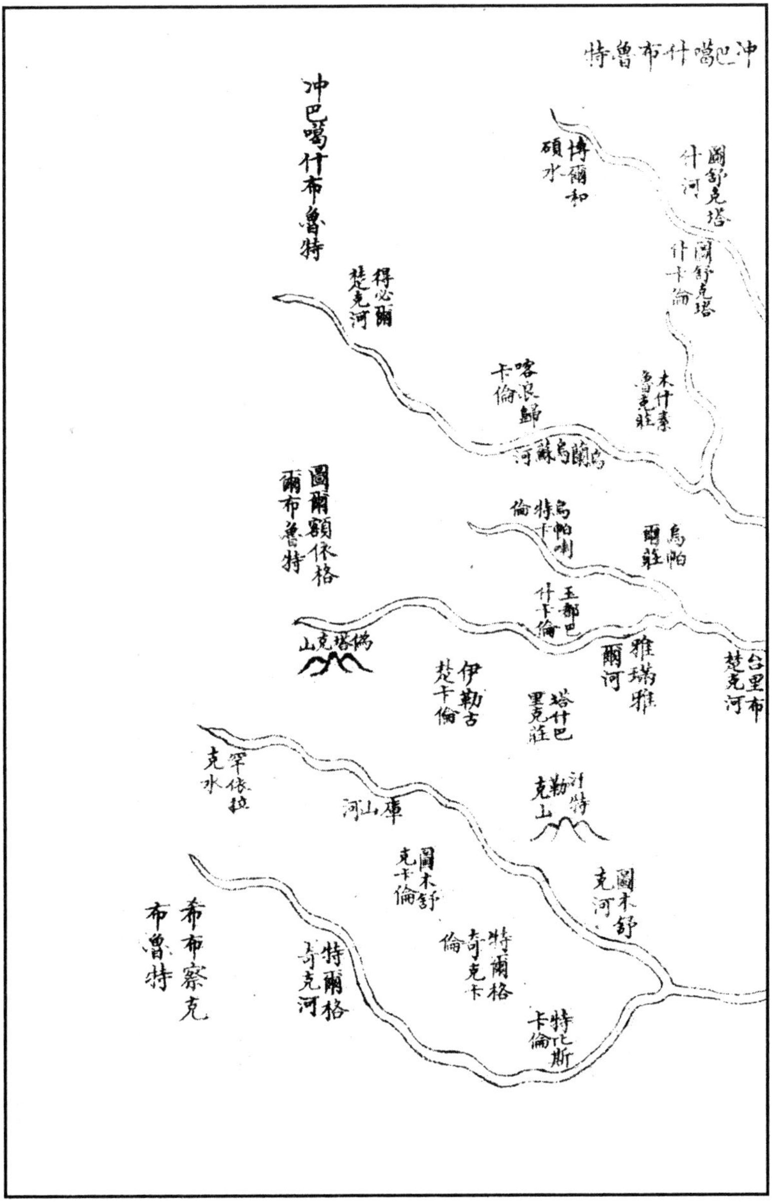
沖巴噶什布魯特
沖巴噶什布魯特
圖爾舒克塔什河
圖爾舒克塔什卡倫
博爾和碩水
得必爾楚克河
喀浪歸卡倫
木什素魯克莊
烏蘭烏蘇河
烏帕喇特卡倫
烏帕爾莊
圖爾額依格爾布魯特
玉都巴什卡倫
雅璐雅爾河
台里布楚克河
伊勒古楚卡倫
塔什巴里克莊
罕依拉克水
庫山河
汗特勒克山
圖木舒克卡倫
圖木舒克河
特爾格奇克卡倫
特爾格奇克河
希布察克布魯特
特比斯卡倫

喀什噶爾表

	喀什噶爾	英吉沙爾 舊音「英噶薩爾」
秦		
兩漢	疏勒國	依耐國 後漢莎車國地。
三國	疏勒國	依耐國地。
晉		
南北朝	疏勒國	疏勒國地。
隋	疏勒國	
唐	疏勒國 一名佉沙。置都督府，備四鎮。咸亨四年没吐蕃。長壽二年復置。貞元後又没吐蕃。	朱俱波國地。
五代		
宋	疏勒國	疏勒國地。
元	喀什噶爾 舊音「合失合兒」。	
明	喀什噶爾 舊音「哈實哈兒」。	

續表

阿喇楚勒	葉什勒庫勒
無雷國	難兜國
鉢和國	波知國
喝盤陀地。又護密國，一名達摩悉鐵帝，一名鑊侃，地當四鎮，入土火羅道。	喝盤陀地。

大清一統志卷五百二十六

喀什噶爾

在烏什西南九百三十五里。東北至巴爾昌通烏什界，西北俱接葱嶺，通藩屬布魯特、安集延界，東南至英吉沙爾屬之赫色勒塔克接葉爾羌界。至京師一萬一千九百二十五里。

建置沿革

漢爲疏勒、依耐、無雷等國。後漢永平中，龜兹滅疏勒，漢仍立之。三國至隋，皆爲疏勒國。唐貞觀中，置都督府，備四鎮，後没於吐蕃。長壽二年，復置都督府。宋爲疏勒國。元及明皆爲喀什噶爾。元舊作「合失合兒」，明舊作「哈實哈兒」，今改正。

本朝初，爲回酋大和卓木波羅泥都所居。乾隆二十三年，霍集占棄庫車而西，將軍兆惠率師追之。至葉爾羌，波羅泥都自喀什噶爾以衆馳赴，與霍集占合，固拒累月，霍集占西遁。波羅泥都復入喀什噶爾，盡驅其男婦出城，脅之偕行，衆弗從，乃盡略牲畜，踰山而西。其舊伯克人民脱歸者，以城内附，於是喀什噶爾所屬諸境咸隸版籍。

喀什噶爾城曰徠寧，周四里餘，東、西、南、北四門，城東有回城。所屬村城一十有六。

晷度

北極高三十九度二十五分，距京師偏西四十二度二十五分。夏至晝長五十九刻九分，夜長三十六刻六分。冬至晝長三十六刻六分，夜長五十九刻九分。午正日景，夏至長二尺八寸六分，冬至長一丈九尺五寸四分，春分、秋分長八尺二寸二分。西域圖志。

形勢

疏勒城有列市，西當大月氏、大宛、康居道。漢書西域傳。山環水帶，土地肥腴，城堡鱗次。西域圖志。

風俗

疏勒國俗事祆神。唐書西域傳。

屬境

伯什克勒木。在喀什噶爾城東三十五里，霍爾干東南二十五里。特們河在其東北。

伊克斯哈拉。在喀什噶爾城東八十里。

牌租阿巴特。在喀什噶爾城東二百里，木什河北。

阿爾巴特。在喀什噶爾城東南四十里，居木什、赫色勒兩河之間。

汗阿里克。在喀什噶爾東南一百四十里，居赫色勒、雅璊雅爾兩河之間，有小城。

塔什巴里克。在喀什噶爾城東南一百四十里，雅璊雅爾河東南。

赫色勒布伊。在喀什噶爾城東南一百五十里。西北距阿爾巴特一百十里，居赫色勒、雅璊雅爾二河之間。有小城。

托璞魯克。在喀什噶爾東南二百七十里。

提斯衮。在喀什噶爾城南六十里。

岳普爾和。在喀什噶爾城南八十里，北傍赫色勒河。

英吉沙爾。在喀什噶爾城南二百里，提斯衮南一百四十里。踰雅璊雅爾河、庫森河至其地。所屬地曰賽喇克。又東北境曰察木倫，西北境曰沙瑪拉，西境曰特斯比，西南境曰額克資雅爾。地皆要隘。以道里考之，爲漢依耐國地。

塞爾們。在喀什噶爾城西南五里，赫色勒特爾、墨楚克兩河環帶之間，與哈喇刻爾東西相望。

哈喇刻爾。在喀什噶爾城西南三十里，赫色勒特爾、墨楚克兩河環帶之間。

托克庫爾薩克。在喀什噶爾城西南四十里，塞爾們南三十五里，雅璊雅爾河北岸。

鄂坡勒。在喀什噶爾城西南一百二十里，托克庫爾薩克西八十里。雅璊雅爾河環其西南境，有小城。

阿斯騰阿喇圖什。在喀什噶爾城西北六十里。地當山口，爲特們河發源處。

鄂什。在喀什噶爾城西北一百二十里。西北踰山，通藩屬西布魯特界。

霍爾干。在喀什噶爾城東北十里，居木什、特們兩河之間。

玉斯屯阿喇圖什。在喀什噶爾城東北八十里，霍爾干北七十里。有小城，當山口。

阿喇古。在喀什噶爾城東北一百四十里。地當北山南麓，支山迤邐，西南相抱。

巴爾昌。在喀什噶爾城東北一百六十里。有水橫當孔道，不通大河。自烏什屬之色帕爾拜西南行，山徑崎嶇，爲烏什西南境外通喀什噶爾之路。其南則小山如屏，直抵烏什南境，東西千里，沙磧彌望。

和什庫珠克。在喀什噶爾西境外五百里。乾隆二十四年，參贊大臣明瑞追逆回霍集占至此，以九百人敗賊六千。

阿喇楚勒。在和什庫珠克嶺西三百里，喀什噶爾西境外八百里。逆回西竄至此，副將軍富德追及之，勦四千餘衆，擒斬伯克數十人。在漢當爲無雷國地。

葉什勒庫勒。在喀什噶爾西境外千里。副將軍富德、參贊大臣阿里衮追擊霍集占於此，降回衆萬二千人。舊對音爲伊西洱庫爾，地以水名。在阿喇楚勒西南二百里，葉什勒庫勒淖爾西。南北高峯對峙，北山有小徑，通安集延。其西限以大嶺，踰嶺以南，通拔達克山界。

户口

回民一萬四千五十六户，六萬六千四百十三名口。

田賦

額徵糧二萬五千一百九十三石五升三合一勺，額賦普爾二萬六千騰格。

臺站

喀什噶爾底臺。

庫森提斯衮臺。喀什噶爾底臺南一百一十里。

英吉沙爾臺。庫森提斯衮臺南一百里。

托璞魯克臺。英吉沙爾臺南少東七十里。

赫色勒察木倫臺。托璞魯克臺東少南五十里，又東少南一百里至葉爾羌屬之赫色勒塔克腰臺。

卡倫

巴爾昌。
伊蘭烏瓦斯。
伊斯里克。
圖舒克。
塔什。
喀浪歸。
烏帕喇特。
玉都巴什。
伊勒古楚。以上喀什噶爾轄。
鐵列克。
烏魯克。
特比斯。
特爾格奇克。

圖木舒克。以上英吉沙爾轄。

山川

僞塔克山。在喀什噶爾西南，伊勒古楚卡倫外。嘉慶二十年，擒逆回孜牙墩於此山谷中。

汗特勒克山。在英吉沙爾城西百餘里，葱嶺東境分支也。又有特勒克奇山、齊特克山，俱與汗特勒克山相屬，俱在城西。又有烏拉齊山、裕魯山、洮野柳山、阿齊克山，俱在英吉沙爾城南，二面山口皆通拔達克山路。

葱嶺。在喀什噶爾西，一名極疑山，天山來脈也。連岡叠嶂數百餘里，起伏迤邐，高者上薄霄漢，爲西域西境之屏障。今喀什噶爾、葉爾羌正西一帶諸山皆是也。喀什噶爾河、葉爾羌河皆發源於此。其間土名隨地而殊，於古總謂之葱嶺云。漢書西域傳：西域三十六國，西則限以葱嶺。又南道西踰葱嶺，則出大月氏、安息。北道西踰葱嶺，則出大宛、康居、奄蔡。水經注：葱嶺高千里，西河舊事曰「其山高大，上生葱」。唐西域記：葱嶺者，南接大雪山，北至熱海、千泉，西至活國，東至烏鎩國〔一〕，各數千里，崖嶺數百重〔二〕，幽谷險峻，恒積冰雪，寒風勁烈。又以山崖葱翠，故以名焉。

和什庫珠克嶺。在喀什噶爾西南葱嶺中，阿喇楚勒東一百里。舊音霍斯庫魯克。山勢寬廣，峯嶺極峻。唐西域傳「由疏勒西南入劒末谷、不忍嶺」，應即其地。

烏魯阿喇特嶺。在喀什噶爾西北境，爲葱嶺東北分支處。由是東北行，爲天山正幹。

克伯訥克嶺。在喀什噶爾西境外一百里。其東五十里爲哈喇山。

齊齊克里克嶺。在哈喇山東一百里，當孔道北。

特勒克嶺。在齊齊克里克嶺東一百里，當孔道北。

杭阿喇特嶺。在特勒克嶺東一百里，當孔道北。又東南行，接葉爾羌南境諸山。

喀什噶爾河。在喀什噶爾城南少東，即赫色勒河下流。東行五百里，經巴爾楚克城南，又東行六百里，北會阿克蘇河，南會葉爾羌、和闐二河，入塔里木河。漢書言河有二源，一出蔥嶺，即謂此水及葉爾羌河水。

赫色勒河。在喀什噶爾城南。源出北山麓，東南流，會特爾墨楚克河，入雅瑪雅爾河。新疆識略：喀什噶爾河出阿喇古山，東流爲得爾必楚克河，又東爲烏蘭烏蘇河，又東經喀什噶爾城南，是謂赫色勒河。水經城南七里，故又名七里河。

特爾墨楚克河。在赫色勒河南。與赫色勒河同源異流，東南流二百里，合入雅瑪雅爾河。

雅瑪雅爾河。在特爾墨楚克河南二十里。源發蔥嶺，東流，經塔什巴里克城南，又東北流，經喀什噶爾城南，赫色勒、特爾墨楚克二水合流，北來會之，名喀什噶爾河。按：新疆識略：「雅瑪雅爾河出自蔥嶺吉布察克山，東南流會阿喇古山水，瀦於哈喇庫爾，東流經察哈爾阿勒爾之南，喀什塔什嶺之北。復經伊勒古楚卡倫北，入喀什噶爾境。又東爲台里布楚克河，又東流分枝渠，溉庫森提斯衮莊、罕愛里克莊。又東至岳普爾和莊，止不流。在大河之南，不與河會。」今從識略。

特們河。在喀什噶爾城北。源出北山，東西二源合而東南流，入木什河。

木什河。在喀什噶爾城北。源出北山中，東南流，過喀什噶爾城，會赫色勒河。

博羅和碩河。在喀什噶爾東北，玉斯屯阿喇圖什西南二十里。源出西北山中，東南流過阿喇圖什而止，不通大河。按：新疆識略：「博爾和什水，東南流經圖舒克塔什卡倫東，又東南經玉斯屯阿喇圖什莊北〔三〕，伊蘭烏瓦斯河自北來入之，合流入大河。」今從識略。

察罕水。在英吉沙爾城南五里。源出西山，東流百餘里，過英吉沙爾而止，不通大河。按：新疆識略：「英吉沙爾水，名罕依拉克水。東流經偈塔克山邊牆，名庫山河。又東南經圖木舒克卡倫北。又東南與特爾格奇克河合流，經英吉沙爾城南，行兩沙梁間，東北流入大河。」今從識略。

哈喇池。在喀什噶爾西南，即雅瑪雅爾河之上流，在烏魯阿喇特嶺西北。有兩源，出北山中，合流南行至此，渟潴成澤，周圍百餘里。東出爲雅瑪雅爾河。

布隆池。在阿喇楚勒西百餘里，周迴五十餘里。自拔達克山界内北流至此，匯成巨澤，居山谷間。

葉什勒池。原名伊西洱庫爾淖爾，在布隆池西四十里。水勢深廣，萬山環繞。北通安集延，西限蔥嶺，南抵拔達克山。乾隆二十四年，副將軍富德窮追逆回波羅泥都、霍集占至此。逆回奔拔達克山，富德遣使索俘，二酋旋授首。池上勒高宗純皇帝聖製紀功碑，昭示萬世云。高宗純皇帝聖製平定回部勒銘伊西洱庫爾淖爾碑文曰：機有視若失而反得，智者之所尠，而愚者之所惑也；事有初若勞而終逸，壯者之所卹，而懦者之所怯也。若夫定全回，殲二酋，戰無不克，攻無不取，皆二將軍及諸參贊以及行間衆將士之力也。然予亦有所深慰於其間者，則以五年劼劬宵旰，運籌狎至，實未敢偷安於頃刻也。幸我武保定，庶因答乾貺，慰先志，且以免浮議之指斥也。伊西洱庫爾淖爾者，我副將軍富德等窮追二酋，至拔達克山之界，獲其降者萬人，二酋僅以身免。而遣使索俘，遂得獻馘振旅，以成茂勳也。其地倚山臨水，單騎可容。而我突將無前，四甄並發，如入無人之域也。賊衆首尾不能相顧，豎我回纛以招之，降者鋪崖以來。霍集占持刃止之，或且反戈倒戟也。是以二酋見事不成，拔身遠跳，駾突而喙息也。先是，蹙之於霍斯庫魯克，襲之於阿爾楚爾，無不以少勝衆，批亢擣堅。桓桓之士，真如驅虎豹而逐貍兔，纏頭碩鼻者流，皆悃悃踉踉，見即辟易也。是以先聲異域，駭其跳盪，遮逆助順，用攫重輜而獻兇級也。我兵未深入拔達克山境者，則以討逆之師，不蹂無罪之地，姑遣使焉。彼或曉逆順，亦將擒獻。是以將帥之臣，審機度時，我武少輯也。卒蕆事而告成功，則亦未爲計之失也。回部始末已見於勒銘葉爾奇木之碑，辭不複綴也。特紀耆定之在兹，是以誌歲月而刻石也。

哲克得泉。在喀什噶爾東北，齋都伯西南四十里。源出北山南麓。

哈喇泉。在喀什噶爾東北，哲克得泉西南四十里。源出北山南麓。

古蹟

古疏勒國。漢書：疏勒國王治疏勒城，去長安九千三百五十里，東至都護治所二千二百一十里，南至莎車五百六十里。有市列，西當大月氏、大宛、康居道也。文獻通考：疏勒都白山南百餘里，南有河，西帶蔥嶺，亦名雪山，在國西北百餘里，河所出。東去龜兹千五百里，西去撥汗國千里，南去朱俱波八九百里，在于闐國北千五百里。土多稻、粟、蔗、銅、鐵、綿、錦、雌黄。後漢明帝永平中，龜兹王攻殺疏勒王，自以龜兹左侯兜題爲疏勒王。漢遣班超劫縛兜題，立疏勒王忠。忠後反叛，班超擊斬之。安帝元初中，疏勒漸以强盛。靈帝後，連相殺害，漢不能禁。至後魏文成末，其王遣使送佛袈裟，置猛火上不燃。其城都方五里。國内有大城十二，小城數十。人手、足皆六指。地多磧，少土壤。其人文身，碧瞳。王姓裴氏，自號阿摩支，居迦師城。隋大業中，又遣使來。唐貞觀九年，獻名馬。儀鳳時，吐蕃破其國。開元十六年，遣大理正喬夢松等册其君安定爲疏勒王。新唐書地理志：疏勒都督府，貞觀九年，疏勒内附置，領州十五。又云：自據史德城，渡赤河，經岐山，三百四十里至葭蘆館。又經達漫城，百四十里至疏勒鎮。南、北、西三面皆有山，城在水中。城東又有漢城，亦在灘上。赤河來自疏勒西葛羅嶺，至城西分流，合于城東北，入據史德界。按：回語謂紅水曰「烏蘭烏蘇」，喀什噶爾河上源即赤河也。

依耐國。漢書：依耐國王治去長安萬一百五十里，東北至都護治所二千七百三十里，至莎車五百四十里，至無雷五百四十里，北至疏勒六百五十里，南與子合接，寄田疏勒、莎車。按：依耐北至疏勒六百五十里，則當在今英吉沙爾南四百里外。而至莎車五百四十里者，蓋東北至莎車也。

蒲犂國。漢書：蒲犂國王治蒲犂城，去長安九千五百五十里，東至莎車五百四十里，北至疏勒五百五十里，南與西夜、子合接，西至無雷五百四十里。　按：依耐南與子合接，蒲犂南與西夜、子合接，西夜東與皮山，北與莎車接，是蒲犂在莎車西南也。依耐北至疏勒六百五十里，蒲犂北至疏勒五百五十里，是蒲犂在依耐東北，去依耐百里也。依耐在英吉沙爾南四百里外，則蒲犂當三百里外。

無雷國。漢書：無雷國王治盧城，去長安九千九百五十里，南至蒲犂五百四十里，南與烏秅，北與捐毒，西與大月氏接。　按：無雷在依耐西北。西域圖志：「阿喇楚勒北通布魯特，南接拔達克山，西行則踰葱嶺，以漢書證之，宜爲無雷國地。」

鉢和國。魏書西域傳：鉢和國，在渴槃陁西。其土尤寒，有大雪山，望若銀峯。一道西行向嚈噠，一道西南趣烏萇，亦爲嚈噠所統。唐書西域傳：護密者，元魏所謂鉢和，横一千六百里，縱狹纔四五里。王居塞迦審城〔四〕，北臨烏滸河。地寒冱，堆阜曲折，沙石流漫。顯慶時，以地爲烏飛州，地當四鎮入吐火羅道，故役屬吐蕃。西域圖志：漢之無雷，至北魏爲鉢和，於史無明文。第考魏書，鉢和國在渴槃陁西。今葉爾羌西塞爾勒克、喀爾楚一帶爲渴槃陁國。而鉢和國東與之接，其地必當在葱嶺之中。更以唐書「護密即魏鉢和，地當四鎮入吐火羅道」之説推之，則四鎮在葱嶺東，吐火羅在葱嶺西。魏之鉢和、唐之護密，當屬葱嶺中往來當道之國。今阿喇楚勒在葱嶺中偏北境上，雖不必定爲無雷、鉢和、護密諸國之都，而要屬諸國之北鄙，可無疑矣。　按：魏之烏萇，當即漢之烏秅，以聲相近也。

波知國。魏書西域傳：波知國，在鉢和西南。土狹人貧，依托山谷，其王不能總攝。有三池，傳云大池有龍王，次者有龍婦，小者有龍子。西域圖志：魏波知國，在鉢和西南，與今葉什勒庫勒方位相合。葉什勒有大淖爾，廣數十里，或即三池之舊。

土產

稻。粟。菽。麥。後漢書西域傳：疏勒土多稻、粟、菽、麥。

蒲萄。瓜。

馬。橐駝。

金。紅銅。

金絲緞。棉花。西域圖志：喀什噶爾額徵紅銅、棉花，土貢黄金、金絲緞、蒲萄。

校勘記

〔一〕東至烏鎩國　「鎩」，原作「鍛」，據乾隆志卷四一九喀什噶爾山川（下同卷簡稱乾隆志）及大唐西域記卷一二葱嶺、烏鎩國改。

〔二〕崖嶺數百重　「重」，乾隆志同，據大唐西域記卷一二葱嶺改。

〔三〕又東南經玉斯屯阿喇圖什莊北　按，欽定新疆識略卷一新疆水道總敘謂「經玉斯圖阿爾圖什莊南、阿斯圖阿爾圖什莊北」，此抄撮有誤。

〔四〕王居塞迦審城　「塞」，原作「寒」，據新唐書卷二二一下西域傳下改。

葉爾羌圖

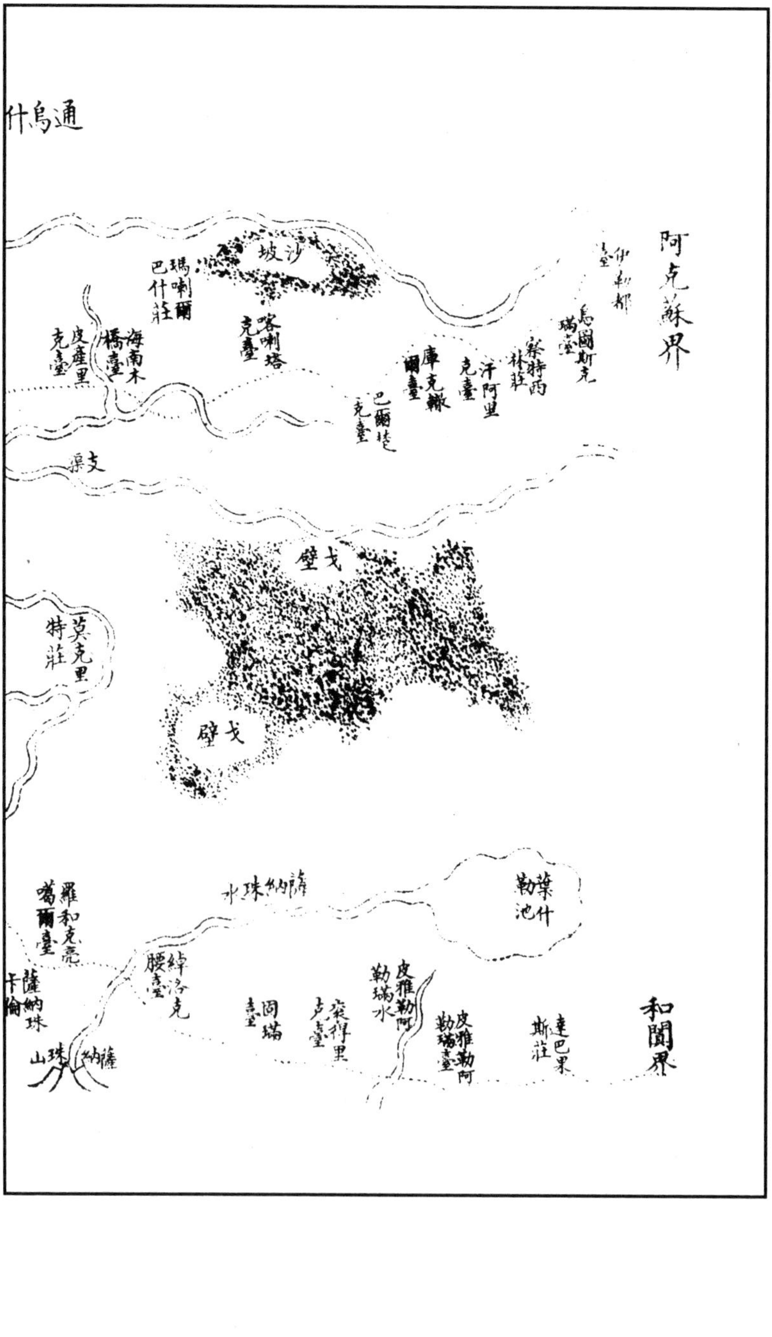
通烏什
阿克蘇界
伊勒都臺
沙坡
瑪喇爾巴什莊
喀喇塔克臺
皮產里克臺
海南木橋臺
汗阿里克臺
巴爾楚克臺
支渠
戈壁
戈壁
莫克里特莊
薩納珠水
葉什勒池
薩納珠卡倫
薩納珠山
綽洛克腰臺
固瑪臺
和闐界

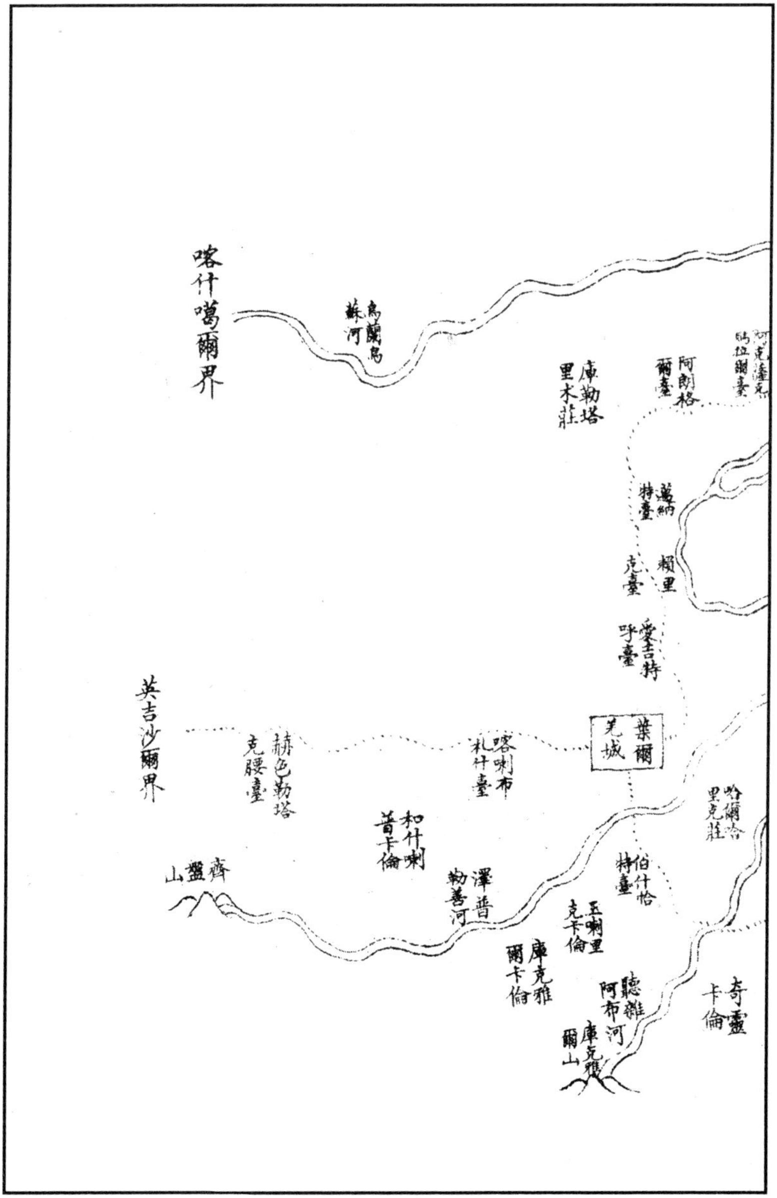
喀什噶爾界
烏蘭烏蘇河
庫勒塔里木莊
阿朗格爾臺
邁納特臺
賴里克臺
愛吉特呼臺
葉爾羌城
英吉沙爾界
赫色勒塔克腰臺
喀喇布札什臺
和什喇普卡倫
澤普勒善河
齊盤山
伯什恰特臺
哈爾哈里克莊
玉喇里克卡倫
庫克雅爾卡倫
聽雜阿布河
庫克雅爾山
奇靈卡倫

葉爾羌表

	葉爾羌	裕勒阿里克	庫克雅爾
秦			
兩漢	莎車國 後漢併入于闐，後復立。	西夜國地，一名漂沙。	西夜國地。後漢子合國地。
三國	莎車國 屬疏勒。渠莎國 屬疏勒。	西夜國地，屬疏勒。	
晉			
南北朝	渠莎國 居莎車城。	悉居半國 一名子合，治呼犍谷。	
隋	于闐國地。	朱俱波地。	朱俱波地。
唐	斫句迦種 或曰沮渠，并入于闐。	朱俱波 一名朱俱槃。	朱俱波地。
五代			
宋	于闐國地。	于闐國地。	
元	葉爾羌		
明	葉爾羌	葉爾羌	

續表

皮什南	克勒爾塞	喀爾楚
皮山國	蒲犂國	德若國
	滿梨國 屬疏勒。	億若國 屬疏勒。
于闐國地。		
于闐國地。	渴槃陁地。	渴槃陀國。
于闐國地。		
于闐國地。		喝盤陀地。
	喝盤陀地。或曰漢陀，或曰渴館檀，亦謂渴羅陀，治葱嶺中。後爲朱俱波所并。	

大清一統志卷五百二十七

葉爾羌

在阿克蘇西南一千四百一十里，喀什噶爾東南五百七十里。東至都齊特臺接阿克蘇界，西至喀爾楚入葱嶺，通藩屬拔達克山界，東南至卓窪勒臺接和闐界，西至赫色勒塔克接英吉沙爾界。至京師一萬二千三百八十五里。

建置沿革

漢爲莎車、西夜、皮山、蒲犂等國。後漢初，莎車爲于闐所并，後復立。北魏爲渠莎國。隋屬于闐。唐爲斫句迦種，併入于闐。宋爲于闐地。元及明爲葉爾羌。舊對音葉爾奇木，或曰葉爾欽。元史舊作「鴉兒看」，亦作「押兒牽」，今改正。

本朝康熙二十一年，其地回酋阿布都里什特爲準噶爾所執。三十五年，官兵破準噶爾，阿布都里什特來朝，護送歸國。後爲準噶爾所阻，不獲内附。乾隆二十年，始内屬。二十三年，將軍兆惠等追討霍集占，至葉爾羌。其兄波羅泥都自喀什噶爾來援，賊入城閉守，兆惠分兵斷喀什噶爾援路，徙營從城東轉攻城南，師濟喀喇烏蘇，賊衆四集，合圍我軍，乃築壘以守。二十四年正月，副將軍富德等以新調兵至，參贊大臣阿里袞解馬千匹馳至，乃振旅還阿克蘇。時諸路兵甲並集，軍威大振。將軍兆惠、副將軍富德等分路領兵追討，二酋度大兵再至，必成擒，乃掠其牲畜，棄城逾山遁。於是葉爾羌之舊伯克、回民等以城降。城周十餘里，有六門，土岡環其東南，恭勒高宗純皇帝聖製平定回部勒銘葉爾奇木碑文於城中。高宗純皇帝平定回部勒銘葉爾奇木碑文曰：粵稽回始，肇自天方。又名默克，一曰天堂。大食見元，回鶻見唐。是皆仿髴，所傳弗詳。惟我皇清，撫有華夏。血氣之倫，均歸陶冶。準夷昔强，冥頑弗下。恃厥險遠，實梗化者。猰貐其衆，豺狼其羣，以回爲羊，役以耕耘。利其善賈，三倍市欣。拘二酋長，處伊犂濱。四大回城，輸租獻賦。騰格是供，衛拉是懼。繭絲奚堪，溝壑已遽。有面内心，其何能訴！準夷既平，羣回見天。謂自今始，飽食晏眠。遣厥酋歸，撫爾土田。生死骨肉，詎疑變遷。詎疑變遷，德竟怨報。助我叛疆，戕我星軺（叶）。是用興師，聲罪致討（叶）。乃敢抗顔，蜩螗讙譟。既侮厥外，宜安厥内。而何狂狙，心焉昏憒。殺人爲戲，奪妻爲穢。大失衆心，無不怨背。三道並發，四甄齊攻。酋知弗支，自擄一空。廿日之前，駾走無蹤。爾雖無蹤，我追應窮。滔滔洸洸，連戰皆克。旦夕苟延，遂入異域。異域畏懷，舉旗助力。腐鼠莫逋，遂來獻馘。二酋既殲，羣回永靖（叶）。設官定賦，去其苛政。昔之諸回，曉戰夜偵。今恬以嬉，各保性命。昔之諸回，爲準夷臣。今語鄰封，曰天王民。曰天王民，誰汝苦辛。藝爾稷黍，孳爾子孫。在昔己巳，爰平金川。茲定回部，亦己卯年。歲符理紀，瑞疊祥駢。持盈保泰，惟懋慎旃。

晷度

北極高三十八度十九分，距京師偏西四十度十分。夏至晝長五十八刻十分，夜長三十七刻五分。冬至晝長三十七刻五分，夜長五十八刻十分。午正日景，夏至長二尺六寸五分，冬至長一丈八尺六寸五分，春分、秋分長七尺九寸。西域圖志。

形勢

城踞高岡，規模宏敞，甲於回部。街巷屈曲，屋宇毘連。導城南喀喇烏蘇之水，達於城北，是資飲用。西域圖志。

風俗

蒲犂國、依耐國，寄田莎車。漢書西域傳。

屬境

伯什恰特。在葉爾羌城東五十里。

雅哈阿里克。在葉爾羌城東南四十里，葉爾羌河北五里。

坡斯恰木。在葉爾羌城東南七十里。

哈爾噶里克。在葉爾羌城東南二百二十里，踰提斯衮河，又東南十里至其地。

貝拉。在哈爾噶里克東南六十里。

楚魯克。在哈爾噶里克東南七十里。

伯什阿里克。在葉爾羌城東南三百里。

皮什南。在葉爾羌城東南三百十里。有河出南山下，北流百餘里，饒水草，於漢爲皮山國地。

托古斯恰特。在葉爾羌城東南三百五十里。

固瑞。在葉爾羌城東南三百八十里。

章固雅。在葉爾羌城東南三百九十里。

薩納珠。在葉爾羌城東南四百里。有城垣，從此西南行，通藩屬痕都斯坦界。城西北面臨葉什勒池。唐書地理志：于闐西三百九十里有吉良鎮。西域圖志：今自和闐額里齊城西行，至薩納珠三百九十里，疑屬當時吉良鎮地。

木濟。在葉爾羌城東南四百六十里。

衮得里克。在葉爾羌城東南四百八十里。

都窪。在衮得里克東南六十里，有城垣。

阿克阿里克。在葉爾羌城東南六百餘里，木濟東北二百里。東傍葉什勒池，不當孔道，東境接和闐界。

皮雅勒阿勒瑞。在葉爾羌城東南六百六十里，東境有黃水溝。

鄂淵楚魯克。在葉爾羌城南四十里，踰喀喇烏蘇至其地。

舒帖。在鄂淵楚魯克南一百六十里。

呼木什恰特。在葉爾羌城南二百里。

裕勒阿里克。在葉爾羌城南三百里，有小城，在漢爲西夜國地。

阿喇勒。在葉爾羌城西南二十里。

喀瑪喇克。在葉爾羌城西南二十里，踰喀喇水至其地。

喇巴特齊。在葉爾羌城西南七十里。

伊奇蘇凝阿喇斯。在葉爾羌城西南一百里，有小城。

哈喇古哲什。在葉爾羌城西南二百里，有小城。

和什阿喇布。在葉爾羌城西南二百里，有小城。

庫克雅爾。在葉爾羌城西南三百里，後漢子合國地。

塔克布伊。在葉爾羌城西南三百里，有小城，後魏朱居國地。

英額齊盤。在葉爾羌城西南四百里，塔克布伊西南一百里。

色勒克郭勒。在葉爾羌城西南七百里，和什阿喇布西五百里，地以水名。

鄂爾多諤斯騰。在葉爾羌城西二十里，地以水名。

密什雅爾。在葉爾羌城北十五里。

汗阿里克。在葉爾羌城北四十里，踰河至其地。

塔噶爾齊。在葉爾羌城東北二十里。

阿布普爾。在葉爾羌城東北三十里。

拜林。在葉爾羌城東北一百里，伯什恰特東北五十里。

庫勒塔里木。在葉爾羌城東北三百里。

呼拉瑪。在葉爾羌城東北六百二十里。乾隆二十四年，副將軍富德、參贊大臣舒赫德，援將軍兆惠，破霍集占於此，提督豆斌死焉。

巴爾楚克。在葉爾羌城東北七百五十里，喀什噶爾河流經其南。

察特西林。在葉爾羌城東北八百五十里，喀什噶爾河流經其南。

塞爾勒克。在蔥嶺中，由齊齊克里克嶺西南行至其地。有小城，葉爾羌河北源經流其左。

喀爾楚。在蔥嶺中，由塞爾勒克西南行一百五十里至其地，葉爾羌河南源經流其陽。東距葉爾羌城五百餘里，有小城。

自塞爾勒克以西，在葉爾羌西境外。於漢當爲蒲犂國地，後魏則渴槃陁也。

户口

回民一萬五千五百七十四户，六萬五千四百九十五名口。

田賦

額徵糧二萬一千三百七十一石七升，額賦普爾二萬五千一百五十騰格。

臺站

葉爾羌底臺。

伯什恰特臺。葉爾羌底臺南七十里。

羅和克亮噶爾臺。伯什恰特臺東南一百二十里。

綽洛克腰臺。羅和克亮噶爾臺東南九十里。

固瑞臺。綽洛克腰臺東南九十里。

袞得里克臺。固瑞臺東九十里。

皮雅勒阿勒瑪臺。袞得里克臺東一百四十里。又東一百五十里至和闐屬之阜窪勒臺。以上東南境。

喀喇布札什臺。葉爾羌底臺西七十里。又西七十里至英吉沙爾屬之赫色勒塔克腰臺。以上西境。

愛吉特呼臺。葉爾羌底臺東北七十里。

賴里克臺。愛吉特呼臺北一百二十里。

邁納特臺。賴里克臺北少東九十里。

阿朗格爾臺。邁納特臺東北一百里。

阿克薩克瑪拉爾臺。阿朗格爾臺東北八十里。

畢薩克臺。阿克薩克瑪拉爾臺東八十里。嘉慶五年，因夏令河水漲發，移臺於皮產里克。

賽爾古努斯臺。畢薩克臺東七十里。嘉慶五年，移臺於海南木橋。

哲克得里克托海臺。賽爾古努斯臺東七十里。嘉慶五年，移臺於喀喇塔克。

巴爾楚克臺。哲克得里克托海臺東一百里。

庫克輸爾臺。巴爾楚克臺東北八十里。

汗阿里克臺。庫克輸爾臺北少東又少西七十里。

烏圖斯克璊臺。汗阿里克臺東北六十里。

伊勒都臺。烏圖斯克璊臺東北九十里。又東北九十里至阿克蘇屬之都齊特臺。以上東北境。

卡倫

賽里克。

亮噶爾。

庫克雅爾。

玉喇里克。

奇靈。

薩納珠。

和什喇普。

山川

密爾岱山。在葉爾羌東南。産玉石，由是東行，接和闐南境諸山。

貝拉山。在葉爾羌東南，庫克雅爾山東北，貝拉南，楚魯克西南境。

奇勒揚山。在葉爾羌東南，貝拉山南，庫克雅爾山東，其南爲痕都斯坦界。

和什山。在葉爾羌東南，奇勒揚山東北。葉什勒河發源東麓。

薩納珠山。在葉爾羌東南，薩納珠東南。自英額齊盤至此，東西延亘，爲葉爾羌南境諸山，皆由葱嶺分支。東南行六百餘里，接和闐南境。

庫克雅爾山。在葉爾羌西南，裕勒阿里克山東南，庫克雅爾南〔一〕。聽雜阿布河發源山中。

英額齊盤山。在葉爾羌西南，英額齊盤西十里。與裕勒阿里克山東西相望，俱在葉爾羌河西境。南爲裕勒阿里克山。

葉爾羌河。源出葉爾羌西南蔥嶺中。東南流爲托里布隆河，東北流爲澤普勒善河。又東北流至莫克里特，會聽雜阿布河，是爲葉爾羌河，水經注謂之蔥嶺南河。東流至噶巴克阿克集，與蔥嶺南河會。

聽雜阿布河。在葉爾羌城東南五十里。源出庫克雅爾山，北流出山，經沙圖伯什阿里克、托古斯恰特之北，會澤普勒善河。

提斯衮河。在葉爾羌城東南，横當孔道，不通大河。

庫森河。在提斯衮河南五里，河身深廣，不通大河。

喀喇水。在葉爾羌城南，即澤普勒善河所渟滀，名爲洗泊，亦名黑水。乾隆二十三年，將軍兆惠攻圍葉爾羌，率師渡喀喇水。過河纔四百餘人，賊衆大至，因復踰喀喇水而東，築堡固守。逆回決水灌營，我師豫開溝引之入河，轉資其用，禦守三月，累破賊衆。會援師至，全軍歸阿克蘇。高宗純皇帝聖製有黑水行詩。

葉什勒池。水出薩納珠西南山，東北流，經薩納珠城西北，又東北流，經章固雅東，衮得里克西，又東北經木濟東，又東北經阿克阿里克東。西域圖志：唐書「由于闐葦關西北渡繫館河〔二〕，六百二十里至郅支滿城」，自和闐西行，玉隴、哈喇兩河外，以葉什勒池爲大，應即所謂繫館河也。新疆識略以聽雜布河當繫館河。今從圖志。

古蹟

古莎車國。漢書：莎車國王治莎車城，去長安九千九百五十里，東北至都護治所四千七百四十六里，西至疏勒五百六十里，西南至蒲犂七百四十里。有鐵山，出青玉。宣帝時，莎車王弟呼屠徵殺王，并殺漢使者自立。會馮奉世使送大宛客，即以便宜發諸國兵擊殺之，更立他王。後漢書：匈奴因王莽之亂，略有西域。惟莎車王延最强，不肯附屬，常敕諸子，當世奉漢家，不可負也。光武初，國王康檄書河西，自陳思慕漢家。建武十四年，康弟賢遣使貢獻，於是西域始通〔三〕，葱嶺以東諸國皆屬賢。十七年，賜賢西域都護印綬，尋又更賜以漢大將軍印綬，賢始恨，諸國號賢爲單于，數攻諸國，諸國愁懼，願得都護，光武以中國初定，不許。賢益横，于闐王廣德將諸國攻之，虜賢妻子，而并其國，廣德更立王。章帝元和三年，班超發諸國兵擊莎車，由是遂降漢。魏書：渠莎國居故莎車城，在子合西北。唐書西域傳：疏勒東南五百里，濟徙多水〔四〕，踰大沙嶺，有斫句迦種，或曰沮渠，地千里。東踰嶺八百里，即于闐也。西域圖志：莎車在漢爲大國，東接于闐，北連疏勒。今和闐爲于闐，喀什噶爾爲疏勒。葉爾羌在喀什噶爾東南，和闐西北，應是莎車故壤。北魏號渠沙國。周、隋以來，不著於史，當爲于闐所并。唐書「斫句迦」，疑即北魏渠沙之舊。又，唐書地理志：于闐西五十里有葦關，又西經渤海，西北渡繫館河六百二十里，至郅支滿城，一曰磧南州。又西北經苦井、黃渠三百二十里，至雙渠，故羯飯館也。又西北經半城，一百六十里至演渡州，又北八十里至疏勒鎮。以今道里計之，葦關西六百餘里爲郅支滿城，應即今葉爾羌城。由此西北入疏勒鎮，即今葉爾羌西北入喀什噶爾之路。

古皮山國。漢書：皮山國王治皮山城，去長安萬五十里，東北至都護治所四千二百九十二里，南與天篤接，西南當罽賓、烏弋山離道，西北通莎車三百八十里，于闐西通皮山三百八十里。按：今皮什南西北至葉爾羌城三百十里，章固雅西北至葉爾羌城三百九十里，皮山國當在其間。

西夜國。漢書：西夜國王號子合王，治呼犍谷，去長安萬二百五十里，東北到都護治所五千四十六里，東與皮山，西南與烏秅，北與莎車，西與蒲犂接。魏書：悉居半國，故西夜國也，一名子合。其王號子，治呼犍谷，在于闐西。唐書：朱俱波，一名朱俱槃，漢子合國也。直于闐西千里，葱嶺北三百里，西距喝盤陀九百里〔五〕。西域圖志：漢西夜國北與莎車接，則當在葉爾羌南境，裕勒阿里克西南。所治以谷名，應附葱嶺而居者。至北魏時爲悉居半，唐爲朱俱波也。惟魏書於悉居半外别有朱居國，亦在于闐之西而山居，疑此兩國至唐而并。

土産

黍。麥。青稞。豆。蒲萄。石榴。蘋果。木瓜。西域圖志：葉爾羌土貢蒲萄、石榴、蘋果、木瓜。

馬。槖駝。

鐵。銀。銅。玉。漢書西域傳：莎車有鐵山，出青玉。難兜有銀、銅、鐵。

錫。雌黄。北史西域傳：莎車多銅、鐵、錫、雌黄。

金。西域圖志：葉爾羌所屬赫色勒河，回民歲貢黄金。

校勘記

〔一〕庫克雅爾南　「南」上原有「地」字，據西域圖志卷二三山删。

〔二〕唐書由于闐葦關西北渡繄館河　「繄館河」，新唐書卷四三下地理志及西域圖志卷一八疆域作「繫館河」。下同。

〔三〕於是西域始通　「始」，原作「使」，據乾隆志卷四一九葉爾羌古蹟及後漢書卷八八西域傳改。

〔四〕濟徙多水　「徙」，原作「徒」，據新唐書卷二二一下西域傳下改。

〔五〕西距喝盤陀九百里　按，新唐書卷二二一上西域傳上實作「西距喝盤陀，北九百里屬疏勒，南三千里屬女國也」。此節録未當。

和闐圖

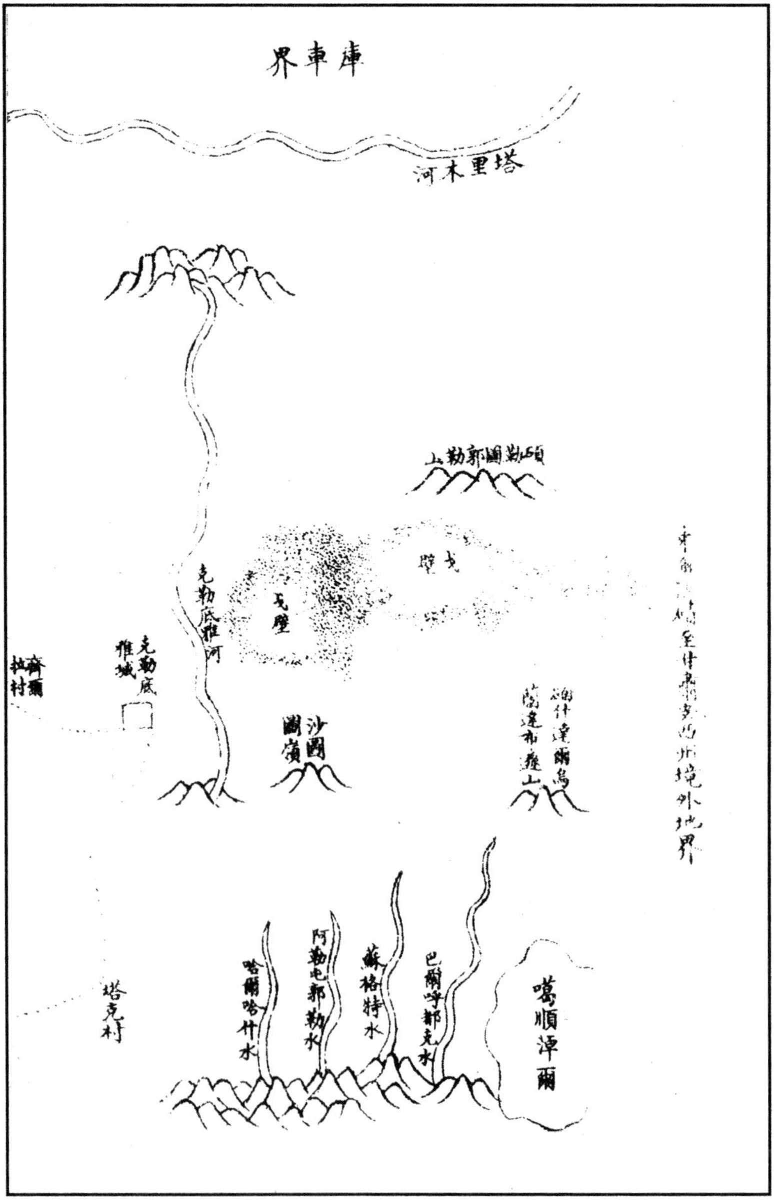
庫車界
塔里木河
碩爾圖郭勒山
戈壁
戈壁
克勒底雅河
克勒底雅城
齊爾拉村
沙圖圖嶺
達布遜山
外地界
哈爾哈什水
阿勒屯郭勒水
蘇格特水
巴爾呼都克水
噶順淖爾
塔克村

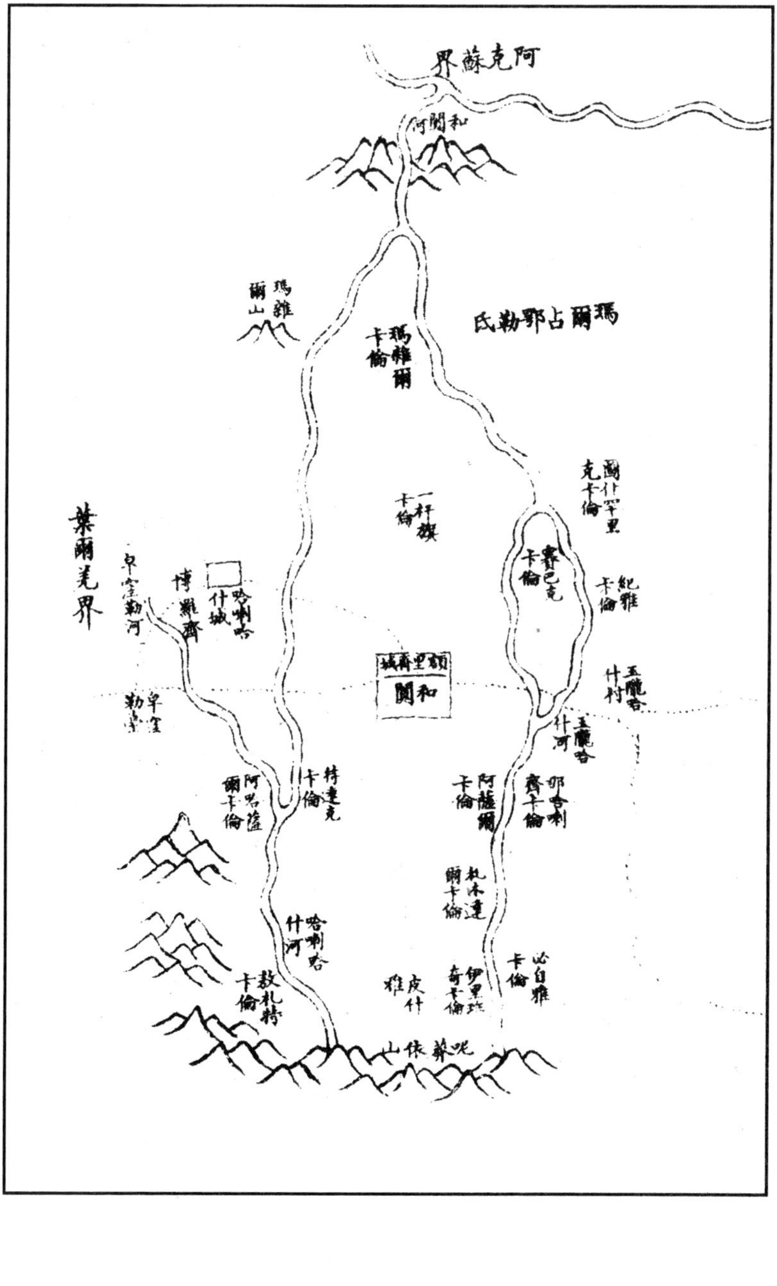
阿克蘇界
和闐河
瑪雜爾山
瑪爾占鄂勒氏
瑪雜爾卡倫
一杆旗卡倫
賽巴克卡倫
紀雅卡倫
玉隴哈什村
玉隴哈什河
葉爾羌界
博羅齊
哈喇哈什城
額里齊城
和闐
哈喇哈什河
皮什雅
必白雅卡倫

和闐表

	額里齊 和闐鎮城也。與玉隴哈什、哈喇哈什、克勒底雅、齊爾拉、塔克爲六城
秦	
兩漢	于闐國 後漢書作于寘。
三國	于闐國
晉	
南北朝	于闐國
隋	于闐國
唐	于闐國 或曰瞿薩旦那，亦曰渙那，曰屈丹，北狄曰于遁，諸胡曰豁旦。貞觀二十二年內附，以其地爲毗沙都督府。
五代	于闐國
宋	于闐國
元	于闐 亦曰鄂端 宗王阿勒呼木封地。世祖置宣慰司、都元帥府，尋罷。
明	于闐國

皮什雅	克勒底雅以東	蘇格特	巴爾呼都克
于闐國地。	扜彌、精絶、且末諸國地。	渠勒國爲于寘所并，後復立。	戎盧國辟南不當道。後漢爲鄯善所并，後復立。
于闐國地。	扜彌、精絶、且末諸國地，屬于闐。	渠勒國屬于闐。	戎盧國屬于闐。
于闐國地。	于闐國地。	于闐國地。 于闐國地。	于闐國地。
于闐國地。			
于闐國地。	于闐國地		
玉州	紺州	銀州 盧州 湄州	

續表

大清一統志卷五百二十八

和闐

在葉爾羌東南七百九十里。東至克勒底雅河入沙磧，又東至阿氐爾干，西至皁窪勒河接葉爾羌界，南至南山，踰山接西藏界，北盡和闐大河接阿克蘇界。距京師一萬二千一百五里。

建置沿革

漢爲于闐國，東境爲扜彌、渠勒、戎盧諸國。後漢時于闐强盛，自精絶至疏勒十三國皆服屬焉。三國至隋，頻入朝貢。唐爲瞿薩旦那國，貞觀中内附。上元時，以其地爲毗沙都督府，備四鎮。宋乾德三年，入朝。元曰于闐，亦曰鄂端，舊作「斡端」，今改正。爲宗王阿勒呼木舊作「阿魯忽」，今改正。封地。世祖置宣慰司、元帥府，尋罷。明仍曰于闐國。

本朝初，諸城猶受回酋約束。乾隆二十年，駐劄阿克蘇尚書舒赫德遣使往撫，六城伯克擊逐逆黨，傾心迎降。其後回酋霍集占、波羅泥都以和闐僻遠，遣其黨來攻。會將軍兆惠、富德等遣兵赴援，乘大霧，薄賊營，擊走之，和闐復定，所統諸境咸入版圖。

晷度

北極高三十七度，距京師偏西三十五度五十二分。夏至晝長五十八刻二分，夜長三十七刻十三分。冬至晝長三十七刻十三分，夜長五十八刻二分。午正日景，夏至長二尺四寸，冬至長一丈七尺六寸六分，春分、秋分長七尺五寸。西域圖志。

形勢

其地方亘千里，連山相次。魏書西域傳。境内村莊櫛比，最著者凡六城，連山環抱，民物繁庶。西域圖志。

風俗

于闐喜事祆神。唐書西域傳。于闐以六月爲歲首。貌恭謹，相見皆跪。于闐國桑、麻、禾、黍宛然中土。明史西域傳。

之村。

城池

額里齊城。即和闐辦事大臣所駐，地當衝要。漢于闐治西城，即其地也。按：和闐六城，有城者謂之城，無城者則謂之村。

哈喇哈什城。在額里齊城西北七十里，東傍哈喇哈什河二里，西至皁窪勒河二十里。唐書地理志：于闐西五十里有葦關。唐之于闐鎮應屬今額里齊城，西五十里之葦關，當在哈喇哈什城東。

克勒底雅城。在齊爾拉村東北一百八十里。所屬有巖和爾伊里莊、哈爾魯克莊，東傍克勒底雅河，爲古扜彌國地。

玉隴哈什村。在額里齊城東十里，西傍玉隴哈什河。所屬有薩木普拉莊、寶義莊。

齊爾拉村。舊對音作齊喇，又作策勒，作努喇，在玉隴哈什村東南二百三十里。唐書地理志：于闐東三百里有坎城鎮。按：坎城鎮當在齊爾拉東。

塔克村。在克勒底雅城南山内三百五十里。按：和闐境内凡六城，今玉隴哈什以下三村皆無城，而民物殷庶，聚落最盛，故雖無城垣，而列於六城之内，别以村名。

屬境

托蘇拉固葉。在和闐城南。其西爲哈朗歸塔克。

皮什雅。在和闐城西南一百六十里。有城垣，不當孔道。其南即玉隴哈什、哈喇哈什兩河發源處。

博爾烏匝克。在額里齊城西。其西爲吉爾布斯喀藏。

博羅齊。在和闐城西北七十里，哈喇哈什西五里。乾隆二十四年，副都統瑚起巴圖、齊爾哈爾等擊敗回賊餘黨於此。

皁窪勒。在哈喇哈什河迤西二十里，和闐城西北一百二十里，東濱皁窪勒河。西行踰黄水溝，至葉爾羌界。

瑪枯雅爾。在和闐城北。其西爲烏哈什。

巴爾漠期伊克。在和闐城北。

勒沁托海。在和闐城東北一百六十里。

素勒坦雅伊拉克。在和闐城東北一百九十里。

額克里雅爾。在素勒坦雅伊拉克北七十里，和闐城東北二百六十里。

喀提里什。在額克里雅爾北七十里，和闐城東北三百三十里。玉隴哈什河經其東，哈喇哈什河經其西，會於其北，爲和闐河。

塔喀克。在喀提里什北二十五里，和闐城東北三百五十五里。

瑪爾占鄂勒氏。在塔喀克北六十五里，和闐城東北四百二十里。

吉拉木雅伊氏。在瑪爾占鄂勒氏北二十里，和闐城東北四百四十里。

巴什布克色木。在吉拉木雅伊氏北五十里，和闐城東北四百九十里。

鄂托喇布克色木。在巴什布克色木北四十里，和闐城東北五百三十里。

愛雅克布克色木。在鄂托喇布克色木北六十里，和闐城東北五百九十里。

伯德里克鄂托克。在愛雅克布克色木北八十里，和闐城東北六百七十里。

伯什阿喇勒。在伯德里克鄂托克北九十里，和闐城東北七百六十里。

齊克齊鄂托克。在伯什阿喇勒北六十里，和闐城東北八百二十里。

波斯湯托郭喇克。在齊克齊鄂托克北一百二十里，和闐城東北九百四十里。又北行七十里至哈喇烏蘇，交阿克蘇界。自和闐城東北之勒沁托海，至阿克蘇界千里〔一〕。自塔喀克北至此，皆東傍和闐河。新唐書地理志：自撥換南而東，經崑岡，渡赤河。又西南經神山、睢陽、鹹泊，又南經疏樹，九百三十里至于闐鎮城。按：唐撥換城在阿克蘇東，循阿克蘇河東南行，渡喀什噶爾、葉爾羌諸河，即所謂「自撥換南而東，經崑岡，渡赤河」也。神山、睢陽、鹹泊及疏樹，當在今波斯湯托郭喇克至勒沁托海南北千餘里之間。

阿勒屯郭勒。地以水名，在和闐城東南六百八十里，塔克東南二百七十里，踰河流三至其境。

蘇格特。在阿勒屯郭勒東南一百里，踰河流二至其境。

巴爾呼都克。在蘇格特東南二百里，踰河流一至其境。

阿氐爾干。在巴爾呼都克東北四百里，和闐東一千一百十里。一水雙流，環帶其地。自阿勒屯郭勒至此，皆在和闐東境之外，彌望砂磧，即古渠勒、戎盧、精絶、且末、小宛諸國地。

戶口

回民一萬三千六百四十二戶，四萬四千六百三名口。

田賦

額徵糧一萬三千九百三十四石八斗，額賦普爾八千三百十二騰格五十文。

臺站

和闐底臺。

皂窪勒臺。又名哈喇哈什臺，和闐底臺西七十里。又西一百五十里至葉爾羌屬之皮雅勒阿勒瑪臺。

卡倫

圖什罕里克。

紀雅。
賽巴克。
那哈喇齊。
必自雅。
伊里班奇。
札木達爾。
阿薩爾。
一杆旗。
待達克。
阿哈薩爾。
敖札特。
瑪雜爾。

山川

額什墨提斯山〔二〕。在和闐南。

尼蟒依山。在和闐南。東西有二山，和闐河分出其麓。漢書河有二源，一出于闐南山下。即其地。魏書西域傳稱凍淩山，唐西域記有瞿室餕伽山〔三〕，山峰兩起，巖隒四絶。蓋古今異名，亦即其地云。按：西域圖志有額什墨提斯、哈朗歸諸山，無尼蟒依山。新疆識略言和闐河二源，皆出尼蟒依山，不言出哈朗歸山，疑「尼蟒依」即「哈朗歸」聲之轉，蓋并哈朗歸、額什墨提斯二山而統稱之矣。

堅珠山。在和闐西南境，阜窪勒之西南，薩納珠山東二百里。

哈朗歸山。在和闐西南境，阜窪勒南。又東南爲額什墨提斯山，皆屬和闐南境之山，自葱嶺分支，過葉爾羌南境，又東行至此。和闐河出其北麓。自和闐南山東南行，峯嶺連接，相屬於沙磧之區，經五千餘里，與安西南路之南山接。

瑪雜爾山。在和闐河西三百里。山不甚高，産火硝，爲和闐北屏。自瑪爾占鄂勒氏西行，至瑪雜爾山，迤邐而西，連山不斷，直抵葉爾羌河。

碩勒圖郭勒山。在和闐東境外，沙圖圖嶺東北三百餘里沙磧中。

碙什達爾烏蘭達布遜山。在和闐東境外，碩勒圖郭勒山東南二百五十里沙磧中。此山直北七百餘里至羅布淖爾南境。自東折北千有餘里，與安西州西南境之南山相屬。

沙圖圖嶺。在和闐東南。自塔克村東，距葉什勒池，又東行沙磧六百里至此，岡巒連屬不絶。

玉隴哈什河。在和闐東。源出皮什雅南尼蟒依山中，東北流經玉隴哈什城西〔四〕，分爲二，各流三十里，復合爲一〔五〕。北至喀提里什東，哈喇哈什河自西南來會，又北爲和闐河，出白玉。

哈喇哈什河。在和闐西。源出皮什雅南尼蟒依山中，北流至哈喇哈什城南，分爲二，夾城而流。城西之河，西北流爲阜窪勒河而止；城東之河，距城二里，東北至喀提里什，入于玉隴哈什河，又北爲和闐河。哈喇哈什城東有河三處，並長三十里，出青玉。魏書西域傳：于闐國城東二十里，有大水北流，號樹枝水，即黄河也，一名計式水。城西五十五里亦有大水，名達利水，與樹枝水會，俱北流。五代晉高居誨使于闐記：河源所出，至于闐分爲三：東曰白玉河，西曰緑玉河，又西曰烏玉河。三河皆有玉，而色異。每歲秋水涸，國王撈玉于河，然後國人得撈玉。

旱窪勒河。在和闐西，即哈喇哈什河之分流，不通他水。

和闐河。在和闐北，即玉隴哈什、哈喇哈什二河至喀提里什地復合者，源流一千二百里，會葉爾羌、喀什噶爾諸水，即大河南源也。史記大宛傳：漢使窮河源，河源出于闐。其山多玉石，采來。天子案古圖書名河所出，曰崑崙云。漢書西域傳：河有兩源，一出于闐，在南山下，其河北流，與葱嶺河合，東注蒲昌海。水經注：南源導于闐南山，俗謂之仇摩置，北流經于闐國西，又西北注於河。

克勒底雅河。在和闐東。源出克勒底雅城東北山中，南流經城東，行二百餘里，通葉什勒池。按：舊以克勒底雅河爲建德力河。唐書西域傳建德力河在于闐東三百里，而克勒底雅河西去和闐四百三十餘里，遠近不侔，所云建德力河未必即克勒底雅也。

葉什勒池。在和闐東南。源出南山中，周迴成大澤，克勒底雅南流入之。唐西域記：媲摩川東入沙磧，行二百餘里至尼壤城，周三四里，在大澤中。當即此澤也。

烏蘭池。在和闐西葱嶺中，周迴五十餘里，不通他河。

古蹟

古于闐國。漢書：于闐國王治西城〔六〕，去長安九千六百七十里，東北至都護治所三千九百四十七里。西通皮山，南與婼羌，北與姑墨接〔七〕。後漢書：于寘國去長史所居五千三百里。建武末，莎車王賢强盛，攻并于寘，徙其王俞林爲驪歸王，遣將君得鎮守于寘。永平三年，于寘大人都末殺君得，大人休莫霸復殺都末，自立爲于寘王。三國志：魏黄初三年，遣使入貢。後魏書：于寘國在且末西北，葱嶺之北二百餘里，東去鄯善千五百里，南去女國二千里，北去龜兹四百里。其地方亘千里，連山相次。所都城方八九里，部内有大城五，小城數十。城東三十里有首拔河，中出玉石。真君六年，吐谷渾慕利延西入于闐，殺其王，據其地。明年，慕利延還故國，于闐復定。隋書：于闐國王姓王，字卑示閉練。大業中，頻遣使朝貢。新唐書：于闐或曰瞿薩旦那，亦曰涣那，曰屈丹，北狄曰于遁，諸胡曰豁旦，并有漢戎盧、扜彌、渠勒、皮山諸國地，其居曰西山城。王姓尉遲氏，名屋密，本臣突厥。貞觀中，阿史那社尒平龜兹，其王伏闍信入朝。上元初，以其地爲毗沙都督府，析置十州，授伏闍雄爲都督。舊唐書地理志：安西府領毗沙鎮，本于闐也。五代史：于闐西南近葱嶺，與婆羅門爲隣國，而相去猶三千餘里。南接吐蕃，西北至疏勒二千餘里。晉天福三年，于闐國王李聖天遣使來貢，晉遣張匡鄴册聖天爲大寶于闐國王。匡鄴自靈州行二歲至于闐，至七年冬乃還。判官高居誨記：其國東南曰銀州、盧州、湄州，其南千三百里曰玉山云。漢所窮河源，出于闐而山多玉石者，此山也。宋史：祥符二年，于闐國黑韓王來貢。嘉祐八年，復來獻，乞賜號爲歸忠保順砽鱗黑韓王。于闐謂金翅烏爲「砽鱗」，「黑韓」蓋「河汗」之譌也。明史西域傳：于闐自古爲大國，永樂四年，遣使來朝。舊志：于闐在哈密西南四千八百里，至肅州六千三百里，東抵曲先，北連巴什伯里。按：今額里齊城即古于闐國都。漢書扜彌國西通于闐三百九十里，精絶國西通扜彌四百六十里，且末國西通精絶二千里，鄯善國西通且末七百二十里。是于闐至精絶二千八百五十里，至鄯善三千五百七十里也。新唐書地理志于闐東七百里有精絶國，于闐東距且末鎮千六百里。魏書且云于闐東去鄯善千五百里，里數與漢書大異。今由和闐東南經塔克村、沙圖圖嶺，折東北碩勒圖郭勒山，至硇什達爾烏蘭達布遜山，計千五百餘里，而其地北直羅布淖爾七百餘里，淖爾南三百里即故樓蘭國，即鄯善國也。是于闐至鄯善以今道里計算，實無三千五百七十里。蓋漢時涂徑屈曲，後魏及唐開徑直之道，故里數前多後少也。精絶去于闐七百里，則當在克勒底雅東一百七十里。且末去于闐千六百里，則當在克勒底雅東千一百餘里。鄯善、且末，漢時爲孔道，今沙磧彌望，人户鮮少，故城舊蹟渺無可尋。故扜彌、精絶、且末諸國不復標目，但記其大略於此。扜彌當在克勒底雅之西，齊爾拉之東。

土産

穀。黍。桑。麻。北史西域傳：于闐土宜五穀桑麻。明史西域傳：于闐桑、麻、禾、黍，宛然中土。

馬。橐駝。羸。北史西域傳：于闐有好馬、駝、羸。

玉。史記：于闐山多玉石。晉高居誨記：于闐有白玉河、緑玉河、烏玉河。西域圖志：玉産和闐南山者最良，河出山中爲玉河，有紺黄、青碧、元、白數色，歲貢無定額。

金。西域圖志：和闐土貢黄金。

校勘記

〔一〕至阿克蘇界千里　「克」，原脱，據西域圖志卷一九疆域補。

〔二〕額什墨提斯山　乾隆志卷四一九和闐山川(下同卷簡稱乾隆志)作「額什墨提期山」。

〔三〕唐西域記有瞿室餕伽山　「唐」下原衍「書」字，據乾隆志删。按，大唐西域記卷一二瞿薩旦那國云：「王城西南二十餘里有瞿室餕伽山，山峰兩起，巖隒四絶。」

〔四〕東北流經玉隴哈什城西　「西」，乾隆志及西域圖志卷二八水皆作「南」。

〔五〕分爲二各流三十里復合爲一　乾隆志及西域圖志卷二八水作「分爲二夾城流六十里復合爲一」。

〔六〕于闐國王治西城　「王」，原脱，乾隆志同，據漢書卷九六上西域傳上補。

〔七〕北與姑墨接　「姑」，原作「古」，據乾隆志及漢書卷九六上西域傳上改。

左右哈薩克部圖

葉什勒河
尼雅克圖山
布昆河源
哈薩托羅海
喀爾滿嶺
烏哈爾
巴顏山
塔爾巴哈台界
什納嗎泉
阿林泉
烏爾圖泉
三察爾河
青吉斯泉
阿爾濟圖泉
奎蘇泉
阿爾輝西里

俄羅斯界
左哈薩克界
右哈薩克界
依底克山
達布遜池
塔拉斯河
塔什罕界
格根河
伊犁西北境界
哈喇庫爾
納穆爾河
雅哈爾斯河
薩哈斯河
騰吉斯池
伊犁西境界
沙爾
穆呼爾扎山
錫爾河
蒿達克
阿格納斯嶺
安集延等部界

左右哈薩克部表

	左哈薩克	右哈薩克
秦		
兩漢	康居國　栗弋國後漢屬康居。	康居五小王地。
三國	康居國	康居國
晉	康居國	康居國
南北朝	者舌國東境地，故康居地。　堅昆國	者舌國
隋	康國	石國
唐	黠戛斯	石國
五代		
宋		
元		
明		

大清一統志卷五百二十九之一

左哈薩克

在舊準噶爾部之西北。東西千里，南北六百里。東至塔爾巴哈台界，西至右哈薩克部界，南至伊犁界，北至俄羅斯國界。其貢道，由伊犁以達於京師。

建置沿革

漢爲康居國，冬治樂越匿地，到卑闐城。後漢爲康居國及栗弋國地。魏爲康國、堅昆國及者舌國東境地。者舌國，見「右哈薩克部」。隋爲康國。唐爲黠戛斯地，自後無聞。

今爲左哈薩克部。哈薩克部有三：曰東部，曰中部，曰西部。哈薩克汗阿布賚之告順德納曰：「我哈薩克之有三玉茲，如準噶爾之有四衛拉特也。」西爾莫特之告舒赫德曰：「哈薩克内有伊克準、多木達都準、巴罕準三部。蓋東部者左部也，曰鄂圖爾玉茲，謂之伊克準。中部者右部也，曰烏拉克玉茲，謂之多木達都準。西部最遠，曰奇齊克玉茲，謂之巴罕準。左部之汗曰阿布賚，右部之汗曰脱卜柯依，西部之頭人曰都爾遜。都爾遜未授爲汗，故今不載西部。

初，阿布賚乘準噶爾部達瓦齊之亂，數侵擾準部。本朝乾隆二十年，準噶爾平，遣使往諭，阿布賚輸誠歸化。適阿睦爾撒納叛，走哈薩克，阿布賚納之，我兵進討，累敗其衆。後阿布賚悔爲阿逆所賣，密計擒之，以求臣於我。會阿逆遁歸準噶爾。二十二年，我兵復進討，阿布賚以其兵三萬助攻阿逆，陳情謝罪，奉表請内附，乃以托忒、烏珠克字印文，導我師巡行諸部。時阿睦爾撒納竄跡於阿爾察圖，阿布賚將以計擒之，不獲。阿逆奔俄羅斯，旋伏冥誅，乃擒其黨額布濟齊巴罕以獻。其別部和集博爾根及喀拉巴勒特並率其屬三萬户來服，左部咸定。二十四年以後，屢遣使朝貢，並賜冠服，宴賚如例。

晷度

北極高四十六度二十分至四十八度，距京師偏西三十二度至三十七度。西域圖志。

形勢

康居在大宛西北可二千里，行國，控弦八九萬人。史記大宛傳。建庭葉什勒，居客斯騰城。西域圖志。

風俗

康居國王，每冬寒夏暑，則别居不一處。顔師古漢書注。無城郭，逐水草，事游牧。冬、夏别居無常處，地廣人稠，甲於他部。西域圖志。

山川

阿爾津沙拉什保台山。在哈薩克東南境。此山之東北爲阿爾輝西里，即準噶爾境額米爾界。

鄂綽沁吉斯山。

勒克楞山。山南即準噶爾境齋爾界。

扎拉圖哈薩拉克山。

喀爾克圖哈薩拉克山。

喀拉巴克喀爾海山。自阿爾津沙拉什保台山以次而西，至此山而止，是爲哈薩克南境山。

厄勒伊們山。在喀拉巴克喀爾海山西北，爲哈薩克西境山，葉什勒河源出其南麓。

依底克山。在哈薩克西北二千里境外，接右部界地。

尼雅克圖山。在厄勒伊們山北。

尼滿哈濟蘭山。在尼雅克圖山東。

喀爾瑪奇爾哈山。在尼滿哈濟蘭山東北。

阿克奇拉山。

巴顔山。

蒿哈薩拉克山。皇朝文獻通考「蒿」作「毫」。乾隆二十一年，將軍哈達哈敗阿布賚兵於此。自喀爾瑪奇爾哈山至此，山皆以次而東。

阿巴拉爾山。在蒿哈薩拉克山東南。自尼雅克圖山至此，是爲哈薩克北境山。阿巴拉爾山東即塔爾巴哈台境。

楚庫魯克河。在哈薩克東境。河東即塔爾巴哈台境。

三察爾河。在楚庫魯克河西。

色爾格河。在三察爾河西南。以上三河，在哈薩克東境。

克巴什博爾濟爾河。在博爾喀得克泉西。

綽多爾圖河。在克巴什博爾濟爾河西。源出喀拉巴克喀爾海山，二河在哈薩克西南境。

葉什勒河。皇朝文獻通考作伊什爾河，在哈薩克西境，源出厄勒伊們山。沿河西北行二百里，地名春吉索波藍，其地極寒，哈薩克汗盛夏常居於此，蓋建庭處也。

鄂㟞河。在哈薩克西北境。河源有獨樹，見古蹟。

罕拉海圖泉。在色格爾河東。

烏爾圖泉。在色格爾河西。

阿濟蘇泉。

阿林泉。自罕拉海圖泉至阿林泉，以次而西，皆在哈薩克東南境。

青吉斯泉。在阿林泉南。

阿爾齊圖泉。

奎蘇泉。

什納噶泉。沮洳涣散，燦若列星。

額特倫泉。

博爾喀得克泉。自青吉斯泉至博爾喀得克泉，以次而西，皆在哈薩克南境。

古蹟

獨樹。在哈薩克西北境，鄂埒河之上。獨幹輪囷，其上分爲五枝，盤拏蔭廣，可蔽二百騎，哈薩克謂之「鄂埒引噶克叉莫朵」「噶克叉莫朵」者，獨樹之謂，以生鄂埒河之源，故名。哈薩克人過其下者，必膜拜供獻，而不敢稱其名。相傳爲數千年物云。乾隆二十二年，哈薩克使臣來朝，高宗純皇帝詢問神樹所在，使臣具以實奏，有聖製寄題哈薩克獨樹詩，千年神幹，首被光榮於天末焉。

康居諸國。漢書西域傳：康居國王冬治樂越匿地，到卑闐城，去長安萬二千三百里，不屬都護。樂越匿地馬行七日至，王夏所居蕃内，東至都護治所五千五百五十里，東羈事匈奴。宣帝時，漢擁立呼韓邪單于，而郅支單于怨望，殺漢使者，西阻康居。至成帝時，康居遣子侍漢貢獻，然自以絶遠，獨驕嫚不肯與諸國相望。漢爲其新通，重致遠人，終羈縻而未絶。後漢書：栗弋國、嚴國、奄蔡國，俱屬康居。晉書：康居國在大宛西北二千里，與栗弋、伊列隣接。其王居蘇薤城。地和暖，饒桐、柳、蒲萄，出好馬。泰始中，遣使獻善馬。魏書：康國，康居之後也。自漢以來，相承不絶。其王本姓温，後姓昭武，左右諸國並以昭武爲姓。王都薩寶水上阿禄迪城，米國、史國、曹國、何國、安國、小安國、那色波國、烏那曷國、穆國皆歸附之。太延中，始遣使貢方物。隋書：康國，大業中，遣使貢方物。又米國，都那密水西，西北去康國百里，東去蘇對沙那國五百里，西南去史國二百里，東去瓜州六千四百里。史國都獨莫水南十里，北去康國二百四十里，南去吐火羅五百里，西去那色波國二百里，東北去米國二百里，東去瓜州六千五百里。曹國都那密水南數里，東南去康國百里，西去何國百五十里，東去瓜州六千六百里。何國都那密水南數里，東去曹國百五十里，西去小安國三百里，東去瓜州六千七百五十里。皆舊康居之地。唐書：康在那密水南，支庶分王，曰安，曰曹，曰石，曰米，曰何，曰火尋，曰戊地，曰史。世謂九姓，皆氏昭武。隋時，其王臣突厥。武德十年，始遣使來獻。自貞觀後，歲入貢。永徽時，以其地爲康居都督府。安，瀕烏滸河，治阿濫謐城，即罽王故地。東安，在那密水之陽，治喝汗城。東曹，居波悉山之陰，漢貳師城地也。西曹，隋時曹也，治瑟底痕城。中曹，治迦底真城。石，治柘折城，即窳匿城地。米，治鉢息德城。何，即附墨城故地。火尋，居烏滸水之陽，治急多颶遮城，即奥鞬城故地。戊地，距火尋西北六百里。史，居獨莫水南，即蘇薤城故地。

堅昆國。魏略西域傳：北烏伊國，在康居北。堅昆國，在康居西北。丁令國，在康居北。此上三國，堅昆居中央，南去車師六國五千里。

黠戛斯國。唐書回鶻傳：黠戛斯，古堅昆國也。郅支單于破堅昆，于時東距單于庭七千里，南至車師五千里。郅支留都之，後世訛爲結骨，稍號紇骨，亦曰紇扢斯云。堅昆本强國，地與突厥等，東至骨利幹，南吐蕃，西南葛邏禄。始隸薛延陀，未始與中國通。貞觀二十二年，遣使獻方物。其酋長俟利發失鉢屈阿棧身入朝，以其地爲堅昆府，隸燕然都護。高宗世再來朝。乾元中，爲回紇所破。後訛爲黠戛斯，蓋回紇謂之若曰「黄赤面」云。

大清一統志卷五百二十九之二

右哈薩克

在舊準噶爾部之西北，左哈薩克之西二千里。東至左哈薩克界，西至塔什罕界，南至布魯特、安集延諸部界，北至俄羅斯國界，東南至伊犁界。其貢道由伊犁以達於京師。

建置沿革

漢爲康居五小王地。魏、晉爲康居地。後魏爲者舌國。隋、唐爲石國，或曰柘支，曰柘折，曰赭時，即石國也。自後無聞。

今爲右哈薩克部，其汗曰阿布勒班畢特，即阿比里斯。其巴圖爾有三[一]，曰吐里拜，曰輝格爾德，曰薩薩克拜，而吐里拜實專國政。

本朝乾隆二十二年，左哈薩克阿布賚既臣服，請招右部與之偕來。會參贊大臣富德方以兵索逆賊，哈薩克錫拉至右部，遣使往撫。是時吐里拜等方與塔什罕回人交兵不下，平之乃下，於是吐里拜詣軍門納款，奉馬進表，請歸附。二十三年以後，屢遣使入朝，恩賜宴賚如例。

晷度

北極高四十三度至四十五度，距京師偏西四十五度四十八分。西域圖志。

形勢

石國東北距西突厥，西南有真珠河，亦曰質河，東南有大山。唐書西域傳。

風俗

康居國風俗及人貌、衣服，略同大宛。晉書西域傳。其部曰烏拉克玉兹，其俗大略與左部等，又名北哈薩克。西域圖志。

山川

依底克山。見左部，爲右部東北境山。

穆呼札爾山。

哈喇綽克多嶺。

莽阿錫魯嶺。

阿格納斯嶺。自穆呼札爾山至阿格納斯嶺，於錫爾河北岸，薩哈斯河南岸，層巒緜亘，相接而西。阿格納斯嶺正當騰吉斯池南岸，是爲右部哈薩克西南境山。

格根河。在依底克山西南，水瀦不流，爲右部哈薩克東北境。

納穆爾河。在格根河西南，水瀦不流。

雅哈爾斯河。在納穆爾河東南。兩河之間有小城，曰噶瑪克。

錫爾河。在雅哈爾斯河西南。河南流折而西，經穆呼札爾山、哈喇綽克多嶺、莽阿錫魯嶺、阿格納斯嶺之陰。河源處西岸有波拉克城，東岸有那斡喀特城。那斡喀特城南踰山有蒿達克城。由蒿達克城西踰錫爾河，爲塔什罕城。

薩哈斯河。在錫爾河西，西南流入騰吉斯池。河南岸，當穆呼札爾山下，有噶拉楚克城。又西當哈喇綽克多嶺下，有達拉什城。又西當莽阿錫魯嶺下，有沙爾城。沙爾城當騰吉斯池東南岸。

塔拉斯河。發源在依底克山西北。又西南流，經薩哈斯河北，入於騰吉斯池。

騰吉斯池。在阿格納斯嶺北，周數百里，蓋小海也，與俄羅斯鄰接。

哈拉庫爾。在依底克山西，塔拉斯河東，二支合流西南，瀦爲池。

達布遜淖爾。小池，瀦不流，在哈拉庫爾與塔拉斯河之間。

古蹟

康居五小王地。漢書西域傳：康居有五小王：一曰蘇䪥王，治蘇䪥城；二曰附墨王，治附墨城；三曰窳匿王，治窳匿城；四曰罽王，治罽城；五曰奧鞬王，治奧鞬城。凡五王，屬康居。按：西域山北諸部，皆隨水草游牧，無城郭，漢書所謂「行國」也。惟右哈薩克有達拉什城、噶拉楚克城、波拉克城、那斡喀特城、蒿達克城諸名，其地在古康居之西偏。則漢書所謂「五小王各治一城」者，地正相值，想亦其舊俗相因，異於諸行國也。

者舌國。魏書西域傳：者舌國在破洛那西北，去代一萬五千四百五十里。太延三年，遣使朝貢。

石國。唐書西域傳：石，或曰柘支，曰柘折，曰赭時，漢大宛北鄙也。隋大業初，西突厥殺其王，以特勒匐職統其國。顯慶三年，以瞰羯城爲大宛都督府。開元初，封其君莫賀咄吐屯，有功，爲石國王。二十八年，又册順義王。天寶初，封王子那俱車鼻施爲懷化王，賜鐵券。久之叛，安西節度使高仙芝討之，俘以獻。王子走大食，乞兵攻怛邏斯城，敗仙芝，自是臣大食。寶應時，遣使朝貢。

安息國。漢書：安息王治番兜城，去長安萬一千六百里，不屬都護。北與康居，東與烏弋山離，西與條支接。俗與烏弋、罽賓同，以銀爲錢。文獨爲王面，幕爲夫人面，有大馬爵。其屬小大數百城，地方數千里，最大國也。臨嬀水。武帝始遣使至安息，因發使以大鳥卵及犂靬眩人獻於漢。安息東則大月氏。後漢書：安息國，居和櫝城。其東界木鹿城，號小安息。章帝章和元年，遣使獻獅子、符拔。和帝永元九年，班超遣甘英使大秦，抵條支，臨大海欲度，安息西界船人言，入海人皆齎三歲糧，英乃止。從安息西行三千四百里至阿蠻國，又西行三千六百里至斯賓國，南行渡河，又西南至于羅國，九百六十里，安息西界極矣。自此南乘海，乃通大秦。魏書：安息在蔥嶺西，都蔚搜城。北與康居，西與波斯相接，在大月氏西。隋書：安國，漢時安息國也。王姓昭武，與康國王同族。都那密水南。城有五重，環以流水，宮殿皆爲平頭。煬帝初，遣杜行滿至其國。又烏那曷國，都烏滸水西，舊安息之地。王姓昭武，康國種類。東北去安國四百里，西北去穆國二百餘里，東去瓜州七千五百里。穆國，都烏滸河西，亦安息故地，與烏那曷爲鄰，其王姓昭武，亦康國種類。東北去安國五百里，東去烏那曷二百餘里，西去波斯國四千餘里，東去瓜州七千七百里。唐書：東安，在那密水之陽，治喝汗城。東距何二百里許〔二〕，西南至大安四百里。

條支國。漢書：條支國臨西海，暑濕，田稻，有大鳥卵如甕。傳聞有弱水、西王母，亦未嘗見。後漢書：條支國城在山上，周回四十餘里，臨西海。海水曲環其南及東、北，三面路絶，惟西北隅通陸道。出獅子、犀牛、封牛、孔雀、大雀。轉北而東，復馬行六十餘日，至安息。魏書：波斯國，都宿利城，在忸密西，古條支國也。城方十里，河經其城中南流。出金、銀、鍮石、珊瑚、琥珀、車渠、馬腦，多大真珠、頗梨、瑠璃、水精、瑟瑟、金剛、火齊、鑌鐵、銅、錫、硃砂、水銀等物。氣候暑熱，家自藏冰。有鳥形如橐駝，有兩翼，飛不能高，食草與肉，亦能噉火。其王姓波氏。神龜中，遣使入貢。隋書：波斯國，都達曷水之蘇藺城，即條支故地。西去海數百里，東去穆國四千餘里，西北去拂菻四千五百里，東去瓜州萬一千七百里。煬帝遣李昱使波斯，尋遣使貢方物。唐書：波斯距京師萬五千里，東與吐火羅、康接，北鄰突厥可薩部，西南皆瀕海，贏四千里，拂菻也。貞觀初遣使朝貢〔三〕。龍朔後，爲大食所滅。大食國，本波斯地，滅波斯并諸國，地廣萬里。東距突騎施，西南屬海。永徽二年，始遣使朝貢。貞元時，與吐蕃相攻。宋史：開寶元年，遣使來朝貢。後太宗問其使，對云：「國與大秦鄰，爲其統屬。今所管民纔數千，有都城，介山海間。」先是，其入貢路，繇沙州涉夏國，抵秦州。天聖初，詔自今取海路由廣州至京師。舊志：自條支西渡海，爲大秦國。一名犂鞬，又名海西。後漢桓帝延熹九年，始遣使自日南徼外來獻。其國地方數千里，有四百餘城，郵驛制置，一如中州。多出金、玉寶物。晉太康中，遣使入貢。魏書云「大秦都安都城。從條支西渡海曲一萬里。其海旁出，猶渤海也，而東西與渤海相望，蓋自然之理。地方六千里，居兩海之間。東南通交阯，又水道通益州永昌郡。從安息西界，循海曲，亦至大秦」是也。唐時曰拂菻國，去京師四萬里。直突厥可薩部，西瀕海，東南接波斯。貞觀、乾封、大足、開元年，嘗入貢。宋時，其國益强，大食國亦服屬之。自後世以航海之便，取道海南，於是古西域西南近海之國概稱西洋。故時國名益以難考。按：舊志稱自後魏至隋、唐，康居、安息二國地界相混，蓋安息在康居之西，本相鄰接，今右哈薩克部西鄙遼闊，蓋兼有二國境壤矣。條支、大秦，爲西海極西之地，又在安息之外。今摘録諸史及舊志原文附載於此，以備考證焉。

校勘記

〔一〕其巴圖爾有三　「巴圖爾」，乾隆志卷四二〇右哈薩克建置沿革作「巴圖魯」。

〔二〕東距何二百里許　「何」，原作「河」，據新唐書卷二二一下西域傳下改。

〔三〕貞觀初遣使朝貢　按，新唐書卷二二一下西域傳下謂貞觀十二年遣使朝貢，此「初」當改作「中」字。

東西布魯特部圖

諸水俱會入那林河接安集延諸部界
珠穆朝
薩雅克
那林河源
薩拉巴噶什
阿來
東布魯特界
西布魯特界
齊里克
巴斯子
伊斯克里克山
顚德格訥
那林河源
蒙科多爾
喀什噶爾界
阿克蘇界

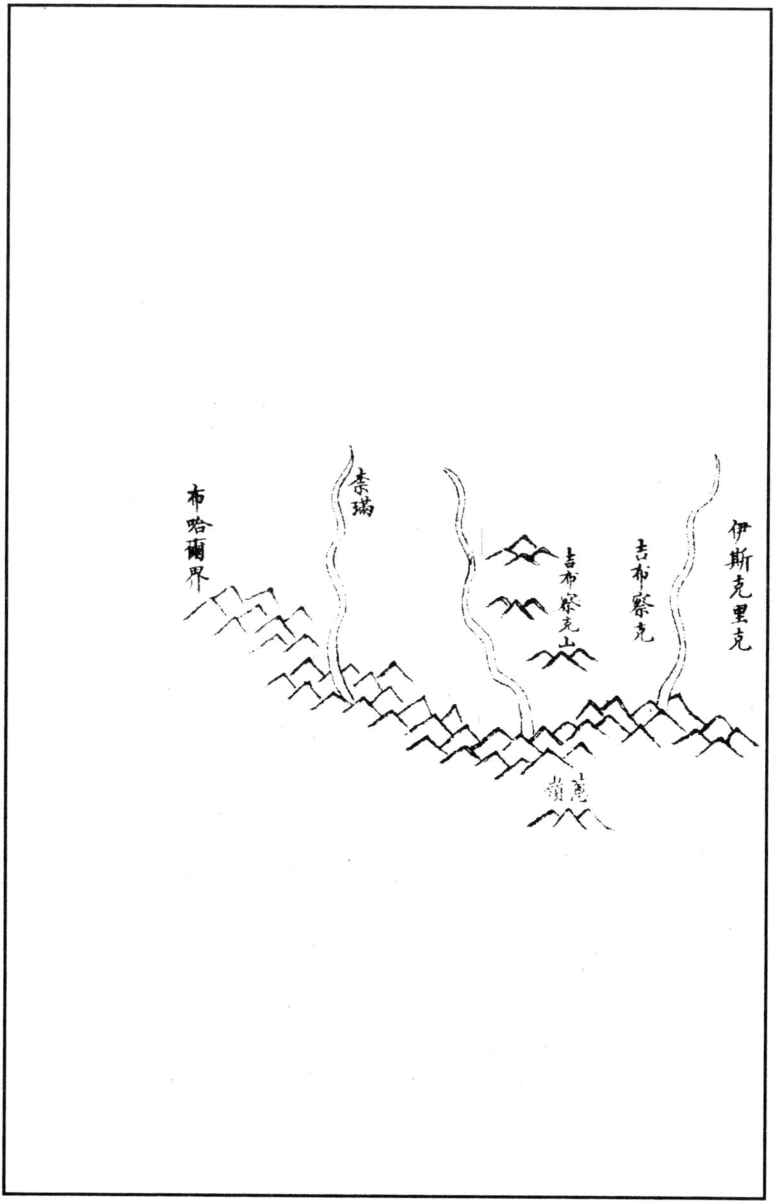
布哈爾界
柰瑞
吉布察克山
吉布察克
伊斯克里克
蔥嶺

東西布魯特部表

	東布魯特	西布魯特
秦		
兩漢	烏孫西鄙	休循國治烏飛谷。 捐毒國治衍敦谷。
三國		休脩國屬疏勒。 捐毒國屬疏勒。
晉		
南北朝	波路國	者至拔國
隋		
唐	布露一名勃律，有大、小兩部，舊居南山之南，後徙此。	烏飛州都督府隸安西都護府。又嫣塞都護府，以漢捐毒、休循地置。
五代		
宋		
元		
明		

大清一統志卷五百二十九之三

東布魯特

在舊準噶爾部西南，回部西北。東北距伊犂一千四百里，東南距阿克蘇七百九十里。其貢道由回部以達於京師。

建置沿革

漢爲烏孫西鄙，本塞王故國地，大月氏破走塞王而居之。烏孫、昆莫又破走大月氏，嗣居其地。北魏爲波路國。唐爲布露，一名勃律，有大、小兩部。舊居南山之南，後徙此地。自後無聞。東布魯特部落有五，最著者三，曰薩雅克鄂拓克，曰薩拉巴哈什鄂拓克，曰塔拉斯鄂拓克，各有頭目，其長瑪木克呼里則兼轄諸部。舊游牧地在格根喀爾奇拉、特穆爾圖，爲準噶爾所侵，西遷以避之，寓居安集延境。本朝乾隆二十一年，準噶爾平，乃得復其故地。二十三年，將軍兆惠等追捕逆賊哈薩克錫拉，兵臨布魯特界。薩雅克部頭目圖魯起拜、薩拉巴哈什部頭目車里克齊等咸願内附，乃遣使抵其游牧，宣示諭旨。塔拉斯頭目邁塔克亦率所部來降。於是東布魯特全部皆内屬，自後屢遣使朝貢。二十六年，其別部酋長額木爾貝亦率所部内遷，遣使歸誠，願受安插，貢匕首。詔嘉美之，賜額木爾貝三品頂帶。

晷度

北極高四十一度三十分至四十二度，距京師偏西四十一度三十分至四十三度三十分。西域圖志。

形勢

在天山西北，近蔥嶺，正在蔥嶺之北。西域圖志。

風俗

其俗好利喜争，尚畜牧，事耕種，頗畏法度。西域圖志。

古蹟

波路國。北史西域傳：波路國，在阿鈎羌西北，去代一萬三千九百里〔一〕。按：北魏阿鈎羌國在莎車西南，在今爲拔達克山地。波路在其西北，與今布魯特在拔達克山西北者，地勢正合。「波路」與「布魯」，音亦相近，其爲布魯特部無疑。

勃律國。唐書西域傳：大勃律，或曰布露，直吐蕃西，與小勃律接。王居孽多城，臨娑夷水。其西山巔有大城，曰迦布羅。開元初，王没謹忙來朝，以其地爲綏遠軍。國迫吐蕃，數爲所困。吐蕃曰：「我非謀爾國，假道攻四鎮爾。」久之，吐蕃奪其九城，没謹忙求救。北庭節度使張孝嵩遣將率鋭兵四千往，没謹忙因出兵，大破吐蕃，復九城，詔册爲小勃律王。没謹忙死，貢獻不入，安西都護三討之，無功。天寶六載，詔副都護高仙芝伐之，遂平其國，執小勃律王歸京師，詔改其國號歸仁，置歸仁軍。

列女

本朝

藍翎比班璧特之母。年一百六歲。乾隆五十三年，伊犂將軍奏報，恩賜大緞二匹，貂皮六張，恭載聖製詩。

校勘記

〔一〕去代一萬三千九百里　「千」，原作「十」，據乾隆志卷四二〇東布魯特古蹟及北史卷九七西域傳改。

大清一統志卷五百二十九之四

西布魯特

在回部喀什噶爾之西北三百里。東、南皆扼葱嶺，西至布哈爾諸部落界，東北接東布魯特界。其貢道由回部以達於京師。

建置沿革

漢休循、捐毒二國地，三國仍之，而屬於疏勒。按：「休循」，三國志作「休脩」，「循」、「脩」二字雙聲，古通用，非有異也。北魏爲者至拔國。唐爲烏飛州，有都督府，隸安西都護府。又嫣塞都督府，以漢休循、捐毒地置。自後無聞。

西布魯特部落凡十有五，其最著者四：曰額德格訥鄂拓克，曰蒙科爾多爾鄂拓克，曰齊里克鄂拓克，曰巴斯子鄂拓克。諸鄂拓克久思内附，以準噶爾阻，未得自通。本朝乾隆二十四年，將軍兆惠既定喀什噶爾，追擒餘孽，道經諸部，並遮道籲請内附。又遣使往撫，諸部頭目阿濟比等率其衆二十萬人皆來投誠。二十五年以來，屢遣使朝貢，並賜敕宴賚如例。二十七年，阿濟比等所屬鄂斯諸部地，爲霍罕額爾德尼所據。駐守新疆大臣遣諭額爾德尼，令還侵地，遂復其舊壤。二十八年，其別部長阿瓦勒比願以其部供內地游牧，并悉心經理羣牧事宜。詔嘉許之，賜四品頂帶。

晷度

北極高四十度一分至三十分，距京師偏西四十三度三十一分至四十六度三十分。西域圖志。

形勢

逾蔥嶺而至，與東布魯特相望。東南扼蔥嶺，西讫於布哈爾。西域圖志。

風俗

休循、捐毒國，民俗、衣服類烏孫，因畜隨水草。漢書西域傳。逐水草，事游牧，爲無城郭之部落。西域圖志。

山川

伊斯克里克山。在西布魯特境，伊斯克里克鄂拓克於此山游牧。

吉布察克山。在西布魯特境，吉布察克鄂拓克於此山游牧。

那林河源。一源出喀什噶爾界北山，北流，經蒙科爾多爾、額德格訥兩鄂拓克之間。是河之東爲東布魯特，河西爲西布魯特。一源出伊犂西南境山，西流，經薩拉巴噶什鄂拓克之北，又西經阿來地，與北流之源合，北流入安集延境。

古蹟

休循國。漢書西域傳：休循國王治鳥飛谷，在蔥嶺西，去長安一萬二百一十里，東至都護治所三千一百二十一里，至捐毒衍敦谷二百六十里，西北至大宛國九百二十里，西至大月氏千六百一十里。

捐毒國。漢書西域傳：捐毒國王治衍敦谷，去長安九千八百六十里，東至都護治所二千八百六十一里。至疏勒。南與蔥嶺屬。西上蔥嶺，則休循也。西北至大宛千三十里，北與烏孫接。按：漢休循、捐毒二國，皆依蔥嶺而居，即西布魯特之境也。

霍罕安集延瑪爾噶朗那木干塔什罕諸部圖

那林河
庫車西路界
那木干
霍罕
瑪爾噶朗
安集延
東西布魯特界

霍罕安集延瑪爾噶朗那木干塔什罕諸部圖

霍罕安集延瑪爾噶朗那木干塔什罕諸部表

	霍罕	安集延	瑪爾噶朗	那木干	塔什罕
秦					
兩漢	大宛國地。	大宛國地。	大宛國地。	大宛國地。	康居、大宛之間。
三國	大宛國地。	大宛國地。	大宛國地。	大宛國地。	大宛附屬國地。
晉	大宛國地。	大宛國地。	大宛國地。	大宛國地。	
南北朝	洛那國	洛那國	洛那國	洛那國	九姓昭武之地。
隋	鏺汗國	鏺汗國	鏺汗國	鏺汗國	安國地。
唐	寧遠國地。初爲拔汗那，或曰鏺汗，天寶三載改國號寧遠。	寧遠國地。	寧遠國地。	寧遠國地。	石國地。
五代					
宋					
元					
明					塔什罕舊音「達失干」。

大清一統志卷五百三十之一

霍罕

在回部喀什噶爾西北八百八十里。東與布魯特部落錯處，西至塔什罕界，南至葱嶺界，北至那林河界。其貢道由回部以達於京師。

建置沿革

漢爲大宛國地，三國、晉同。北魏爲洛那國地。隋爲䥫汗國。唐爲拔汗那國，天寶初，改國號曰寧遠。

霍罕部之東，曰瑪爾噶朗，又東爲安集延，東北爲那木干，皆有城郭。四城地當平陸，居葱嶺之西北，皆有伯克，而霍罕城伯克額爾德尼實爲之長，諸城之衆，皆聽命焉。

本朝乾隆二十四年，將軍兆惠追捕霍集占，遣使撫定布魯特諸部，遂至其地。額爾德尼遣使迎至城内，日饋羊酒，極爲恭順。使回，乃遣其頭目奉表請内附，於是四城伯克咸來服屬。二十五年以後，屢遣使貢獻。二十八年，侵奪布魯特地，駐守新疆大臣移檄責諭，立遵檄還所侵地。三十五年，額爾德尼卒，姪納祿博圖襲位，並遣使來朝貢龍泉盤子。

晷度

北極高四十一度二十三分，距京師偏西四十五度五十六分。西域圖志。

形勢

大宛國北則康居，西則大月氏，西南則大夏，東北則烏孫，東則扜罙、于窴。史記大宛傳。地當平陸，南控葱嶺，北濱那林河。南北山泉會合，襟帶諸城之間，土膏沃衍。西域圖志。

風俗

大宛，其俗土著耕田，有城郭、屋室。史記大宛傳。氣候和煦，人民殷庶，畜牧饒富。其人亦布魯特種，奉回教，習帕爾西語。西域圖志。

山川

那林河。在葱嶺西北，經流數千里，霍罕、安集延諸國瀕之以居。大小泉源支流不一，並會此河。其發源從東布魯特境西行，過安集延城之北，又西行，過瑪爾噶朗城北，又西行，過那木干城之北，又西行，過霍罕城南〔一〕。自此又西北行，過賽瑪爾堪城之北。又折東南，入於達里岡阿鄂謨。鄂謨廣千餘里，爲西境巨海，無有涯際，凡葱嶺以西之水咸歸焉。漢甘英窮臨西海，即此水也。

古蹟

大宛國。史記大宛傳：大宛在匈奴西南，在漢正西，去漢可萬里。有城郭、屋室，其屬邑大小七十餘城。漢書西域傳：大宛國王治貴山城，去長安萬二千五百五十里，東至都護治所四千三十一里〔二〕，北至康居卑闐城千五百一十里，西南至大月氏六百九十里。北與康居，南與大月氏接。别邑七十餘城，多善馬。張騫始爲武帝言之，上遣使者持千金及金馬以請宛善馬，宛王不肯與，攻殺漢使。於是遣貳師將軍李廣利伐宛，宛人斬其王毋寡首，獻馬三千匹，漢軍乃還。晉書西戎傳：大宛去洛陽萬三千三百五十里。武帝遣拜其王藍庾爲大宛王。藍庾卒，子摩之立，遣使貢汗血馬。

洛那國。魏書西域傳：洛那國，故大宛國也，都貴山城，在疏勒西北，去代萬四千四百五十里。太和三年，遣使獻汗血馬，自此每使朝貢。

寧遠國。唐書西域傳：寧遠者，本拔汗那，或曰鏺汗，元魏時謂破洛那。去京師八千里，居西鞬城，在真珠河之北。有大城六，小城百。貞觀中，王契苾爲西突厥瞰莫賀咄所殺，阿瑟那鼠匿奪其城。鼠匿死，子遏波之立契苾兄子阿了參爲王，治呼悶城，遏波之治渴塞城。顯慶初，遏波之遣使朝貢。三年，以渴塞城爲休循州都督府，授阿了參刺史，自是歲朝貢。天寶三載，改其國號寧遠。

土產

汗血馬。見晉書及魏書。

白鷹。白海青。並乾隆年間入貢。

校勘記

〔一〕過那木干城之北又西行過霍罕城南　「北」原作「南」，「南」原作「北」，據乾隆志卷四二〇霍罕山川（下同卷簡稱乾隆志）及西域圖志卷四五藩屬霍罕改。

〔二〕東至都護治所四千三十一里　「三」，原作「二」，據乾隆志及漢書卷九六上西域傳上改。

大清一統志卷五百三十之二

安集延

在回部喀什噶爾西北五百里。東南至鄂什四百里，西至霍罕三百八十里，東至喀什噶爾界，南接葱嶺，西北至那木干界，北至那林河界。其貢道由回部以達於京師。

建置沿革

漢爲大宛國地，與霍罕部略同。本朝乾隆二十四年，將軍兆惠檄諭令協擒逆回霍集占，其伯克奉命，以逆回未至彼境，即專使籲請入覲。二十五年，伯克托克托瑪哈墨第等來朝貢，賜宴賞賚如例。

晷度

北極高四十一度二十八分，距京師偏西四十四度三十五分。西域圖志。

大清一統志卷五百三十之三

瑪爾噶朗

在安集延西百八十里。

建置沿革

與霍罕部略同。本朝乾隆二十四年，侍衛達克塔納往撫諭，其伯克伊拉斯呼里拜率其屬投誠內附。

晷度

北極高四十一度二十四分，距京師偏西四十五度十分。西域圖志。

大清一統志卷五百三十之四

那木干

在瑪爾噶朗西北八十里。

建置沿革

與霍罕部略同。其地東北與布魯特雜處，東境踰河即爲塔什罕地。本朝乾隆二十四年，與霍罕、安集延同時輸誠内附。

晷度

北極高四十一度三十八分，距京師偏西四十五度四十分。西域圖志。

大清一統志卷五百三十之五

塔什罕

在回部喀什噶爾西北一千三百里。東至布魯特界，東南至那木干界，東北至右哈薩克部界。其貢道由回部以達於京師。

建置沿革

漢爲康居、大宛接界之地。北魏爲九姓昭武所居。隋、唐爲安國、石國地。明爲塔什罕國。舊作「達失干」，今改正。

地居平原，有城郭。向有三和卓，分轄回衆：曰莫爾多薩木什，曰沙達，曰吐爾占。舊爲右哈薩克所羈屬，莫爾多薩木什者，哈薩克所置和卓也。吐爾占逐之，哈薩克以兵問罪，久而不解。

本朝乾隆二十三年，參贊大臣富德追討哈薩克錫拉至其地，遣使撫定塔什罕回衆。時吐爾占方與右哈薩克戰於河上，因諭以睦鄰守土之道，乃大感悟，與哈薩克釋争相睦，即遣使奉表求内屬。先是，有準噶爾部逸賊額什木札布在其境内，於是擒以獻。其年，遣使來朝貢，賜宴如例。

塔什罕之西南行數百里，踰錫爾河，又踰那林河，二河見右哈薩克部及霍罕部。爲賽瑪爾堪城。又西南爲哈拉克則城，又西爲烏爾根齊城，又西臨達里岡阿鄂謨，是爲西海，西境於是盡焉。

晷度

北極高三十度五分，距京師偏西四十七度三十三分。西域圖志。

形勢

塔什罕城居平原，多園林，饒果木，土宜五穀，民居稠密。明史西域傳。在古康居、大宛之間，當葱嶺直北四百里外。西域圖志。

拔達克山博洛爾布哈爾諸部圖

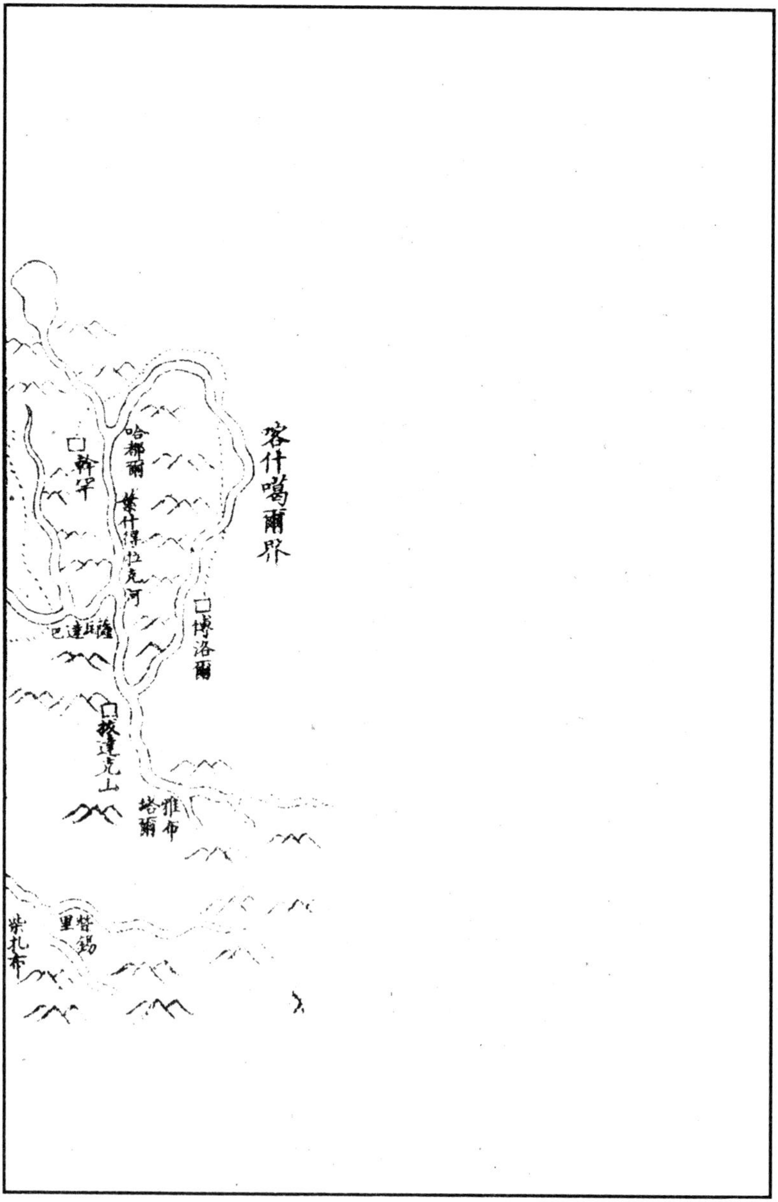
喀什噶爾界
哈都爾
葉什得拉克河
斡罕
博洛爾
拔達克山
雅布
塔爾
塔錫里

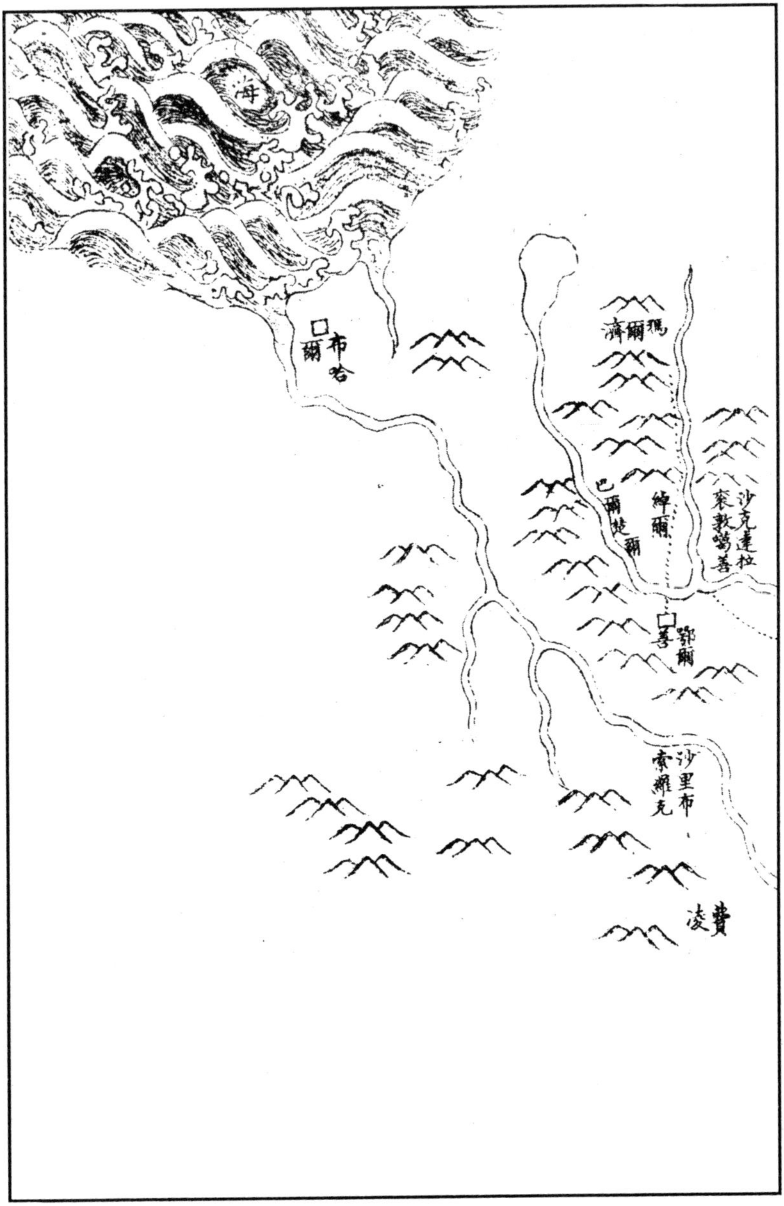
海
布哈爾
瑪爾濟
巴爾楚爾
綽爾
沙克達拉
袞敦噶善
鄂爾善
沙里布
索羅克
費凌

拔達克山博洛爾布哈爾諸部表

	拔達克山	博洛爾	布哈爾
秦			
兩漢	烏秅國	烏秅國地。	難兜國
三國			
晉			
南北朝	權於摩國 阿鉤羌國	阿鉤羌國地。	
隋			
唐	喝盤陀地，治葱嶺中。開元中置葱嶺守捉。		
五代			
宋	拔達克山 舊音「巴達哈傷」。		
元	拔達克山 舊音「八答黑商」。		
明			

大清一統志卷五百三十一之一

拔達克山

在回部喀什噶爾、葉爾羌之西南六百餘里，國居葱嶺中。其貢道由回部以達於京師。

建置沿革

漢爲烏秅國。北魏爲權於摩國及阿鈎羌國。唐爲喝盤陀地，開元中，於其地置葱嶺守捉。元、明爲拔達克山。元史作「巴達哈傷」，明史作「八答黑商」，皆係譯音之譌，今俱改正。有城郭，負山險，其汗曰素爾坦沙。

本朝乾隆二十四年，逆回波羅泥都、霍集占自葉什勒庫勒敗後，奔拔達克山。副將軍富德率兵追之，遣使往諭素爾坦沙，以二酋負恩悖逆狀，令擒獻。是時，二賊方竄入拔達克山沙木爾伯克所屬之錫克南村，乘間逸去。檄至，素爾坦沙因遮縛波羅泥都，而以兵圍霍集占於阿爾渾楚哈嶺。賊退保齊那爾河，距戰不能支，擒之，因於柴札布。因報逆賊就擒狀，副將軍富德責令獻俘，進軍斡罕以待之。是時，痕都斯坦部方以兵臨拔達克山，謀劫霍集占兄弟。而塔爾巴斯者，拔達克山雔國也，賊將通之，共攻拔達克山。初，素爾坦沙以二酋與己同爲噶木巴爾派，欲即縛獻，恐諸部不從，方遷延觀望。副將軍富德宣示威德，曉以順逆利害之故，乃大感悟，殺二酋，以波羅泥都屍身被盜，專函霍集占首以獻。因率其部落十萬户，與其鄰博洛爾部三萬户俱内附。二十五年，遣使入覲，貢八駿馬，賜敕嘉獎。

時素爾坦沙與姪塔什瑪木特相攻，塔什瑪木特聞敕使至，即釋争，率屬内附。二十六年，來貢刀、斧。二十八年，獻波羅泥都屍及其妻子，并遣使來朝貢。

晷度

北極高三十六度二十三分，距京師偏西四十三度五十分。西域圖志。

形勢

山居田石間，有白草，其西則有縣度。漢書西域傳。負山險，阸葱嶺之右，頗擅形勢。西域圖志。

山川

阿爾渾楚哈嶺。在拔達克山屬境，素爾坦沙奉檄圍霍集占於此。

葉什得拉克河。源出葱嶺之西陲，北流，經拔達克山、博洛爾兩部之間，至葉什得拉克，以地名。河分爲二支：一流經北入圖斯庫爾；一流曲折向西南，又北入於葉什勒庫勒淖爾。葉什勒庫勒，舊對音伊西洱庫爾，與葉爾羌接界。有聖製平定回部勒銘伊西洱庫爾碑文，已載喀什噶爾卷中。

齊那爾河。在拔達克山南境，素爾坦沙奉檄擒霍集占於此。

古蹟

烏秅國。漢書西域傳：烏秅國王治烏秅城，去長安九千九百五十里，東北至都護治所四千八百九十二里，北與子合、蒲犂，西與難兜接。累石爲室，民接手飲。其西則有縣度，去陽關五千八百八十八里，去都護治所五千二百里。縣度者，石山也，谿谷不通，以繩索相引而度云。

權於摩國。魏書西域傳：權於摩國，故烏秅國也。其王居烏秅城，在悉居半西南，去代一萬二千九百七十里。

阿鉤羌國。魏書西域傳：阿鉤羌國，在莎車西南，去代一萬三千里。西有縣度山，其間四百里中往往有棧道，下臨不測之淵，人行以繩索相持而度，因以名之。按：漢書稱烏秅國西有縣度，魏書則以權於摩國即漢之烏秅，而縣度在阿鉤羌國之西。考阿鉤羌去權於摩止三十里，境壤毘連，蓋漢烏秅國至魏分而爲二，其在今則皆拔達克山境也。

喝盤陀國。唐書西域傳：喝盤陀，或曰漢陀，曰渴館檀，亦謂渴羅陀。由疏勒西南入劒末谷、不忍嶺六百里，其國也。距瓜州四千五百里，直朱俱波西。南距縣度山，北抵疏勒，西護密，西北判汗國也。治葱嶺中，都城負徒多河〔一〕。其王本疏勒人，世相承爲之。西南即頭痛山也，葱嶺環其國。後魏太延中，始通中國。貞觀九年，遣使者來朝。開元中，破平其國，置葱嶺守捉，安西極邊戍也。

土産

刀。斧。皆乾隆年間入貢。

馬。乾隆二十五年貢八駿。

校勘記

〔一〕都城負徒多河　「徒」，乾隆志卷四二〇拔達克山古蹟同，當作「徙」。按，新唐書卷二二一上西域傳上喝盤陀國舊刻傳本亦誤作「徒」，中華書局點校本據大唐西域記卷一二改作「徙」，是。

大清一統志卷五百三十一之二

博洛爾

在葉爾羌西南，拔達克山之東。其貢道由回部以達於京師。

建置沿革

漢爲烏秅國地。北魏爲阿鈎羌國地。

本朝乾隆二十四年，其酋沙瑚沙默特輸誠向化，與拔達克山同内附。二十五年，遣使沙伯克等來朝，賜宴賚予，並賜敕書。二十八年，貢劒及斧。二十九年，爲拔達克山素爾坦沙所侵，乞援於葉爾羌駐劄都統新柱。因遣使戒諭素爾坦沙，令還所俘掠，罷兵相睦，素爾坦沙恪遵約束。沙瑚沙默特表謝，並遣使來朝，貢匕首，其部中所最珍也。三十四年，貢雙玉欛匕首，自此貢獻不絶。

晷度

北極高三十七度，距京師偏西四十三度三十八分。西域圖志。

土産

劒。斧。乾隆二十八年貢。

匕首。乾隆三十四年貢雙玉欛匕首。

大清一統志卷五百三十一之三

布哈爾

在拔達克山西二千餘里，其貢道由回部以達於京師。

建置沿革

漢爲難兜國，自後無聞。

本朝乾隆二十五年，回部底平，遣使頒敕諭。二十九年，其部長阿布勒噶爾遣使諾羅斯伯克、達雅爾伯克，因拔達克山素爾坦沙，籲請以其屬内附。

晷度

北極高三十八度四十二分，距京師偏西五十七度三十二分。西域圖志。

古蹟

難兜國。漢書西域傳：難兜國王治去長安萬一千五百里，東北至都護治所八百九十里，西南至罽賓三百三十里。

按：漢書載烏秅國，西與難兜接，烏秅爲今之拔達克山，難兜爲今之布哈爾，其地位遠近正相值也。

愛烏罕痕都斯坦巴勒提諸部圖

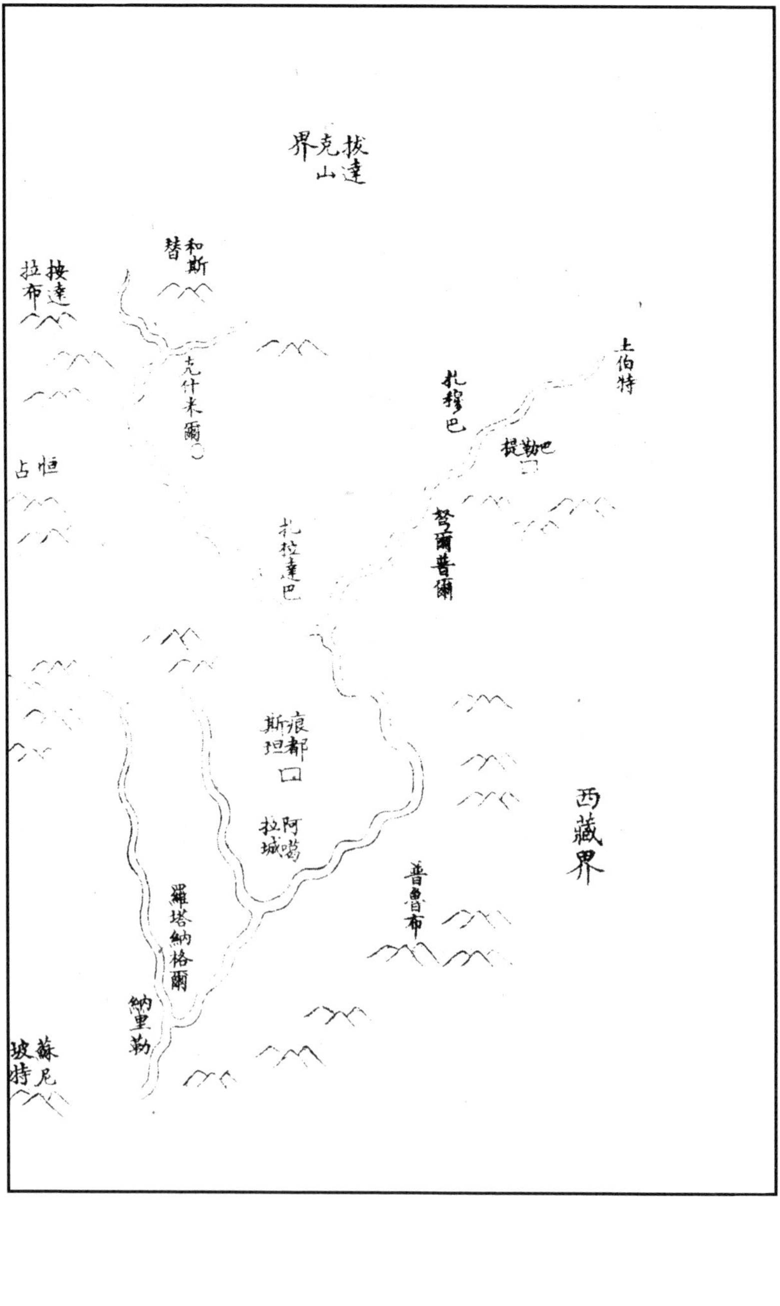

拔達克山界
和斯替
拔達拉布
克什米爾
恒占
上伯特
扎穆巴
巴勒提
扎拉達巴
哲爾普爾
痕都斯坦
阿噶拉城
西藏界
普魯布
羅塔納格爾
納里勒
蘇尼坡特

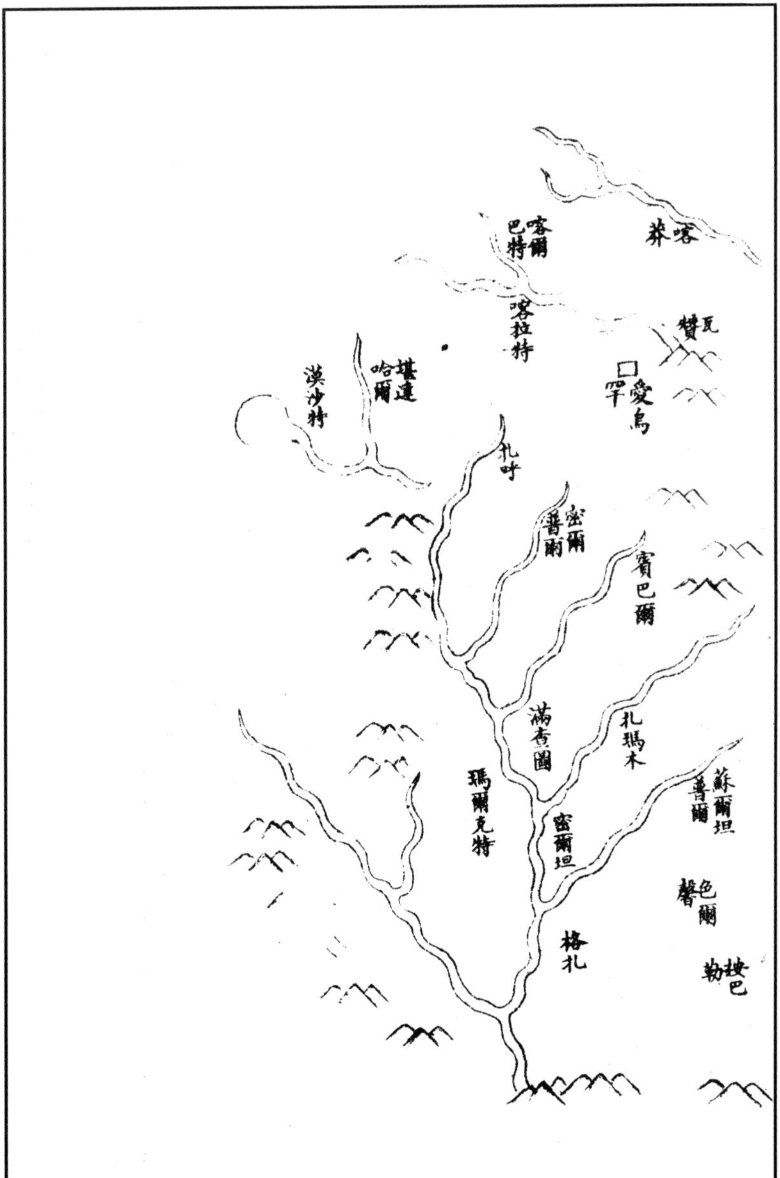
喀莽
喀爾巴特
喀拉特
瓦贊
愛烏罕
堪達哈爾
漢沙特
扎吁
密爾普爾
賓巴爾
滿查圖
扎瑪木
瑪爾克特
蘇爾坦普爾
密爾坦
色爾磐
格扎
捷巴勒

愛烏罕痕都斯坦巴勒提諸部表

	愛烏罕	痕都斯坦	巴勒提
秦			
兩漢	大月氏國後漢爲大月氏貴霜王國。	罽賓國	罽賓國
三國			
晉			
南北朝	嚈噠國		
隋	挹怛國		
唐	大月氏地。	罽賓國	罽賓國
五代			
宋			
元			
明			

大清一統志卷五百三十一之四

愛烏罕

在拔達克山、布哈爾之西南，其貢道由回部以達於京師。

建置沿革

漢爲大月氏國。後漢爲大月氏貴霜王國。北魏爲嚈噠國。隋爲悒怛國。唐爲大月氏地。愛烏罕在葱嶺西，部落最大。

本朝乾隆二十七年，其汗愛哈默特沙知西域底平，聞風慕化，遣使密爾漢等重譯來朝，貢刀及四駿馬，賜宴賚如例。二十八年正月，頒敕書嘉獎，遣使歸國。

古蹟

大月氏國。漢書西域傳：南道西踰葱嶺，則出大月氏。大月氏治監氏城，去長安萬一千六百里，不屬都護。東至都護治所四千七百四十里，南與罽賓接，都嬀水北爲王庭。後漢書西域傳：初，月氏爲匈奴所滅，遂遷於大夏，分其國爲五部翖侯。後貴霜翎侯丘就卻攻滅四翎侯〔一〕，自立爲貴霜王。又滅濮達、罽賓，悉有其國。子閻膏珍代立，復滅天竺，置將一人監領之。月氏自此之後，最爲富盛。

嚈噠國。魏書西域傳：嚈噠國，大月氏種類也。原出塞北，自金山而南，在于闐之西，都馬許水南二百餘里〔二〕。去長安一萬一百里，去瓜州六千五百里。

悒怛國。隋書西域傳：悒怛國，都烏滸水南二百餘里，大月氏之種類也。大業中，遣使貢方物。按：愛烏罕爲今蔥嶺西南大國。漢書所云「南道西踰蔥嶺，則出大月氏」，與今愛烏罕適合，魏嚈噠、隋悒怛，皆月氏種類。其所載都馬許水南及烏滸水南，蓋字畫之傳譌。漢書稱其都嬀水，烏滸與嬀其音固相近，是嚈噠、悒怛之與月氏同爲一地，皆愛烏罕境也。

土產

刀。形如半弓，乾隆二十七年貢。

馬。乾隆二十七年貢四駿。

校勘記

〔一〕後貴霜翎侯丘就卻攻滅四翎侯　「卻」，原脱，乾隆志卷四二〇愛烏罕古蹟（下簡稱乾隆志）同，據後漢書卷八八西域傳補。

〔二〕都馬許水南二百餘里　「馬」，乾隆志同，當作「烏」。按，中華書局點校本魏書卷一〇二西域傳據北史、隋書、太平御覽改作「烏」，是。

大清一統志卷五百三十一之五

痕都斯坦

在拔達克山西南，愛烏罕東，南與北印度國交界。其貢道由回部以達於京師。

建置沿革

漢以來爲罽賓國地。其國人工巧，精於治玉，以水磨治，不以沙石爲錯。地鄰五印度，去中國絶遠。其俗善賈，舊於回部葉爾羌地方貿易。本朝乾隆二十五年，西域底平，頒敕書賜物，今通市如故。向稱温都斯坦，今考梵文，改正痕都斯坦。

晷度

北極高二十九度十五分，距京師偏西四十五度五分。西域圖志。

古蹟

罽賓國。漢書：罽賓國王治循鮮城，去長安萬二千二百里，不屬都護，大國也。東北至都護治所六千八百四十里，東至烏秏國二千二百五十里，東北至難兜國九日行，西北與大月氏，西南與烏弋山離接。地平温，有目宿、雜草、奇木、檀、櫰、梓、竹、漆。種五穀、蒲萄諸果。其民巧，雕文刻鏤，治宫室，織罽，刺文繡，好治食。市列以金銀爲錢，文爲騎馬，幕爲人面。出封牛、水羊、象、大狗、沐猴、孔雀、珠璣、珊瑚、虎魄、璧流離，它畜與諸國同。自武帝始通，其王數剽殺漢使，元帝放其使者於懸度，絶而不通。成帝時，遣使謝罪，漢欲遣使者報送其使，杜欽説王鳳曰：「罽賓絶遠，雖不附，不能危城郭。送客者，起皮山南，更不屬漢之國四五。歷大、小頭痛之山，赤土、身熱之阪。又有三池、盤石阪，臨峥嶸不測之深，行者騎步相持，繩索相引，二千餘里乃到懸度。罷弊所恃以事無用，非久長計。使者可至皮山而還。」鳳白從欽言。魏書：罽賓國都善見城，居四山中。地東西八百里，南北三百里。隋書：漕國，在葱嶺北，漢時罽賓國也。其王姓昭武，都城方四里，國法嚴整。葱嶺山有順天神，儀制極華，金鍱爲屋，銀爲地，王戴金魚頭冠，坐金馬座。東北去瓜州六千六百里。唐書：罽賓，隋漕國也，距京師萬二千里而嬴，南距舍衛城三千里。王居修鮮城。地暑濕，人乘象，俗治浮屠。武德、貞觀間，遣使貢獻。顯慶三年，以其地爲修鮮都督府。神龍初，拜其王修鮮都督。按：漢書作循鮮城，唐書作修鮮城，蓋傳寫之誤耳。唐書又稱罽賓居葱嶺南，與天竺接。今痕都斯坦與印度鄰接，印度即天竺，是罽賓即爲痕都斯坦無疑。漢書謂罽賓國民巧，雕文刻鏤，今痕都斯坦治玉精巧，甲於西域，蓋其習尚相傳然也。

賽瑪爾堪國。王圻續文獻通考：賽瑪爾堪，地在伊里巴里西。西連哈里，東去嘉峪關九千九百里，即漢罽賓地。土田膏腴，宜五穀。人物秀美，多藝能。元駙馬特穆爾主其國。東有養夷、沙魯哈雅、薩蘭、塔實干，西有克實、德爾密諸城，皆隸焉。明洪武丁卯，其王遣使貢駝馬。弘治三年，由海道貢獅子，禮官請卻之，自後皆從嘉峪關入。嘉靖中，其國稱王者五十三人，皆遣人朝貢。象胥録：克實在賽瑪爾堪西南二百六十里，城周十餘里，四面水田，東南近山，中有園林，元特穆爾駙馬居也。西三百里，大山屹立，山中有石峽，兩壁懸崖如斧劈。行二三里，出峽有門，石色如鐵，人指云「此鐵門關」也。「賽瑪爾堪」，元史作「邪米思干」。遼大石林牙有國時，名爲河中府。鐵門關在城之東南數百里，見丘處機西遊記。「賽瑪爾堪」舊作「撒馬兒罕」，「伊里巴里」舊作「亦力巴力」，「哈里」舊作「哈烈」，「特穆爾」舊作「帖木兒」，「沙魯哈雅」舊作「沙鹿海牙」，「薩蘭」舊作「賽蘭」，「塔實干」舊作「達失干」，「克實」舊作「渴石」，「德爾密」舊作「迭里迷」，今俱改正。

哈里國。續文獻通考：哈里，在肅州西，相去一萬一千餘里，東北至賽瑪爾堪二千四百里。地俱平川，四面大山。有沙哈魯者，國人尊之爲蘇勒坦，猶華言君王也。東有安都、懷巴拉默等城，皆隸焉。衣服色尚白，無正朔，不用甲子，以七日爲一周。擇日用事，則以第一日名阿嗁納爲上吉，凡拜天聚會用之。明永樂七年朝貢。正統二年，貢馬、玉石。「蘇勒坦」舊作「速魯檀」，「安都」舊作「俺都」，「懷巴拉默」舊作「淮八剌墨」，今俱改正。

識匿國。唐書：識匿，東南直京師九千里，東五百里距葱嶺守捉所，南二百里屬護密，西北五百里抵俱密。初治若汗城，後散居山谷。有大谷五，酋長自爲治，謂之五識匿。地二千里，無五穀。貞觀後，屢朝貢。

天方國。古筠冲地，一名天堂，又曰默伽。水道自忽魯謨斯四十日始至，自古里西南行三月始至。明宣德五年，鄭和使西洋，遣人至其國。國王遣使來貢，道從嘉峪關。至萬曆中，貢使不絶。於西域爲大國。土饒沃，無雨雹霜雪，草木資露以生，四時皆如夏。相傳回回設教之祖曰瑪哈穆特者，首於其地行教。其墓頂常有光，故人皆向善，西土稱爲樂國。有禮拜寺，分四方，共三百六十間，皆白玉爲柱，黄甘玉爲地。其堂以五色石砌成，沈香大木爲梁，凡五堂。堂左有司馬儀墓，其國稱爲聖人。又有諸師傳教之堂，規制俱極宏麗。又相近有默德那國，回回祖國也。按：王圻以賽瑪爾堪爲即漢罽賓地，其實自爲一部，與痕都斯坦不相屬也。天方國爲回人祖國，在今回部之西，其地絶遠。今甄録舊史原文，附載於卷末，以資考證焉。「瑪哈穆特」舊作「馬哈麻」，今改正。

土產

玉器。乾隆年間入貢者，有玉盤、玉壺、玉椀、玉杓、玉瓿、玉盂、玉瓢、玉杯、玉飲器、玉洗、玉合、玉墨瓶、筆室，恭見聖製詩。

大清一統志卷五百三十一之六

巴勒提

在博洛爾之南，痕都斯坦之東，其貢道由回部以達於京師。

建置沿革

自古無聞。其地在痕都斯坦東陲，相與鄰接，國俗亦大略相似，蓋漢、唐時罽賓國近東屬境也。其部羣山接近，中有長河。其境有土伯特、札穆巴、克什米爾諸地，分兩部落，其酋長默默斯帕爾及烏蘇完分統之，各有衆八千餘人。舊在葉爾羌貿易。

本朝乾隆二十五年，西域既平，其酋長請内附，自此通市不絶。

晷度

北極高三十一度五十分，距京師偏西四十五度二十八分。西域圖志。

烏里雅蘇台

目録

烏里雅蘇台全圖

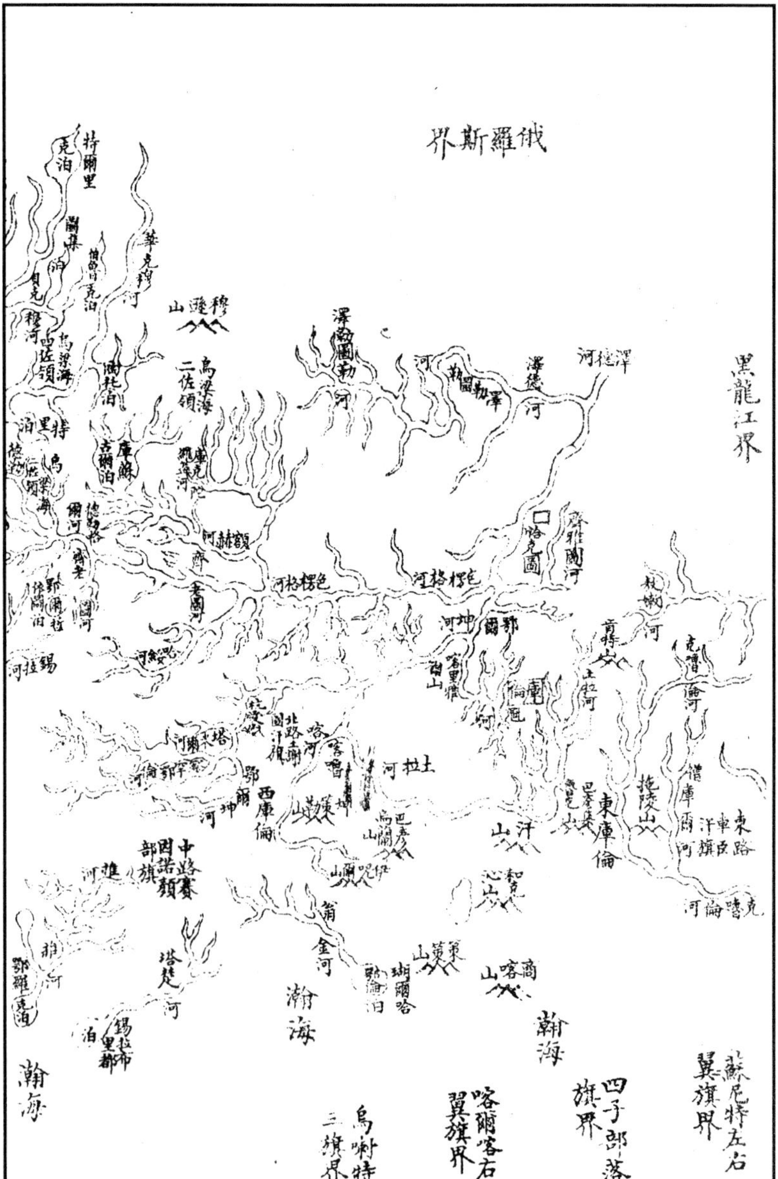
俄羅斯界
黑龍江界
色楞格河
土拉河
鄂爾坤河
西庫倫
東庫倫
中路賽因諾顏部旗
瀚海
瀚海
瀚海
蘇尼特左右翼旗界
四子部落旗界
喀爾喀右翼旗界
烏喇特三旗界

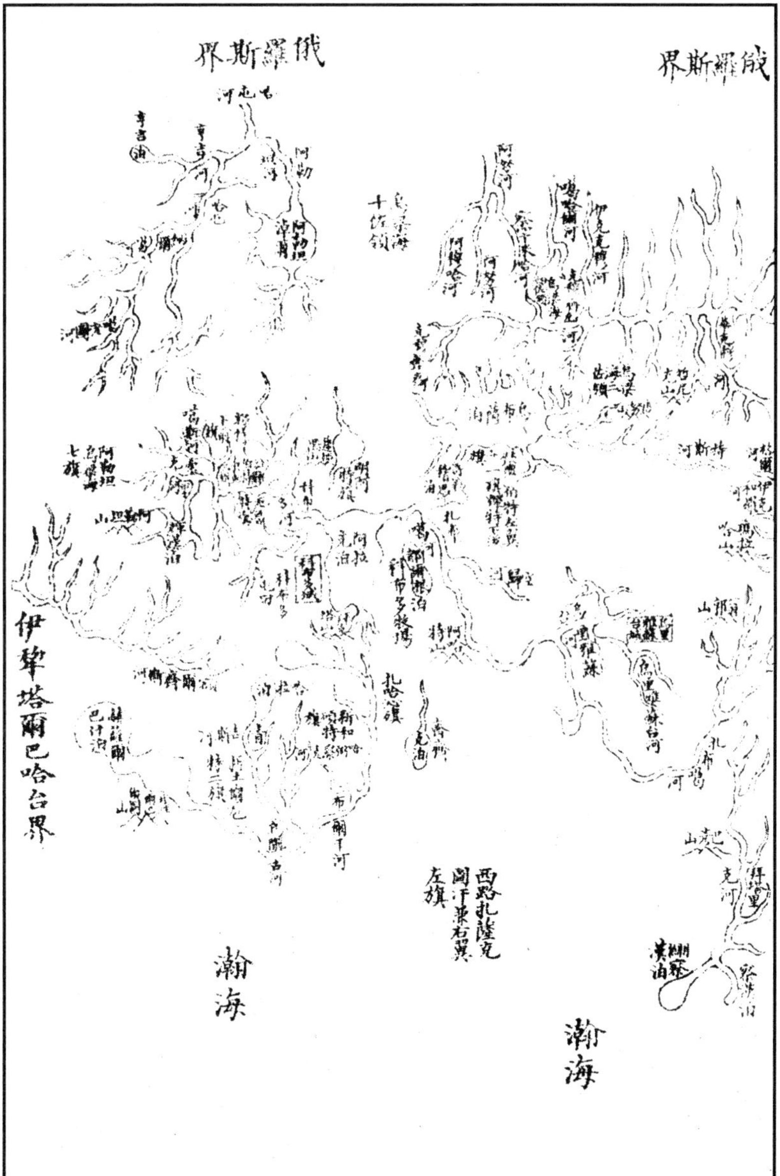
俄羅斯界
俄羅斯界
伊犂塔爾巴哈台界
西路扎薩克圖汗策右翼左旗
瀚海
瀚海

烏里雅蘇台統部表

	烏里雅蘇台統部
秦	匈奴地。
兩漢	漢匈奴地。後漢北匈奴地。
三國	
晉	
南北朝	北魏蠕蠕地。
隋	突厥地。
唐	回鶻地。
五代	室韋嫗厥律諸部地。
宋	金蒙古諸部地。
元	和林境。太祖建都於此。
明	小王子所居，後爲喀爾喀。

大清一統志卷五百三十二上

烏里雅蘇台統部

東與黑龍江爲界，西與新疆爲界，南至瀚海爲界，北與俄羅斯爲界。

建置沿革

古漠北地，秦、漢時，匈奴居之。漢初，冒頓强盛，併有漠南。武帝時，累歲征伐，匈奴徙居於此。後漢爲北匈奴地。後魏初，蠕蠕據之。蠕蠕滅，而突厥起，盡有西北之地。唐貞觀初，李靖擊滅突厥。回紇及薛延陀並稱强，李勣滅薛延陀、回紇，遂并有其地。至五代時，回紇始衰，則有室韋、嫗厥律諸部散居之，服屬於遼。金時，蒙古諸部始盛。元太祖十五年，定諸部，建都於此，名和林。元之亡也，小王子猶依故土。迨後，小王子東徙爲察哈爾，其留舊地者爲喀爾喀。

本朝康熙二十八年，喀爾喀爲噶爾丹所擾，投誠内徙。三十六年，噶爾丹滅，始還故土。雍正間，置烏里雅蘇台將軍統其衆。

職官

定邊左副將軍一員。駐劄烏里雅蘇台城。雍正十一年設，統轄唐努烏梁海、科布多地方喀爾喀四部官兵，並會辦庫倫以西事務。

參贊大臣二員，雍正十一年設，内一員以蒙古王公、台吉兼任。章京四員。嘉慶十二年，額定烏里雅蘇台章京内閣侍讀一缺、户部章京一缺、兵部章京一缺、理藩院章京一缺，三年期滿，由該將軍咨請更换到部，由部咨取各該衙門照例保送一員，帶領引見，派往辦理印務、糧餉、驛站、牧務、蒙古事務。

管理八旗换防佐領一員，由綏遠城駐防派撥。驍騎校同。驍騎校一員。

管理緑營换防守備一員，由直隸宣化鎮、山西大同鎮派撥。千總以下同。千總一員，把總三員，外委一員。

唐努烏梁海總管五員，五旗各一員，由定邊左副將軍選擬奏補。佐領、驍騎校同。佐領二十五員，驍騎校二十五員。

喀爾喀掌印扎薩克，協理旗務台吉，管旗章京，副章京，參領，佐領，驍騎校。已詳載蒙古統部卷内。

駐班烏里雅蘇台喀爾喀副將軍四員，雍正三年設三員，乾隆六年設一員，鈐轄各部蒙古官兵，均以其部内扎薩克、汗王、貝勒、貝子、公簡任。謹按：喀爾喀四部蒙古藩爵内各有副將軍、參贊一員，每年四季輪流，同扎薩克、台吉，前往烏里雅蘇台駐班，聽候將軍調遣。參贊四員，雍正十一年設三員，乾隆六年設一員。筆帖式八員。每部二員，由理藩院派往，五年更換。

扎薩克公、台吉四員，協理台吉四員，管旗章京，副章京四員，聽差台吉二員。以上皆每季更代。協理台吉一員，管旗章京、副章京一員，驍騎校一員。以上皆每年更代。

管理牧廠喀爾喀扎薩克一員，協理台吉一員，管旗章京、副章京一員。以上皆每季更代。

管理孳生駝廠喀爾喀土謝圖汗左翼中旗扎薩克一員，管旗章京、副章京一員。以上皆不更代。

科布多參贊大臣一員，管理扎哈沁、厄魯特、明阿特、阿勒坦烏梁海、阿勒坦淖爾烏梁海地方，統轄杜爾伯特、新土爾扈特、新和碩特三部官兵。章京一員。辦理糧餉、驛站、牧務、蒙古事件，由京派往，三年更換。

管理緑營換防兼理屯田遊擊一員，由直隸宣化鎮、山西大同鎮派撥。千總以下同。千總二員，把總六員，外委一員。

扎哈沁總管二員，内一員，三等信勇公兼任。參領一員，佐領五員，驍騎校五員。

明阿特總管一員，參領一員，佐領二員，驍騎校二員。

厄魯特總管一員，參領一員，佐領二員，驍騎校二員。

阿勒坦烏梁海副都統一員，雍正二年設，管轄七旗事務。分理左、右翼散秩大臣二員，副都統、散秩大臣仍各兼一旗總管事務。總管四員，佐領七員，驍騎校七員。

阿勒坦淖爾烏梁海總管二員，佐領四員，驍騎校四員。

杜爾伯特副將軍二員，左、右翼各一員，乾隆二十七年設，均以其翼内扎薩克請旨簡任。其屬下之宰桑，授以梅勒、扎蘭、蘇穆章京、昆都等職。梅勒與副章京同，扎蘭與參領同，蘇穆章京與佐領同，昆都與驍騎校同。佐領，左翼十一旗二十員，輝特下後旗一員。右翼三旗十五員，輝特下前旗一員。驍騎校。每佐領下設一員。謹按：杜爾伯特等封爵，已載新疆統部。

土爾扈特。新土爾扈特二旗，佐領三員。其舊土爾扈特隸新疆地分四路：南路舊土爾扈特四旗，佐領五十四員；北路舊土爾扈特三旗，佐領十四員；東路舊土爾扈特二旗，佐領七員；西路舊土爾扈特一旗，佐領四員。驍騎校。每佐領下設一員。謹按：土爾扈特等封爵，已載新疆統部。

和碩特。新和碩特一旗，佐領一員。其中路和碩特隸新疆地分三旗，佐領十一員。驍騎校。每佐領下設一員。謹按：和碩特等封爵，已載新疆統部。

駐防科布多喀爾喀扎薩克一員，協理台吉一員，管旗章京、副章京一員，聽差台吉二員。以上皆每季更代。或以杜爾伯特、土爾扈特、和碩特、烏梁海、扎哈沁汗王、貝勒、貝子、公、散秩大臣、副都統二人，或三四人，每二月更代。

管理屯田喀爾喀參領二員，佐領二員，驍騎校三員。以上皆每年更代。

管理牧廠喀爾喀協理台吉一員，每年更代。管旗章京、副章京二員。每半年更代。

庫倫辦事大臣二員，雍正九年，駐劄司員。乾隆二十七年，改駐辦事大臣，一由京滿洲、蒙古大臣簡放，一由喀爾喀扎薩克内特派，三年更換，以司俄羅斯邊務。東會黑龍江將軍，西會定邊左副將軍共理之。駐劄司員二員，筆帖式二員，

駐劄恰克圖司員一員。以上司員，均由理藩院派往，三年更換。

喀爾喀北路土謝圖汗部。二十旗。東起左翼中旗，北與車臣汗部中末旗、右翼中旗接。其東南圈出一小游牧，爲中次旗。其北爲左翼末旗、左翼中左旗。左翼末旗之北，爲左翼右末旗，達庫倫之驛，於是分道。其北爲中旗，在肯特山之西南，汗山峙其境。南與車臣汗部左翼中旗接。東庫倫之西，爲中右末旗，跨土拉河。其西爲中右旗，當土拉河曲處。其西南爲左翼左中末旗，當喀嚕喀河源。中右旗之西，爲中左旗。左翼左中末旗之西，爲土謝圖汗旗，西與賽因諾顏部厄魯特旗接。中旗之北，爲右翼左末旗，當土拉河源。東與車臣汗部中右後旗接，其西爲右翼右末旗，跨哈拉河。其北爲中左翼末旗，北至卡倫，與俄羅斯爲界。又西爲右翼右末次旗，跨色楞格河，西與賽因諾顏部中末旗接。西北與唐努烏梁海接。其南爲右翼左旗，皆北至卡倫，與俄羅斯爲界。右翼左旗之南，爲右翼左後旗，其西爲左翼前旗，跨喀嚕喀河，南與中左旗、土謝圖汗旗接，西與賽因諾顏部厄魯特前旗接。土謝圖汗旗之南，爲右翼右旗，西與賽因諾顏部中前旗接。其東爲左翼後旗，西與賽因諾顏部右翼中左旗接。

喀爾喀中路賽因諾顏部。二十二旗，附以厄魯特二旗。東起厄魯特旗，跨鄂爾坤河，東與土謝圖汗旗接。其北爲厄魯特前旗，當塔米爾河北岸，東與土謝圖汗部左翼前旗接。其北爲左翼左末旗，跨瑚努伊河。其西爲右翼前旗。其北爲左翼中旗，跨哈綏河。其北爲中末旗，東與土謝圖汗部右翼右末次旗接，北與唐努烏梁海接。厄魯特旗之南，爲中前旗，跨鄂爾坤河、翁金河，東與土謝圖汗部右翼右旗接。其西爲右翼左末旗、右翼中左旗，皆跨翁金河。右翼中左旗東與土謝圖汗部左翼後旗接，其南爲左翼右旗。右翼左末旗之西，爲賽因諾顏旗。其西爲中右旗，跨推河。其西南爲右翼中末旗，其北爲右翼末旗，其西北爲右翼右後旗。西與扎薩克圖汗部右翼右旗接。其西北爲左翼左旗，其西爲中後旗。賽因諾顏旗之東北，爲右翼中右旗。賽因諾顏之西北，爲中右翼末旗。左翼左旗之東北，爲中左末旗。左翼中旗之西，爲右翼後旗，北與扎薩克圖汗部中左翼末旗接。其西南爲中後末旗，跨齊老圖河。其西北爲中左旗，北與扎薩克圖汗部中左翼右旗接。其南爲右翼旗。中後旗之西，爲烏里雅蘇台城，定邊左副將軍治。

喀爾喀東路車臣汗部。二十三旗。東起左翼前旗，與黑龍江呼倫貝爾城接，南與内扎薩克烏珠穆沁左翼旗接。其西北爲中右旗，其西爲左翼後末旗。左翼後末旗之南，爲右翼後旗。左翼後末旗之北，爲中前旗，跨克魯倫河。其西爲中左前旗，其西爲左翼左旗，北至卡倫，與俄羅斯爲界。左翼後末旗之西，爲左翼後旗。其西爲中左旗，南與土謝圖汗部左翼中旗接。其北爲左翼中旗，跨克魯倫河。其西北爲中末次旗，其西南爲左翼右旗，其西爲右翼左旗，其西爲車臣汗旗。車臣汗旗之北，爲右翼前旗，其西南爲右翼中左旗。右翼前旗之北，爲中後旗，跨敖嫩河。右翼中左旗之西，爲右翼中前旗。其北爲中右後旗，西與土謝圖汗部右翼左末旗接。中左旗之西，爲中末右旗。其西爲中末旗，南與土謝圖汗部左翼中旗接。其西爲右翼中右旗，又西爲右翼中旗，北與土謝圖汗部中旗接，南與土謝圖汗部左翼中旗接。

喀爾喀西路扎薩克圖汗部。十八旗，附以輝特部一旗。東起中左翼末旗，南與賽因諾顔部右翼後旗接。其西爲右翼右末旗，又西爲中左翼右旗，南與賽因諾顔部中左旗接。其北爲中左翼左旗，北與唐努烏梁海接。其西南爲左翼前旗、左翼後末旗同游牧。其西爲左翼左旗，跨空歸河。西北與科布多所屬杜爾伯特左翼十一旗接。其南爲中右翼末次旗。左翼左旗之西，爲左翼右旗。其西南爲中右翼左旗，西與科布多所屬扎哈沁旗接。其東南爲左翼中旗、右翼後旗同游牧。其南爲中右翼末旗，其東南爲輝特旗。其西南爲扎薩克圖汗兼右翼左旗，其西爲右翼前旗。扎薩克圖汗旗之東南，爲右翼右旗，東與賽因諾顔部右翼右後旗接。右翼前旗之南，爲左翼後旗。中右翼末旗之西，爲右翼後末旗，北與科布多所屬扎哈沁旗接。

唐努烏梁海部。五旗。定邊左副將軍所屬烏梁海二十五佐領：一在德勒格爾河東岸，東與土謝圖汗部右翼右末次旗接，南與賽因諾顔部中末旗接。二在庫蘇古爾泊東北，四當貝克穆河折西流處，三當謨和爾阿拉河源，四當噶哈爾河源，俱北與俄羅斯爲界。十在西北，跨阿勒坦河、阿穆哈河，亦與俄羅斯爲界。扎薩克圖汗部所屬烏梁海五佐領：一在庫蘇古爾泊北。一在德勒格爾河西岸，南與扎薩克圖汗部中左翼左旗接。一北臨貝克穆河，西與南俱臨華克穆河。一在謨什克河西。一當扎庫爾河源。賽因諾顏部所屬烏梁海十三佐領，俱南依鄂爾噶汗山，西與科布多所屬阿勒坦淖爾烏梁海二旗接，北與俄羅斯爲界。哲布尊丹巴呼圖克圖門徒所屬烏梁海三佐領，在陶托泊北，西臨華克穆河，北與俄羅斯爲界。

杜爾伯特部。十四旗。東界由特斯河南岸起，至薩拉托羅海、納林蘇穆河、察罕努嚕止，與唐努烏梁海連界。東南界由杭吉勒察克起，至哈布齊克布拉克山、拜甡圖之南山止，與哈爾哈連界。再由拜甡圖之南山起，至奇勒稽思淖爾、愛拉克淖爾之南岸，扎布噶河北岸，塔塔呼特喀里止，與喀爾喀連界。南界由塔塔呼特喀里起，至哈喇淖爾、綽諾哈㖘呼、額可阿喇勒淖爾北岸，齊爾噶圖山止，與科布多官廠連界。西南界由齊爾噶圖山起，至塔拉布拉克、烏蘭布拉克、察罕布爾噶蘇、茂垓、科布多河東岸止，與明阿特連界。西界由科布多河東岸起，沿河至索果克河東岸止，與阿勒坦烏梁海連界。西北界由索果克河起，至蒙古勒雅素、哲斯達巴、噶嚕圖維和爾淖爾卡倫止，與阿勒坦烏梁海連界。北界由哈克淖爾卡倫起，至哈透烏里雅蘇台卡倫止，與卡倫連界。再由哈透烏里雅蘇台卡倫起，至阿期哈圖河、固爾班哈倫、昭莫多止，與卡倫連界。再由昭莫多起，至罕達該圖、齊齊爾噶納、鄂爾濟呼布拉克、阿拉克鄂博卡倫止，俱與卡倫連界。

扎哈沁部。一旗。東界由德杜庫庫圖勒起，至哈喇占和碩、薩拉布拉克、巴爾嚕克止，與喀爾喀連界。東南界由巴爾嚕克起，至昂吉爾圖止，與喀爾喀連界。南界哈布塔克山，與巴爾庫勒連界。西南界由哈布塔克山起，至和托昂鄂博止，與土爾扈特、和碩特連界。西界由和托昂鄂博起，至布爾干河東岸止，與阿勒坦烏梁海連界。西北界由布爾干河起，至浩賴僧庫爾、都木達僧庫爾、惠圖僧庫爾之北山止，與阿勒坦烏梁海連界。北界由惠圖僧庫爾起，至土古里克止，與喀爾喀屯田兵官廠連界。東北界由土古里克起，至德杜庫庫圖勒止，與喀爾喀連界。

土爾扈特部。新土爾扈特二旗，東界由哈弼察克起，至奔巴圖、們楚克烏蘭、布勒幹和碩止，與和碩特連界。東南界由布勒幹和碩起，至拜塔克山止，與扎哈沁連界。南界由拜塔克山起，至胡圖斯山、烏隴古河、烏蘭波木止，與古城連界。西界由烏蘭波木起，至清依勒河、昌罕阿璊、那彥鄂博止，與阿勒坦烏梁海連界。西北界由那彥鄂博起，至綽和爾淖爾、那郭幹淖爾之中山止，與阿爾坦烏梁海連界。北界由綽和爾淖爾、那郭幹淖爾之中山起，至哈弼察克止，與阿勒坦烏梁海連界。

和碩特部。新和碩特一旗，東界和托昂鄂博，與扎哈沁連界。南界布勒幹和碩，西界們楚克烏蘭，北界奔巴圖、哈弼察克止，與土爾扈特連界。

明阿特部。一旗。東界由塔拉布拉克起，至齊爾噶圖山、科布多河止，與杜爾伯特連界。南界由齊爾噶圖山起，沿科布多河北岸，至遜都里山止，與喀爾喀屯田兵厄魯特連界。西界由遜都里山起，至茂垓止，與杜爾伯特連界。北界由茂垓起，至察罕布爾噶蘇、烏蘭布拉克、塔拉布拉克止，與杜爾伯特連界。

厄魯特部。一旗。東界由濟爾噶朗圖起，沿布彥圖河西岸，至布克圖和碩止，與喀爾喀屯田兵連界。南界由布古圖和碩起，沿布彥圖河北岸，至哈透烏里雅蘇台止，與喀爾喀屯田兵連界。西界由哈透烏里雅蘇台起，至都嚕淖爾止，與阿勒坦烏梁海連界。北界由都嚕淖爾起，至習集克圖河止，與阿勒坦烏梁海連界。再由習集克圖河起，沿科布多河南岸，至濟爾噶朗圖止，與明阿特連界。

阿勒坦烏梁海部。七旗。東界由都嚕淖爾起，至哈透烏里雅蘇台止，與厄魯特連界。再由哈透烏里雅蘇台起，至西伯爾沙扎該山、島圖淖爾之南山止，與喀爾喀屯田兵連界。東南界由惠圖僧庫爾起，至都木達僧庫爾、浩賴僧庫爾之北山、哈弼察克止，與扎哈沁連界。再由哈弼察克起，至綽和爾淖爾、那郭幹淖爾之中山、清依勒河、那彥鄂博、昌罕阿璊、烏蘭波木止，與土爾扈特、和碩特連界。南界由烏蘭波木、烏隴古河起，至巴噶淖爾止，與塔爾巴哈台所屬土爾扈特連界。西南界由巴噶淖爾起，至噶勒扎爾、巴什淖爾北岸納林哈喇山止，與塔爾巴哈台所屬土爾扈特連界。再由納林哈喇山起，至碑爾素克託羅垓止，與塔爾巴哈台連界。西界由碑爾素克託羅垓起，至巴爾哈斯淖爾止，與卡倫連界。北界由巴爾哈斯淖爾起，至哈賓里達巴止，與卡倫連界。東北界由哈賓里達巴起，至哲斯達巴、蒙古勒雅素，沿索果克河、科布多河西岸，習集克圖河止，與杜爾伯特連界。

阿勒坦淖爾烏梁海部。二旗，在索果克卡倫外。東界由哈勒巴哈雅山起，至布古素山、博羅布爾噶蘇河止。南界由博羅布爾噶蘇起，至托甲圖山、習伯圖山、達爾欽圖河止。西界由達爾欽圖河起，至阿爾占山、巴勒塔爾罕山、呼巴圖嚕山止。北界由呼巴圖嚕山起，至阿勒坦淖爾、伯勒山、楚勒坤淖爾、哈勒巴哈雅山止。

烏里雅蘇台圖

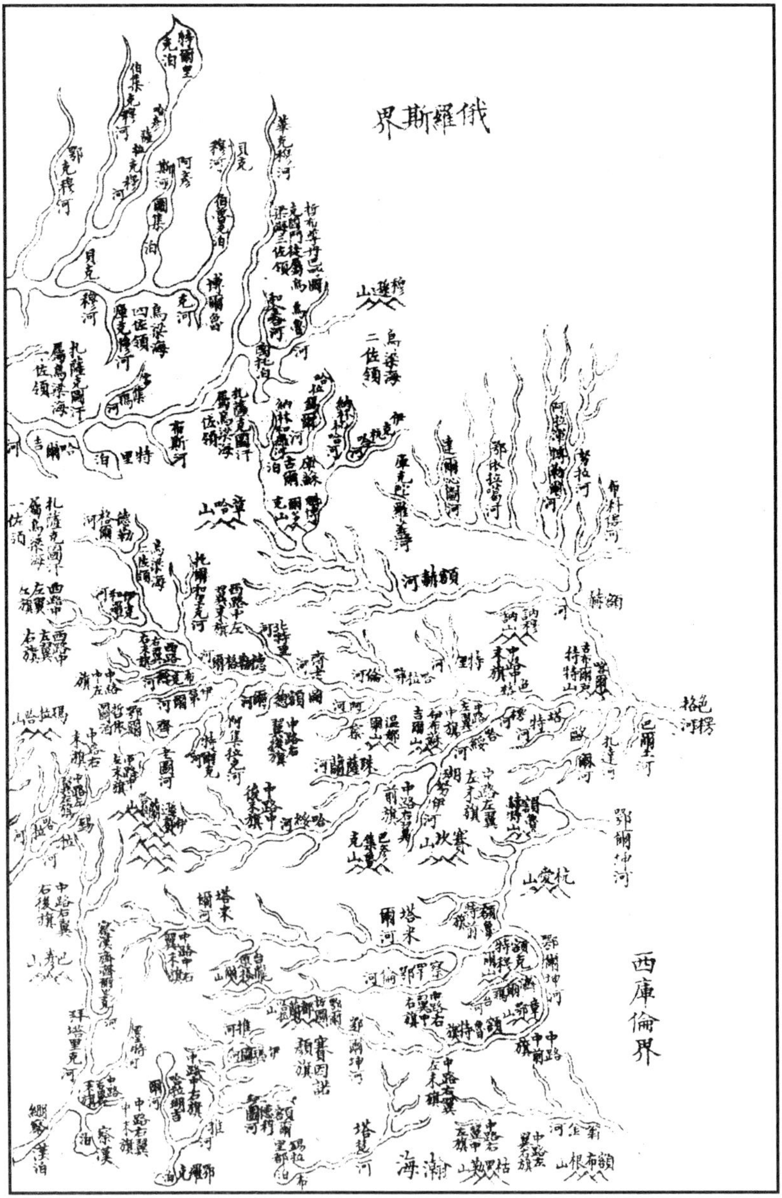
俄羅斯界
西庫倫界
瀚海

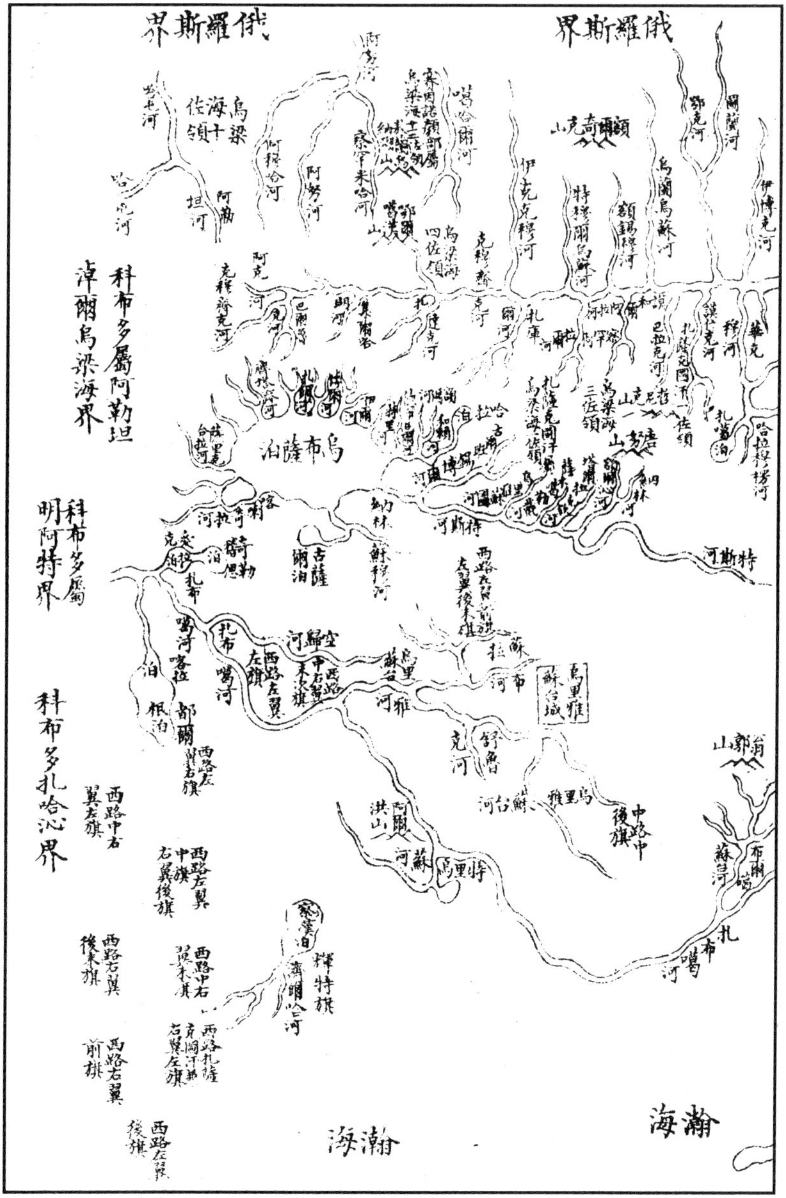
俄羅斯界
俄羅斯界
烏梁海十佐領
科布多屬阿勒坦淖爾烏梁海界
科布多屬明阿特界
科布多扎哈沁界
額爾奇克山
烏蘭烏蘇河
伊克克穆河
烏布薩泊
特斯河
特斯河
烏里雅蘇台城
扎布噶河
西路中右翼左旗
西路右翼後末旗
西路右翼前旗
西路左翼後旗
中路中後旗
翁郭山
瀚海
瀚海

烏里雅蘇台表

	烏里雅蘇台
秦	
兩漢	
三國	
晉	
南北朝	
隋	
唐	
五代	
宋	
元	和林境。
明	

大清一統志卷五百三十二下

烏里雅蘇台

東界庫倫，西界科布多，南界瀚海，北界俄羅斯。距京師七千餘里。

建置沿革

烏里雅蘇台，即元之和林境也，其治在賽因諾顔部中後旗之西北。本朝乾隆二十九年，定邊左副將軍成衮扎布奏烏里雅蘇台舊城圮，請增修。復以土浮，難興版築，應照舊造木城，增高丈六尺，厚一丈，周圍共五百丈。内外排木栅，中實土，東、西、南各置門。北迎河掘溝，引水環之，即以溝土築城。城在齊格爾蘇特、烏里雅蘇台二河間。

晷度

北極高四十七度六分，距京師偏西四十九度强。

山川

伊遜都蘭哈拉山。在烏里雅蘇台城東。

瑪拉哈山。在伊遜都蘭哈拉山西。

翁郭山。在瑪拉哈山南。

巴彦山。在烏里雅蘇台城東南。

額布根山。在巴彦山東南。

枯黑勒山。在額布根山西南。

阿爾洪山。在烏里雅蘇台城西南。

唐努山。在烏里雅蘇台城北。近山游牧之烏梁海，爲唐努山烏梁海。

哲尼克山。在唐努山東北。

額爾奇克山。在哲尼克山北。

鄂爾噶漢山。在唐努山西北。

敖蘭烏納瑚山。在鄂爾噶漢山北。

烏里雅蘇台河。源出中後旗，西流東合一水，經烏里雅蘇台城南，南納舒魯克河，北納蘇布拉河，注扎布噶河。

扎布噶河。上源曰錫拉河，出賽因諾顏部左翼左旗西南流，北納哈拉河、布爾噶蘇台河，折西北流，特里烏蘇河自北來會。又西北會烏里雅蘇台河，西流爲扎布噶河，又西流入科布多界。

推河。源出賽因諾顏旗西南流，東納伊瑪圖河、額爾德穆圖河，經賽因諾顏部中右旗，北納哈拉瑚吉爾河，瀦爲鄂羅克泊。

塔楚河。源出賽因諾顏旗，數水合，南流瀦爲錫拉布里都泊。

拜塔里克河。源出賽因諾顏部右翼右後旗，數水合南流，東納察罕齊爾里克河、墨特河，經賽因諾顏部右翼末旗，歧爲二支：一南流，經賽因諾顏部右翼中末旗，瀦爲察漢泊；一西南流，瀦爲綳察漢泊。

翁金河。源出賽因諾顏部右翼左末旗，二水合東流，經右翼中左旗、中前旗，北合二水，入土謝圖汗部界。

鄂爾坤河。源出賽因諾顏部中左末旗東南山，曰塔米爾河，東流，南北合數水，經其部之右翼中右旗，察罕鄂倫河出其西山，東北流來會。又東經厄魯特前旗，是爲鄂爾坤河。經土謝圖汗旗又合數小水，折東北流。經土謝圖汗部之左翼前旗、右翼左後旗，與土拉河會。又東北經土謝圖汗部之右翼左旗，北合二水，南與哈拉河會。又北，東納伊遜河、齊雅圖河，與色楞格河會，合北流入庫倫界。

哈綏河。源出賽因諾顏部中左末旗東山，東北流，經其部之右翼前旗，西納珠薩蘭河，南納瑚伊努河，東流爲色楞格河，與鄂爾坤河合。

特斯河。源出扎薩克圖汗部之中左翼左旗，西流，右會數小水，入科布多界，爲烏布薩泊。

伯魯克泊。源出唐努山之北，曰克穆齊克河。東流，南會巴爾魯克河、集爾哈瑚河，北會阿克河。又東流，南會扎達克河。北會一水，是爲克穆齊克河。又東流，南會扎庫爾河，北會伊克克穆河。又東流，南會察罕阿拉爾河，北會特穆爾烏蘇河。又東流，南會謨和爾阿拉河，北會額錫穆河。又東流，南會巴拉克河，北會烏蘭烏蘇河。又東北流，南會謨什克河，北會圖蘭河、鄂克河。又東北流，南會華克穆河，北會伊博克河。又東北流，南會二小水，北會鄂克穆河、哈彦薩拉克穆河。又東北流，南會庫克穆河，北會圖集泊水。又東北流，南會博爾魯克河，注於泊。

臺站

華碩囉圖臺。舒魯克臺。特木爾圖臺。達罕德勒臺。呼吉爾圖臺。阿嚕圖齋臺。鄂博爾托齋臺。烏蘭班巴圖臺。霍博爾車根臺。瓦克臺。都特庫士勒臺。偶塔臺。鄂羅海臺。烏爾圖哈喇托羅海臺。圖依臺。沙爾噶勒卓特臺。烏爾圖額沁呼都克臺。塔楚臺。噶嚕迪臺。哈喇呢敦臺。哈達圖臺。烏努格特臺。昂進臺。遮林臺。哈沙圖臺。又普齊爾臺。忙克圖臺。吉里臺。老薩臺。什保太臺。哈必爾噶臺。莫端臺。賽里烏蘇臺。以上東南接張家口所屬軍臺。

阿勒達爾臺。博爾輝臺。胡都克烏蘭臺。伊克哲斯臺。巴罕哲斯臺。珠爾庫珠克臺。布古珠勒克臺。阿爾噶靈圖臺。巴罕淖爾臺。圖根淖爾臺。哈爾噶納臺。濟爾噶朗圖臺。扎哈布拉克臺。哈喇烏蘇臺。以上西至科布多軍臺。

楚布哩雅臺。柯爾森赤樓臺。鄂博爾烏拉克沁臺。阿魯烏拉克沁臺。愛拉克臺。察普担臺。塔木塔拉海臺。珠爾庫珠臺。察罕托羅海臺。以上北至唐努烏梁海軍臺。

卡倫

阿拉渾博勒爾。東接庫倫所屬之額林沁卡倫。鄂依拉噶。塔爾沁圖。庫庫托羅海。哈特呼勒。博勒圖斯。察罕布隆。呵噶爾。沙巴爾。齋噶勒。哈齊克。巴彥布拉克。西接科布多所屬之津吉里克卡倫。以上北面卡倫。

庫倫圖

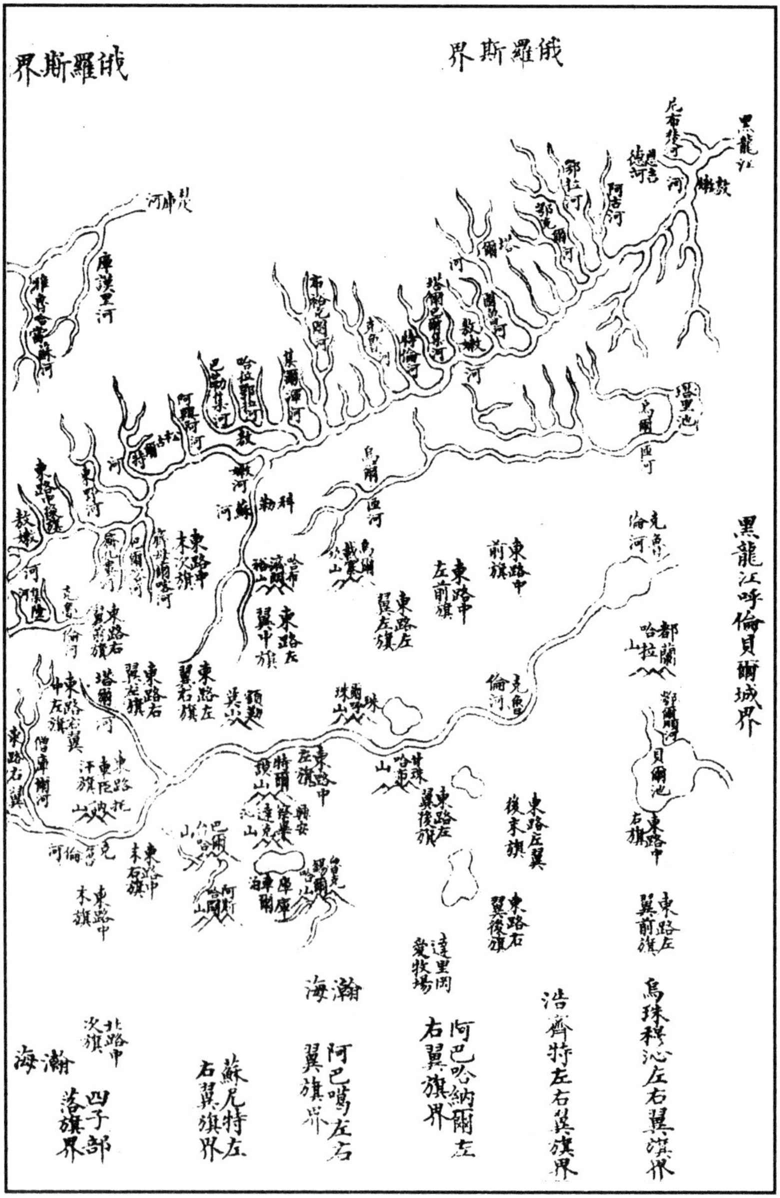
俄羅斯界
俄羅斯界
黑龍江呼倫貝爾城界
烏珠穆沁左右翼旗界
浩齊特左右翼旗界
阿巴哈納爾左右翼旗界
阿巴噶左右翼旗界
蘇尼特左右翼旗界
四子部落旗界
瀚海
瀚海
達里岡愛牧場
貝爾池
克魯倫河
東路中前旗
東路中左前旗
東路左翼左旗
東路左翼中旗
東路右翼左旗
東路左翼右旗
東路左翼後旗
東路右翼後旗
東路左翼前旗
東路中右旗
東路中末旗
東路中末次旗
東路右翼前旗
北路中次旗

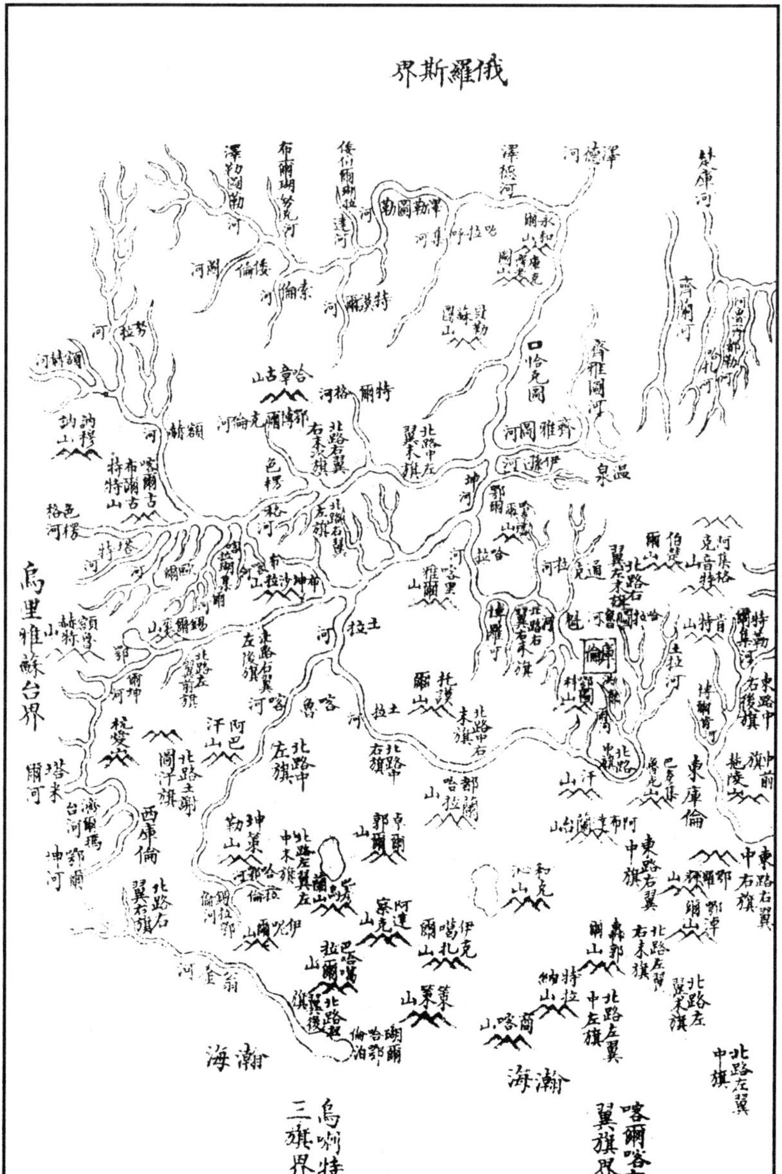
俄羅斯界
烏里雅蘇台界
庫倫
東庫倫
西庫倫
瀚海
瀚海
烏喇特三旗界
喀爾喀右翼旗界

庫倫表

	庫倫
秦	
兩漢	
三國	
晉	
南北朝	
隋	
唐	
五代	
宋	
元	
明	喀爾喀地。

大清一統志卷五百三十三上

庫倫

東界黑龍江，西界烏里雅蘇台，南界瀚海，北界俄羅斯。距京師五千餘里。

建置沿革

準部未定之先，其地爲喀爾喀土謝圖汗台吉噶爾丹及土謝圖汗之親弟哲布尊丹巴呼圖克圖所居。本朝康熙二十八年，喀爾喀内附，尚書阿爾尼奉命會閲於此。乾隆二十七年，置辦事大臣，專理俄羅斯通商之事，並撫馭哲布尊丹巴呼圖克圖，治所在土謝圖汗部右翼左末旗之南、中旗之北。其在土拉河以東、克魯倫河以西者，爲東庫倫。在土拉河以西、鄂爾坤河以東者，爲西庫倫。

晷度

北極高四十七度七分，距京師偏西八度强。

山川

鄂圖科山。在庫倫城南數十里。

汗山。在庫倫城南百餘里。

阿布達蘭台山。在汗山南。

和克沁山。在阿布達蘭台山西南，都蘭哈拉山之南。

都蘭哈拉山。在汗山西南。

卓爾郭爾山。在都蘭哈拉山西南。

巴彦烏蘭山。在卓爾郭爾山西。

阿達察克山。在巴彦烏蘭山東南。

托謨爾山。在庫倫城西。

錫爾克衮山。在托謨爾山西。

喀里雅爾山。在庫倫城西北，其東則托謨爾山。

喀爾古布爾古特特山。在庫倫西北境，色楞格河北岸。

拖陵山。在東庫倫東境。

巴彦集魯克山。在拖陵山西，又西則汗山。

肯特山。在巴彦集魯克山北。

坤策勒山。在西庫倫東。

伊呢爾山。在坤策勒山南。

巴哈噶托爾山。在伊呢爾山東。

策策山。在巴哈噶托爾山南。

商喀山。在策策山東南。

訥拉特山。在商喀山東。

轟郭爾山。在訥拉特山東北。

鄂淖爾山。在轟郭爾山東北。

鄂羅輝山。在郭淖爾山東北。

杭愛山。在西庫倫北境。

土拉河。源出土謝圖汗部右翼左末旗，南流經庫倫東，西納哈拉圖魯河、洪郭爾河，經其部之中旗，折西流，經庫倫南，又經其部之中右末旗、中右旗，與喀嚕喀河會。

喀嚕喀河。源出土謝圖汗部左翼左中末旗，北流經其部之中左旗，又北流會土拉河，入鄂爾坤河。

克魯倫河。亦名臚朐河。出車臣汗部中右後旗西南流，北納集隆河、特勒爾集河，又南西納巴彦集魯克山水、博爾肯河，折東流經右翼中前旗，北納僧庫爾河，經右翼中左旗、車臣汗旗，北納塔爾河，又東北經右翼左旗、左翼右旗、左翼中旗、中左旗、左翼左旗、中左前旗、中前旗，入黑龍江呼倫貝爾城界。康熙三十五年，聖祖仁皇帝親征噶爾丹，大軍臨克魯倫河。命大學士伊桑阿致祭克魯倫河之神。其文曰：朕統御寰宇，懷柔百神，遐邇内外，罔有殊視。凡乘輿巡歷之地，必虔告所過名山大川，所以昭秩祀也。頃因厄魯特噶爾丹悖德逆天，俶擾邊境，朕躬統大軍，遠出聲討，以期殄寇安民。茲已行次克魯倫河，惟神夙以巨浸名於絶塞，溯長源之濬發，引千里之衆流。朕率師莅止，臨觀嘉歎。是用備陳牲帛，遣官申祭。神其丕彰靈應，默贊軍威，迅蕩滌夫穢氛，永澄清乎朔漠，異日垂諸史册，蔚有休光，惟神鑒焉。

色楞格河。上源曰齊老圖河，出賽因諾顔部中左末旗，爲鄂爾哲依圖泊。東北流，經其部之中左旗、右翼後旗，南納特爾克河、阿集拉克河，西納伊第爾河、德勒格爾河，入扎薩克圖汗部界。北會哈拉鄂倫河，南會阿察河。又東流，南會哈綏河，是爲色楞格河。又東流，南會塔特河、扎達河、巴爾士河。入土謝圖汗部界，折而東北流，左會鄂博爾克倫河。又東流，左會特爾格河、哈爾集蘇台河，而與鄂爾坤河會。

卡倫

珠爾特伊。自此迤東十二卡倫，爲黑龍江將軍轄。此下皆自東以次而西。西伯爾布拉克。巴彦珠爾克。烏裕勒和齊。巴雅斯呼蘭圖。巴圖爾和碩。庫克多布。額爾德。尼陀羅海。蒙克西里。阿巴噶圖。蘇克特。察罕鄂拉。庫布勒哲庫。孟克陀羅海。哲格勒圖。孟格集格。鄂博圖。鄂淩圖。托爾羅克。圖爾克納。托克托爾。和林納爾素。拉索克。和爾泰。伯爾克。烏爾和特。巴彦阿都爾噶。阿嘎楚。集爾博爾。集爾渾。庫謨里。阿魯蘇魯克。阿興阿。庫野。明几。烏雅勒喀。庫德里。齊克泰。齊蘭。布拉。察罕烏蘇。哈拉呼集爾。哈布塔海。集爾格忒。鄂爾多和。特穆倫。額林沁。以西接烏里雅蘇台所屬之阿拉渾博勒爾卡倫。雍正五年，尚書察畢那等奉旨，會同俄羅斯勘定疆界，設卡倫五十九座。極東之十二卡倫，就近屬黑龍江將軍，派索倫官兵戍守。迤西之四十七卡倫，以喀爾喀四部蒙古，按其游牧遠近，派兵戍守。其四十七卡倫，以恰克圖爲適中之地。恰克圖之東，卡倫二十八，係土謝圖汗、車臣汗兩部管理。恰克圖之西，卡倫十九，係扎薩克圖汗、賽因諾顔兩部管理。

屬境

恰克圖。雍正七年，立市集於此，派理藩院司員董其事。乾隆二十七年始駐大臣，辦理夷務。

科布多圖

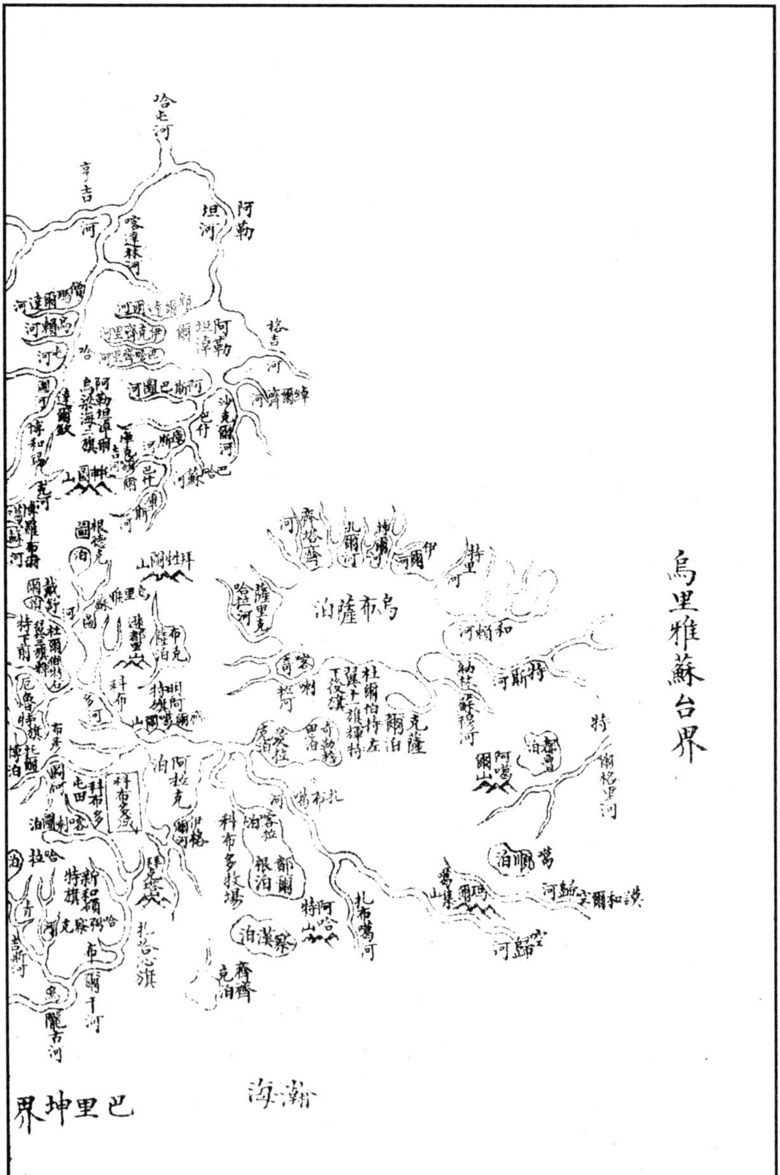

烏里雅蘇台界
巴里坤界
瀚海
烏布薩泊
哈屯河
阿勒坦河
格吉河
特斯河
阿拉克泊
科布多牧場
扎布噶河
察漢泊

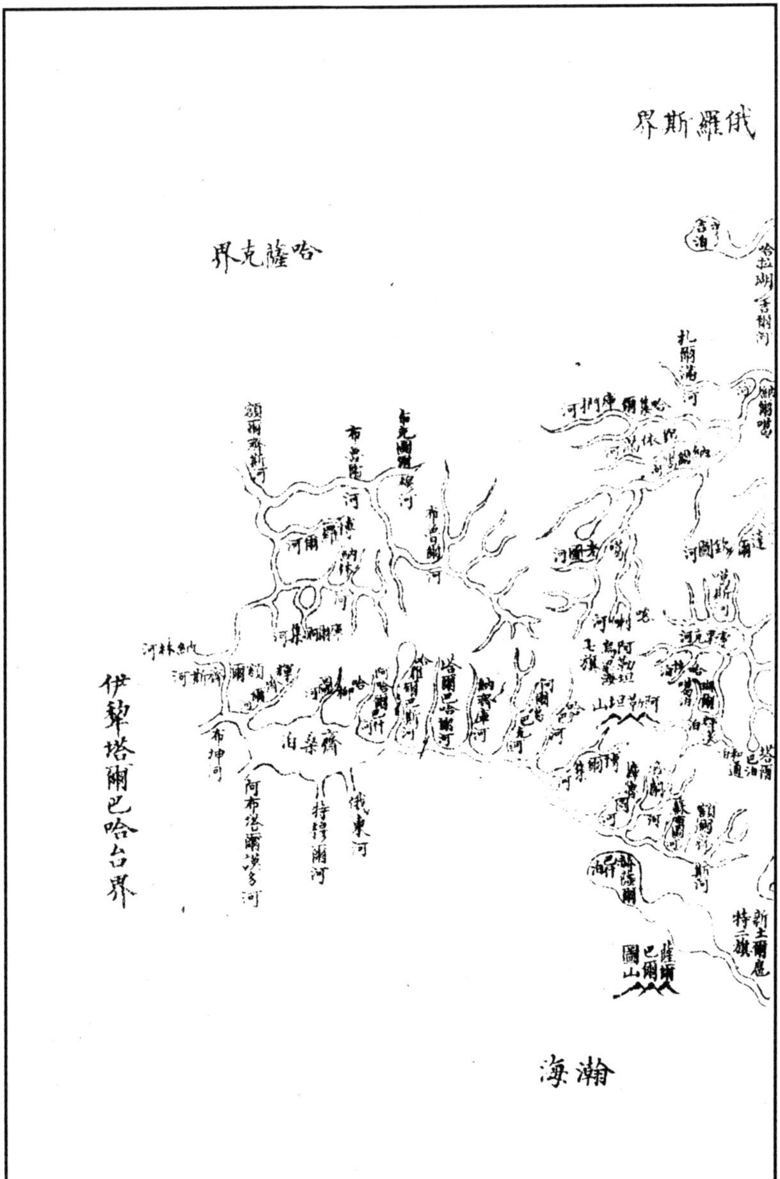
俄羅斯界
哈薩克界
伊犂塔爾巴哈台界
瀚海
齊桑泊
布坤河
阿布達爾漢多河
特穆爾河
俄東河
納林河
布克圖爾瑪河
布克圖爾瑪河
巴爾魯克河
塔爾巴哈台河
納林庫河
撒爾巴克台山
薩爾巴圖山
新土爾扈特二旗
扎爾滿河
哈拉湖

科布多表

	科布多
秦	
兩漢	
三國	
晉	
南北朝	
隋	
唐	
五代	
宋	
元	爲諸王分封之地。
明	

大清一統志卷五百三十三下

科布多

東至烏里雅蘇台界，西至伊犁、塔爾巴哈台、巴里坤界，南至瀚海界，北至俄羅斯。距京師八千餘里。

建置沿革

科布多，在元時爲諸王分封之地。準部未平時，厄魯特噶爾丹居焉。本朝乾隆二十四年，平西域，置城。

晷度

北極高四十八度一分，距京師偏西二十五度强。

山川

烏爾圖海爾罕山。在科布多城東。

齊爾噶圖山。在科布多城東偏北屯田界。

杜蘭哈喇山。在科布多城東南，扎哈沁界内。山産鉛砂。

哈布塔克山。在杜蘭哈喇山東南。

拜克塔山。在科布多城南，近扎哈沁界。

阿勒坦山。即金山，在科布多城之西。

巴爾魯山。阿爾占山。巴勒塔爾罕山。三山皆在阿勒坦淖爾烏梁海界西。

遜都里山。在科布多城北。

托申圖山。在科布多城北，阿勒坦淖爾烏梁海界。

拜甡圖山。在科布多城東北。

哈套里嶺。在科布多西北，阿勒坦烏梁海界北。

烏隴古河。在科布多城南。河二源，東曰布爾干河，西曰青吉斯河。布爾干河出新和碩特旗，北合喀喇圖泊水，南流經扎哈沁旗。東南流青吉斯河，出新土爾扈特旗，北合哈拉泊水。西南流，合哈弼察克河。又東南，與布爾干河合，爲烏隴古河。折西流，經阿勒坦烏梁海旗，瀦爲赫薩爾巴什泊。

額爾齊斯河。在科布多城西。自塔爾巴哈台境宰桑淖爾溢出，又北流入俄羅斯界。

阿拉克淖爾。在科布多城東，有扎布噶河自烏里雅蘇台境流入，會奇勒稽斯淖爾水、愛拉克水、都爾根淖爾水、喀拉淖爾水注淖爾北，有科布多河、布彥圖河注淖爾西，有伊格爾河注淖爾南。

阿勒坦淖爾。在科布多城北，阿勒坦淖爾烏梁海旗東北。綽爾齊河、沙克爾河、巴什庫斯河、阿斯巴圖河俱出阿勒坦淖爾烏梁海旗，合北流瀦焉。東納格結河，西納巴哈齊里河、伊克齊里河、郭爾達爾河。

烏布薩淖爾。在科布多城東北。特斯河自烏里雅蘇台界西流入泊。和賴河、特里河、伊爾河、博爾河、扎爾河、齊塔齊河俱南流入泊。喀喇奇拉河、古薩爾泊水出杜爾伯特左翼旗北流，薩里克哈拉河亦出杜爾伯特左翼旗東流，俱瀦於淖爾。

臺站

搜吉臺。察罕布爾噶蘇臺。達布索圖淖爾臺。納林博羅齊爾臺。依什根托羅垓臺。扎哈布拉克臺。西博爾圖臺。以上南至古城軍臺。

沙拉布拉克臺。輝覺博爾齊爾臺。轟郭爾鄂籠臺。察罕碩羅圖臺。哈透烏里雅蘇臺。烏魯格依臺。畢柳圖臺。博羅布爾噶蘇臺。以上北至阿勒坦淖爾烏梁海軍臺。

卡倫

津吉里克。額爾遜。薩瑪噶勒台。阿拉克鄂博。鄂爾濟呼布拉克。齊齊爾噶納。汗達垓圖。博羅依齊噶圖。博陀果尼霍壘。烏魯克淖爾。棲格爾蘇特依。哈透烏里雅蘇臺。哈克淖爾。索果克。衛霍爾。噶魯圖。烏科克。沁達垓圖。烏爾魯。昌吉斯臺。那林。庫魯阿吉爾噶。和呢邁拉虎。以上西接烏里雅蘇台，東接俄羅斯一帶卡倫。卡倫以北，爲阿勒坦淖爾烏梁海游牧。